JN059145

教科書ガイド

ガイド

啓林館 版

エレメント
English
Communication Ⅰ

TEXT
BOOK
GUIDE

文研出版

はしがき

本書は，啓林館発行の高等学校・英語コミュニケーション I の教科書「ELEMENT English Communication I」に準拠した教科書解説書として編集されたものです。教科書の内容がスムーズに理解できるよう工夫されています。予習や復習，試験前の学習にお役立てください。

📖 本書の構成

各 Lesson	
単語・熟語チェック ☑️ 単語チェック	教科書の新出単語・熟語を，用例付きで教科書の出現順に掲載。 使用する記号：　名 名詞　　代 代名詞　　形 形容詞 　　　　　　　　　副 副詞　　　動 動詞　　　助 助動詞 　　　　　　　　　前 前置詞　　接 接続詞　　熟 熟語
ポイント	本文の内容把握に役立つ質問を提示。
教科書本文	各 Scene の本文とフレーズ訳を掲載。 使用する記号： ・ 1 2 3 …　　　　Lesson の各パラグラフの通し番号 ・ ①②③…　　　　　各 Scene 内における文の通し番号 ・ スラッシュ (/)…　意味上の区切れや語句のまとまりを示す
☑️ 本文内容チェック	パラグラフごとに本文の概要を確認。
🔑 読解のカギ	本文を理解する上で説明を要する部分をわかりやすく解説。 また，関連問題に挑戦できる 問 を設置。
🎧 TRY　　　　①ヒント 💬 TRY　　　　①ヒント 📖 TRY　　　　①ヒント 🎯 Comprehension ①ヒント	教科書内の対応している問いについて， 正解に至るまでのヒントと例を掲載。
📘 Language Function	新出文法項目をわかりやすく解説。 +α では発展・応用内容を掲載。
🗣 Speaking ①ヒント ✍ Writing ①ヒント	教科書内の対応している質問について， 回答するためのヒントや表現例を掲載。
📝 定期テスト予想問題	定期テストの予想問題を掲載。 各 Lesson 範囲の文法事項や本文の内容に関する問題を出題。

※本書では，教科書本文の全訳や問題の解答をそのまま掲載してはいません。

Contents

Lesson 1　Scidmore's Cherry Trees

単語・熟語チェック

Scene ❶

journalist	(名) ジャーナリスト	She became a **journalist** after graduating from college. 彼女は大学卒業後，ジャーナリストになった。
various	(形) さまざまな	This shop sells **various** kinds of fruit. このお店ではさまざまな種類の果物を売っている。
gender	(名) 性別	This job is open to people of all **genders**. この職はどの性別の人でも就くことが可能だ。
steamship	(名) 蒸気船，汽船	They went up the river by **steamship**. 彼らは蒸気船でその川を上った。
guidebook	(名) 旅行案内書，ガイドブック	I'm looking for a **guidebook** about New York. 私はニューヨークの旅行案内書を探している。

Scene ❷

fall in love with A	(熟) Aに恋をする，魅了される	He **fell in love with** the singer's voice. 彼はその歌手の声に魅了された。
reflection	(名) 反射，反射して映る姿	The **reflection** of Mt. Fuji in the lake was beautiful. その湖に映った富士山の姿がきれいだった。
in charge of A	(熟) Aを担当する	My younger sister is **in charge of** walking our dog. 妹がうちの犬の散歩を担当している。
charge	(名) 監督，責任	The team is under my **charge** until the coach returns. コーチが戻るまで，そのチームは私の監督下にある。
reject	(動) ～を拒否する	She **rejected** my idea of staying at the hotel. 彼女はそのホテルに泊まろうという私の案を拒否した。
give up	(熟) 諦める	She didn't **give up** during her most difficult time. 彼女は最も辛いときにも諦めなかった。

Scene ❸

suggest	(動) ～を提案する	Can you **suggest** any other ideas? 何か違った案を提案できますか。
carry out A / carry A out	(熟) Aを執り行う	We'll **carry out** this plan. 私たちはこの計画を執り行うつもりです。
bug	(名) 虫	There was a **bug** on the curtain. カーテンに虫がついていた。

healthy	形 健康な，状態の良い	My grandparents are very **healthy**. 私の祖父母はとても健康だ。
attend	動 ～に参加する	I'm going to **attend** their wedding. 私は彼らの結婚式に参加する予定だ。
ceremony	名 式典，儀式	Our graduation **ceremony** will be held on March 20. 私たちの卒業式は3月20日に行われる。
ambassador	名 大使	The US **Ambassador** to Japan visited the Prime Minister. 駐日米国大使が首相を訪ねた。
symbol	名 象徴	The Eiffel Tower is the **symbol** of Paris. エッフェル塔はパリの象徴だ。

Scene ❹

soul	名 魂，心	Pizza is the **soul** of Italy. ピザはイタリアの魂だ。
bloom	動 咲く	This flower **blooms** in fall. この花は秋に咲く。
appreciate	動 ～に感謝する	I really **appreciate** your help. あなたの手助けに本当に感謝します。
live on	熟 生き続ける	He died a long time ago, but his music **lives on** today. 彼はずっと前に亡くなったが，彼の音楽は今日も生き続けている。

Scene ❶

┏ポイント┓ エリザ・シドモアはどのような仕事に就き，何を制作したか。

1 ① Eliza Scidmore graduated / from Oberlin College / in Ohio / in the US / in
エリザ・シドモアは卒業した　／　オバーリン大学を　／　オハイオ州の　／　アメリカの　／

1875.// ② She was 19 years old / then.// ③ After she graduated, / she began her
1875年に　　　彼女は 19 歳だった　／そのとき//　　彼女が卒業した後　／　彼女は仕事を

career / as a journalist / and wrote / for various newspapers.// ④ At that time, /
始めた　／　ジャーナリストとして　／　そして執筆した　／　様々な新聞のために　　//　　その当時は　／

more men worked / as journalists / than women, / so she wrote / under the name
より多くの男性が　／　ジャーナリスト　／　女性よりも　／　なので彼女は　／　E. R. シドモア
働いていた　　　　として　　　　　　　　　　　　　執筆した

E. R. Scidmore / to hide her gender.// ⑤ Her writing became popular, / and she
という名前で　／　彼女の性別を隠すために//　　彼女の著作物は人気になった　／そして彼女

was able to save enough money / to travel.// ⑥ Scidmore was always interested /
は十分なお金を貯めることができた　／　旅行をするのに//　　シドモアは常に興味があった　　／

in travel / and it was her dream to visit foreign countries.// ⑦ Her first trip was to
旅行に　／　そして外国を訪れることが彼女の夢だった　　　//　　彼女の最初の旅は
　　　　　　　　　　　　　　　　　　　　　　　　　　　　　　　　アラスカ行きだった

Alaska / by steamship.// ⑧ When she returned, / she wrote about the experience /
　　／　蒸気船での　／　　彼女が戻ってきたとき　／　彼女はその経験について執筆した　／

and created a guidebook / about it.// ⑨ This was about 75 years before it became
そしてガイドブックを制作した／それについ//　　これはそれがアメリカの一部となる約 75 年前の
　　　　　　　　　　　　　　　　いての

part of the United States.//
ことだった　　　　　　　　//

☑ 単語チェック

□ **journalist**	图 ジャーナリスト	□ **steamship**	图 蒸気船，汽船
□ **various**	形 さまざまな	□ **guidebook**	图 旅行案内書，ガイドブック
□ **gender**	图 性別		

✓ 本文内容チェック　「シドモアが始めた仕事と制作したもの」

1 エリザ・シドモアはオバーリン大学を卒業した後ジャーナリストになり，お金を貯め，夢であった外国旅行に行った。最初の行き先のアラスカから帰った後，彼女はアラスカのガイドブックを書いた。

♪ 読解のカギ

① Eliza Scidmore graduated (from Oberlin College in Ohio in the US) (in 1875).
　　　S　　　　　　　V

➡ <S+V> の第 1 文型の文になっている。

文法詳細 p.16

➡ graduate from ～は「～から卒業する」という意味を表す。

➡ in Ohio, in the US はそれぞれ直前の名詞を修飾している。日本語の「アメリカのオハイオ州のオバーリン大学」という「広範囲→具体的場所」の順序とは逆になる。

④ **At that time, <u>more men worked</u> (as journalists) than women, so <u>she</u>**
　　　　　　　　S'　　　V'　　　　　　　　　　　　　　　　　　　　　　S

<u>wrote</u> under the name <u>E. R. Scidmore</u> (to hide her gender).
　V　　　　　　　　　　　└──┘=　　　　　　　to 不定詞の副詞的用法

➡ ここでの more は many の比較級。than「～よりも」で比較対象を表している。

➡ E. R. Scidmore は，直前の the name の具体的な説明になっている。

➡ to hide her gender は to 不定詞の副詞的用法で，「彼女の性別を隠すために」という
　意味を表す。she wrote ... の部分を修飾して，目的を説明している。 文法詳細 p.18

🎵 問. 並べかえなさい。

彼はアップルパイを作るためにリンゴをいくつか買った。

(apples / an apple pie / to / he / some / make / bought).

_____.

⑤ **<u>Her writing</u> <u>became</u> <u>popular</u>, and she was able to save enough money to**
　　　　S　　　　　V　　C(形容詞)

travel.

➡ 前半は <S+V+C> の第 2 文型の文。S=C の関係が成り立つ。 文法詳細 p.16

➡ enough *A* to *do* は「～するのに十分な A」という意味を表す。

⑥ **Scidmore was always interested in travel and it was her dream <u>to visit</u>**
　　　　　　　　　　　　　　　　　　　　　　形式主語 ◄────── 真の主語

foreign countries.

➡ be interested in *A* は「A に興味がある」という意味を表す。

➡ 真の主語は，「～すること」という意味の to 不定詞の名詞的用法である to visit
　foreign countries の部分。主語が長くなってしまうのを避けるため，形式的な主語
　として it が用いられている。

⑧ **(When <u>she</u> <u>returned</u>), <u>she</u> <u>wrote</u> about the experience and <u>created</u> <u>a</u>**
　　　　(S')　　(V')　　　S　　V₁　　　　　　　　　　　　　　　　　　　V₂

<u>guidebook</u> <u>about it</u>.
　　　O ▲───┘

➡ 主節の wrote と created の主語はともに she で，<S+V>(第 1 文型)と <S+V+O>
　(第 3 文型)の文が and でつなげられている。 文法詳細 p.16

⑨ **This was about 75 years before it became part of the United States.**

➡ This は前文⑧の内容を指している。

➡ before は「～より前に」という意味の接続詞。「～年前に」のように，どのくらい前
　かを表す場合は，before の前に期間を表す～ years のような語句をつける。

➡ it は Alaska を指している。

🎵 問の解答　**問.** He bought some apples to make an apple pie(.)

Scene ❷

ポイント 日本への旅行をきっかけにシドモアが持つようになったのはどんな夢か。

2 ① After that / she traveled to many countries / and wrote about her
その後　／　彼女は多くの国々へ旅行に行った　／　そして彼女の経験について

experiences / in them.// ② In her travels, / she visited Japan / and fell in love with
執筆した　／それらでの//　彼女の旅行の中で／彼女は日本を訪れた／　そして桜の花に

the cherry blossoms.// ③ She especially loved to see the reflection / of the cherry
魅了された　　//　　彼女は反射した姿を見るのが特に大好きだった　／　桜の花の

blossoms / in water.// ④ Planting cherry trees / along the Potomac River / in
／　水面に　//　桜の木を植えることが　／　ポトマック川沿いに

Washington, D.C. / became her dream.//
ワシントン D.C.の　／　彼女の夢になった　//

3 ⑤ After she returned / from her first trip / to Japan, / she wrote letters / to
彼女が戻った後　／彼女の最初の旅行から／日本への／彼女は手紙を書いた／

people / in charge of national parks.// ⑥ They did not want trees / from a different
人たちへ／　国立公園を担当している　//　彼らは木を欲しなかった／　別の国

country, / so they rejected her idea.// ⑦ She did not give up, / though.// ⑧ She
からの　なので彼らは彼女のアイデアを却下した//　彼女は諦めなかった／しかし//　彼女は

thought, / "If you are going to plant trees, / you should plant the most beautiful
思った　／「もし木を植えるつもりなら　／　最も美しい木を植えるべきだ

trees / in the world.// ⑨ Those are Japan's cherry trees / with their beautiful
／　世界で　//　それらは日本の桜の木だ　／　それらの美しい花を

blossoms."//
つけた」と　//

単語チェック

□ **reflection**	名 反射, 反射して映る姿	□ **reject**	動 〜を拒否する
□ **charge**	名 監督, 責任		

本文内容チェック 「シドモアが日本へ旅行してから持つようになった夢」

2 シドモアは多くの国へ旅行する中で日本を訪れたときに, 水面に映る桜の花に魅了され, ワシントン D. C. のポトマック川沿いに桜を植えるという夢を持つようになった。

3 彼女は国立公園の責任者たちに手紙を書いたが, アイデアは却下された。しかし彼女は, 木を植えるなら世界で最も美しい日本の桜を植えるべきだと考え, 諦めなかった。

読解のカギ

① (After that) she traveled to many countries and wrote about her
　　　　　　　S　V₁　　　　　　　　　　　　　V₂

experiences in them.

➡ that は **1** の内容を指している。

➡ them は many countries を指している。

③ **She especially loved (**<u>to see</u> **the reflection of the cherry blossoms in** <u>water</u>**).**

to 不定詞の名詞的用法

➡ to see ... water は to 不定詞の名詞的用法。<love to+動詞の原形> で「〜することが 大好きである」という意味を表す。 〔 文法詳細 p.18 〕

➡ ここでの water は「水面」を表し，in water で「水面に」という意味になる。

〔 ♪ 問. ＿＿ を埋めなさい。 〕

彼女はアメリカに行くことを決めた。

She decided ＿＿＿＿＿ ＿＿＿＿＿ to the US.

④ **(Planting cherry trees along** <u>the Potomac River</u> **in Washington, D.C.)**
    S

became her dream.
    V   C(名詞)

➡ <S+V+C> の第 2 文型の文になっている。S＝C の関係が成り立つ。

➡ Planting は plant「〜を植える」の動名詞で，Planting ... Washington, D. C. の部分 が文の主語になっている。

⑤ **(After** she returned **from** her first trip to Japan**), she wrote letters to people**
    (S')   (V')   S   V   O

in charge of national parks.

➡ in charge of *A* は「*A* を担当する」という意味を表す。people in charge of national parks で「国立公園 (の管理) を担当する人たち」という意味になる。

⑦ **She did not give up, though.**

➡ give up は「諦める」という意味を表す。give up *A* / give *A* up「*A* を諦める」の形 でも用いられる。

➡ ここでの though は副詞で「しかし，けれども」という意味を表す。また，though は接続詞としても使うことができる。

⑧ **She thought, "If you are going to plant trees, you should plant the most beautiful trees in the world.**

➡ ここでの if は「もし〜ならば」の意味で，条件を表す副詞節を導く接続詞。

⑨ **Those are Japan's cherry trees with their beautiful blossoms."**

➡ Those は前文⑧の the most beautiful trees in the world を指している。

〔 ♪ 問の解答 〕 **問.** to go

Scene ❸

▸ポイント　ワシントンD. C.に桜の木を植えるシドモアの計画はどうなったか。

4 ① She continued to suggest the idea / for the next 24 years.// ② In 1909, /
彼女はそのアイデアを提案し続けた　　その後の24年間　　//　1909年に /

William Howard Taft became the 27th president / of the United States of America.//
ウィリアム・ハワード・タフトが第27代大統領になった /　アメリカ合衆国の　　//

③ Scidmore heard / that the first lady wanted to make Washington, D.C. a beautiful
シドモアは耳にした /　大統領夫人がワシントンD. C.を美しい都市にしたがっていると

city.// ④ She wrote a letter / to the first lady / and told her / about the idea.//
//　彼女は手紙を書いた /　大統領夫人に /　そして彼女に伝えた /　そのアイデアについて　//

⑤ The first lady liked the plan / and quickly decided to carry it out.//
大統領夫人はその計画を気に入った /　そして早速それを実行することに決めた　//

5 ⑥ In 1910, / 2,000 cherry trees were sent / from Tokyo / as a gift.// ⑦ However, /
1910年に / 2,000本の桜の木が送られた /　東京から /　贈り物として　//　　しかし /

a lot of bugs were found / in them, / so they all were burned.// ⑧ Then, / in
たくさんの虫が見つかった /　それらに /　なのでそれらはすべて燃やされた　//　　それから / in

March / of 1912, / more than 3,000 cherry trees were shipped / to Washington, D.C. /
3月に / 1912年の /　3,000本以上の桜の木が発送された /　ワシントンD. C.へ /

from Japan.// ⑨ They were wonderful and healthy.//
日本から　//　それらはすばらしく健康なものだった　//

6 ⑩ On March 27, / Scidmore attended a private ceremony.// ⑪ At the ceremony, /
3月27日に /　シドモアは個人的な式典に参加した　//　その式典で /

the first lady / and the wife / of the Japanese Ambassador Chinda / planted the
大統領夫人は /　そして妻(は) /　日本大使の珍田氏の /　最初の

first two cherry trees / beside the Potomac.// ⑫ The cherry blossom trees / from
2本の桜の木を植えた /　ポトマック川のそばに　//　その桜の木々は /　日本

Japan / became a symbol / of the friendship / between Japan and the US.//
からの /　象徴となった /　友好の /　日本とアメリカの間の　//

🗹 単語チェック

□ **suggest**	動 ～を提案する	□ **ceremony**	名 式典, 儀式
□ **bug**	名 虫	□ **ambassador**	名 大使
□ **healthy**	形 健康な, 状態の良い	□ **symbol**	名 象徴
□ **attend**	動 ～に参加する		

✓ 本文内容チェック　「ワシントンD. C. に桜を植えるシドモアの計画の進展」

4 1909年に，シドモアはワシントンD. C. を美化したいと思っていたアメリカ大統領夫人に手紙を書いて計画を伝えた。夫人は計画を気に入り，すぐに実行を決めた。

5 1910年に東京から贈られた2,000本の桜は虫のせいで焼却されたが，1912年の3月に，健康な状態の3,000本以上の桜がワシントンD. C. へと発送された。

6 3月27日にシドモアが参加した式典で，ポトマック川のそばに最初の2本の桜が植えられた。桜の木々は，日本とアメリカの友好の象徴となった。

読解のカギ

① **She continued to suggest the idea for the next 24 years.**
- ➡ continue to *do* は「～し続ける」という意味を表す。
- ➡ ここでの for は「～の間」という期間を表す意味で用いられている。
- ➡ ここでの next は「(ある特定の時点から)その後，先，向こう」という意味を表す。

③ **Scidmore heard (that the first lady wanted to <u>make Washington, D.C. a beautiful city</u>).**
<make+O+C>

- ➡ make は <S+V+O+C> の第5文型をとる動詞で，<make+O+C> は「O を C(の状態)にする」という意味を表す。ここでは wanted に続く to 不定詞句で用いられていて，Washington, D.C. が O(目的語)，a beautiful city が C(補語)になっている。
文法詳細 pp.16～17

⑤ **The first lady <u>liked</u> the plan and quickly <u>decided</u> (to carry it out).**
　　　　　S　　　V₁　　　O　　　　　　　　V₂　　to 不定詞の副詞的用法

- ➡ to carry it out は to 不定詞の名詞的用法で，decided の目的語の役割をしている。carry *A* out は「A を執り行う」という意味を表す。
- ➡ it は the plan を指している。

⑥ **(In 1910,) 2,000 cherry trees <u>were sent</u> (from Tokyo {as a gift}).**
　　　　　　　　　　　　　　　be 動詞 過去分詞

- ➡ <be 動詞+過去分詞> は受動態で，「～される」という意味を表す。 文法詳細 p.17

問. 並べかえなさい。

この絵は1955年に描かれた。
(painted / 1955 / this / was / in / picture).

_____.

⑪ **(At the ceremony,) <u>the first lady and the wife of the Japanese Ambassador</u>**
　　　　　　　　　　　　　　　　　　　　　　　　　　　　S

<u>Chinda</u> <u>planted</u> <u>the first two cherry trees</u> (beside the Potomac).
　　　　　　V　　　　　　　O

- ➡ <S+V+O> の第3文型の文になっている。

⑫ **<u>The cherry blossom trees (from Japan)</u> <u>became</u> <u>a symbol of the friendship</u>**
　　　　　　　　　S　　　　　　　　　　　　　V　　　　　　　　　C

(between Japan and the US).

- ➡ <S+V+C> の第2文型の文になっている。S＝C の関係が成り立つ。
- ➡ between *A* and *B* は「A と B の間の」という意味を表す。

問の解答
問. This picture was painted in 1955(.)

Scene ❹

ポイント ワシントンD. C.に植えられた桜の木は現在どのようになっているか。

7 ① After the gift of trees to Washington, D.C. was received, / Scidmore wrote, /
ワシントン D. C. への木の贈り物が受け取られた後　　　/　シドモアは書いた /

"The Japanese gave us their favorite, / their own mountain flower, / the soul of
「日本人は私たちに彼らのお気に入りのものをくれた / 彼ら自身の山の花であり / 日本の魂で

Japan, / the symbol / of their culture."//
あり / 象徴である / 彼らの文化の」と //

8 ② Today / the cherry trees are a famous symbol / of Washington, D.C.//
今日では / その桜の木々は有名なシンボルである / ワシントン D. C. の //

③ When they bloom every spring, / a lot of people come / to see them.//　④ The
それらが毎年春に咲くと / たくさんの人が来る / それらを見に //

Japanese people feel proud / and appreciate the American people's love and care /
日本の人々は誇りに感じる / そしてアメリカの人々の愛情と心遣いに感謝する /

of the trees / for over one century.//
その木々への / 1 世紀以上にわたる //

9 ⑤ Although the trees were planted / more than 100 years ago, / Scidmore's
その木々は植えられたにもかかわらず / 100 年以上前に / シドモアの

dream still lives on / today.//
夢はまだ生き続けている / 今日も //

単語チェック

□ soul	名 魂, 心	□ appreciate	動 〜に感謝する
□ bloom	動 咲く		

本文内容チェック 「ワシントン D. C. に植えられた桜の木の現在」

7 シドモアは贈られた桜の木が日本の魂で文化の象徴であることを書き記した。

8 現在，ワシントン D. C. の桜は都市のシンボルになり，多くの人が毎年見物に来る。日本人はそれに誇りを感じ，アメリカ人の桜への愛情と心遣いに感謝している。

9 木々は 100 年以上前に植えられたものだが，シドモアの夢は今も生き続けている。

読解のカギ

① **(After the gift of trees to Washington, D.C. was received,) Scidmore wrote,**
be 動詞　過去分詞

("The Japanese gave us their favorite, their own mountain flower, the soul
(S') (V') (O₁') (O₂')

of Japan, the symbol of their culture.")

➡ <be 動詞+過去分詞> は受動態で, 「〜される」という意味を表す。

➡ ここでの Japanese は「日本人」の意味を表す名詞。the をつけると, 「日本人全体」を集合的に表す意味になる。

➡ 引用符(" ")の中は <S+V+O₁+O₂> の第 4 文型になっている。2 つ目の O にあたるのは their favorite 以下であり，their own mountain flower, the soul of Japan, the symbol of their culture はそれぞれ their favorite の具体的な説明をしていて，桜のことを指している。　　　　　　　　　　　　　　　文法詳細 p.16 ▶

🎵 **問. 並べかえなさい。**

マイクは私にこの雑誌をくれた。

(this / me / gave / Mike / magazine).

_____.

② **Today the cherry trees are a famous symbol of Washington, D.C.**
➡ ここでの today は「今日(では)，現在(では)」という意味を表す。文全体を修飾していて，後ろの⑤の文のように文末に置くこともできる。
➡ a symbol of *A* は「*A* の象徴，*A* を象徴するもの」という意味を表す。

③ **(When they bloom every spring), a lot of people come to see them.**
　　　　　　　　　　　　　　　　　　　　　　to 不定詞の副詞的用法
➡ they は前文②の the cherry trees を指している。
➡ bloom は「(花が)咲く」という意味の自動詞。
➡ a lot of *A* は「たくさんの *A*」という意味を表す。
➡ <come to+動詞の原形> で.「〜しに来る」という意味になる。to 不定詞の副詞的用法で，to see them は「それらを見(るため)に」という意味を表す。

④ **The Japanese people feel proud and appreciate the American people's**
　　　　　　S　　　　　V₁　　C　　　　V₂　　　　　　　　　O
love and care of the trees (for over one century).
➡ <S+V+C>(第 2 文型)と <S+V+O>(第 3 文型)の文が and でつなげられている。The Japanese people が両方の文型の主語になっている。
➡ <feel+形容詞> は「〜に感じる」という意味を表す。proud は「誇りに思っている」という意味の形容詞。
➡ ここでの for は「〜(の期間)にわたって」という意味で用いられている。

⑤ **(Although the trees were planted more than 100 years ago), Scidmore's**
　　　　　　　　　　be 動詞　過去分詞
dream still lives on today.
➡ although は「〜にもかかわらず，〜だけれども」という意味を表す接続詞。
➡ <be 動詞+過去分詞> は受動態で，「〜される」という意味を表す。
➡ more than は数詞を修飾して，「〜以上」という意味を表す。
➡ still は「まだ，今も」という意味の副詞で，lives on を修飾している。
➡ live on は「生き続ける」という意味を表す。

🎵 **問の解答** **問.** Mike gave me this magazine(.)

🏫 TRY1 Overview ❗ヒント

You are writing a story review.　Complete the outline.
(あなたは物語のレビューを書いています。概要を完成させなさい。)

Beginning　　　→ 第1パラグラフ
Middle　　　　→ 第2~5パラグラフ
Ending　　　　→ 第6~9パラグラフ

ⓐ シドモアは日本へ旅行に行き，そこで桜の花に魅了された。
ⓑ 第27代大統領夫人はシドモアの計画を気に入った。
ⓒ 3,000本以上の桜の木が，最初の2,000本が燃やされた後，発送された。
ⓓ シドモアはワシントンD.C.に桜の花を植えたいと思った。
ⓔ 桜の木はワシントンD.C.の象徴となり，それらは100年以上たった今でも象徴となっている。
ⓕ シドモアはジャーナリストになった後，最初にアラスカへ旅行に行った。

🏫 TRY2 Main Idea ❗ヒント

Mark the main idea M and the statement that are too narrow N.
(話の本旨になるものにはMを，限定的すぎる記述にはNの印を書きなさい。)

1 シドモアの夢は外国を訪れることだった。
2 シドモアは日本の桜の花の美しさをワシントンD.C.の人たちに見せたいと思った。
3 シドモアは，自身の計画を実行する助けをしてくれるよう大統領夫人にお願いすることに全力を尽くした。

🏫 TRY3 Details ❗ヒント

Choose the best answer.（最も適切な答えを選びなさい。）

Scene 1
1 シドモアがジャーナリストになって行ったことについて考える。
　　→ 教p.18, ℓℓ.2~3
2 シドモアの最初の海外旅行について考える。
　　→ 教p.18, ℓ.7

Scene 2
3 シドモアが日本で経験したことについて考える。
　　→ 教p.18, ℓℓ.11~13
4 シドモアが日本旅行から帰ってきて行ったことについて考える。
　　→ 教p.18, ℓℓ.15~16

Scene 3
5 シドモアが書いた手紙について考える。
　　→ 教p.18, ℓ.23
6 日本から送られた桜の木について考える。
　　→ 教p.18, ℓℓ.25~27

Scene 4

7　シドモアの思う日本人と桜の関係について考える。
　　→ 敎p.19, ℓℓ.1〜3

8　ワシントン D. C. の桜の木に対する日本人の感情について考える。
　　→ 敎p.19, ℓℓ.5〜7

🟢 TRY4 Deeper Understanding ①ヒント

Discuss the following with your partner. (次のことについてパートナーと話し合いなさい。)

1 例 A: I think that women were not always able to get the jobs they wanted at that time. So, she didn't want anyone to see her gender from her name.
　　B: I think so, too. That's very sad. I don't want to live in a time like that.
　　A: I see. Everyone wants to become what they want to be.
　　B: Yes, and they should be able to.

2 例 A: I think that they felt very sorry for the American people.
　　B: Yeah. That's why they sent more than 3,000 trees in good condition two years later.
　　A: It must have been really difficult to prepare and ship such a lot of trees to the US.
　　B: Exactly. I respect them for their great work.

🟦 TRY5 Retelling ①ヒント

例 Scene 1 Eliza Scidmore became a journalist after she graduated from Oberlin College. She went to Alaska by steamship on her first trip to a foreign country. After the trip, she wrote a guidebook about Alaska.

Scene 2 She traveled to a lot of countries. When she visited Japan, she really liked the cherry blossoms there. From that time, planting them in Washington, D. C. became her dream. She wrote letters to national parks about her plan, but they didn't accept it. She thought that Japan's cherry trees were the most beautiful trees in the world, and did not give up her dream.

Scene 3 She kept pushing her plan for 24 years. Then, she wrote a letter to the first lady at that time, who wanted to make Washington, D. C. a beautiful city. She liked the plan and it was quickly carried out. First, 2,000 cherry trees were sent from Tokyo, but they were burned because there were bugs in them. After that, more than 3,000 cherry trees from Japan were finally planted at a private ceremony in Washington, D. C.

Scene 4 She wrote that the Japanese gave the American people their favorite thing, the soul of Japan. The cherry trees are a famous symbol of Washington, D. C. now. Many people come to see the cherry blossoms every spring. We can see Scidmore's dream today, although the trees were planted long time ago.

📖 **Language Function**

1 SV, SVC, SVO, SVOO, and SVOC (Five sentence patterns) 英語の５文型

英語の文を構成するのは主語(S)，動詞(V)，目的語(O)，補語(C) の４つの要素で，この４つを特に文の主要素という。修飾語は主要素をより詳しく説明するために付け加えられる要素で，文の主要素ではない。

第１文型：S+V 「SはVする」

1. She graduated from Oberlin College in 1875.
   S　　V

(彼女は1875年にオバーリン大学を卒業した。)

➡ 文の主要素は S と V だけで，動詞の後ろには O(目的語) も C(補語) もこない文を第１文型という。

第２文型：S+V+C 「SはCである[になる]」(S=Cの関係)

2. Her writing became popular.
   S　　　V　　　C

(彼女の著作物は人気になった。)

➡ <S+V> の後ろに C(補語)がくる文を第２文型という。
➡ 補語は主語の説明をする語として使われる。
➡ S=C の関係となり，C には名詞・代名詞・形容詞などが使われる。

第３文型：S+V+O 「SはOをVする」

3. She created a guidebook about her experience.
   S　　V　　　　　　　　O

(彼女は自身の経験についてのガイドブックを制作した。)

➡ <S+V> の後ろに O(目的語)がくる文を第３文型という。
➡ 目的語には名詞・代名詞などが使われる。

第４文型：S+V+O₁+O₂ 「SはO₁にO₂をVする」

4. They gave us the symbol of their culture.
   S　　V　O₁　　O₂

(彼らは私たちに彼らの文化の象徴をくれた。)

➡ <S+V> の後ろに O(目的語)が２つくる文を第４文型という。
➡ 目的語に「人」と「物」がある場合は，最初の目的語が「人」，その後ろの目的語が「物」という順に並べるのが基本である。

第５文型：S+V+O+C 「SはOをCの状態にVする」(O=Cの関係)

5. She made Washington, D.C. a beautiful city.
   S　　V　　　O　　　　　　C

(彼女はワシントンD.C.を美しい都市にした。)

➡ <S+V> の後ろに O(目的語), その次に O(目的語)を説明する C(補語)がくる文型を, 第5文型という。

➡ 第5文型で使われる動詞には, make, get, call, keep, name, think などがある。

➡ 目的語と補語は **O=C** という関係が成り立つ。

I thought Tom's idea good. （私はトムの考えが良いと思った。）
S   V   O   C
　　　　　　 Tom's idea = good という関係が成り立つ

Qヒント Describe each picture with the given words.
(与えられた語句を使ってそれぞれの絵を説明しなさい。)

A <find+O+C> の第5文型を使い, 「そのテストが難しいとわかった」などの意味の文にする。

B <give+O₁+O₂> の第4文型を使い, 「Masao はプロポーズをするために, Jane に指輪をあげた」などの意味の文にする。

2 A is [was] *done* by B (Passive sentences)　受動態

受動態は, <be 動詞 + 過去分詞> の形で表され, 「**(主語) が〜される**」という意味を表す。動作主を明らかにしたい場合は, 「〜によって」を表す <by+ 動作主> を加える。受動態に対し, 動作をしている人・物が主語になっている形を能動態という。

1. Look at that picture. It was painted *by* a very famous artist.
（あの絵を見て。それはとても有名な芸術家によって描かれた。）

能動態：A very famous artist painted it.
　　　　　　主語　　　　　　　　目的語

受動態：It was painted by a very famous artist.
　　　　主語　　　　　　　　<by+ 動作主>

2. Two thousand cherry trees were sent from Tokyo as a gift.
（2,000本の桜の木が贈り物として東京から送られた。）

➡ 動作主が一般的な人を表す場合や不明な場合, 動作主を明らかにする必要がない場合は, <by+動作主> を省略する。

Qヒント Describe each picture with the given words from the viewpoint of the circled object. (丸で囲まれた対象の視点から, 与えられた語句を使ってそれぞれの絵を説明しなさい。)

A 丸で囲まれた男の子を主語にして, 「ボールで窓を割った」などの意味の文にする。

B 丸で囲まれた窓を主語にして, 「男の子によって割られた」などの意味の文にする。

3 To do (To-infinitives)　to 不定詞

to 不定詞 (<to+ 動詞の原形 >) は，文の中で名詞・副詞・形容詞の働きをする。

to 不定詞の名詞的用法

1. She loved **to see** the cherry blossoms.
   (彼女は桜の花を見るのが大好きだった。)
   ➡ to see the cherry blossoms が名詞の働きをしていて，loved の目的語になっている。

to 不定詞の副詞的用法

2. She wrote under the name E. R. Scidmore **to hide** her gender.
   (彼女は性別を隠すために E. R.シドモアの名前で執筆した。)
   ➡ to hide her gender は「彼女の性別を隠すために」という意味で，「E. R. シドモアの名前で執筆した」という行為の「目的」を表している。
   ➡ 副詞的用法では，文や動詞を修飾して意味を付け足すことができる。

to 不定詞の形容詞的用法

3. I have a few words **to say** to you.
   (私にはあなたに言うことが二言三言ある。)
   ➡ to say to you は「あなたに言うための」という意味で，a few words を修飾している。
   ➡ 形容詞的用法では，名詞を修飾することができる。

+ α

to 不定詞の名詞的用法：to 不定詞が補語になる場合

My dream is **to be** a famous movie star.　(私の夢は有名な映画スターになることだ。)
　S　　　V　　　　O

➡ to be a famous movie star が名詞の働きをしていて，文の補語になっている。

to 不定詞の名詞的用法：to 不定詞は前置詞の目的語にはならない

He is interested in **taking** pictures.　(彼は写真を撮ることに興味がある。)
×He is interested in to take pictures.

➡ to 不定詞は前置詞の目的語にはならない。動名詞が前置詞の目的語になることができる。

Qヒント　Where did you go last weekend? Why did you go there and what did you do? Talk about your last weekend with to (do). (先週末にどこへ行きましたか。なぜそこへ行き，何をしましたか。あなたの先週末について，to (do) を使って話しなさい。)
行った場所で何をしたかは，「目的」を表す to 不定詞の副詞的用法を使って，I went to ... to do (私は〜するために…へ行った) と表現できる。

🎭 Speaking ⚠️ヒント

Warm-up dialogue: Meeting for the first time

空所の後の発言では出身中学を答えているので，出身中学をたずねることばが入ると考えられる。2つ目の空所は相手に聞き返しているので，「あなたの場合はどうですか」といった意味のことばが入ると考えられる。

A: こんにちは。ケンジです。はじめまして。

B: こんにちは，ケンジ。アオイです。はじめまして。

A: アオイ，＿＿＿＿＿＿＿＿＿ ?

B: 私は，朝日中学校の出身です。

　　＿＿＿＿＿＿＿＿ ?

A: 私は港中学校の出身です。

B: 本当ですか？　私のいとこも港中学校に通っていました。

Self-introduction

❶自己紹介で話す内容には，hobby(趣味)，brother(兄弟)，sister(姉妹)，favorite artist(好きなアーティスト)，club activities(部活動) などがある。

❷自分について説明するには以下のような表現が使える。

　・My hobby is ～ .

　・I have a brother [sister]. / I have two brothers [sisters].

　・My favorite artist is ～ .

　・I'm in the art club. / I'm on the soccer team. / I'm a member of the volleyball team.

　相手について質問するには以下のような表現が使える。

　・Do you have any hobbies? / What do you like to do in your free time?

　・Do you have any brothers or sisters?

　・Are you in a club? / Do you do any club activities?

✏️ Writing ⚠️ヒント

❸

1. 名前を伝える表現：My name is ～ . (私の名前は～です)/ I'm ～ . (私は～です)

2. 年齢を伝える表現：I'm ～ years old. (私は～歳です)

3. 英語をどれくらい話せるかを伝える表現：

   I can [cannot] speak English very well. (私は英語をとても上手に話せます [あまり上手に話せません])/ I can speak English a little. (私は少し英語を話せます)/ I don't speak English. (私は英語を話しません)

4. 訪問場所をすすめる表現：

   You can go to ～ for shopping. (買い物をしに～へ行けますよ)/ I will show you around ～ . (私があなたに～を案内してあげます)/ ～ is a famous historic place. (～は有名な史跡です)

📝 定期テスト予想問題　　解答 ➡ p.22

1 日本語の意味に合うように，＿＿に適切な語を入れなさい。

(1) ジェイクがこの調査計画を担当している。

Jake is ＿＿＿＿＿＿＿ ＿＿＿＿＿＿＿ of this research project.

(2) 私たちは今すぐにこれを執り行うべきだ。

We should ＿＿＿＿＿＿ this ＿＿＿＿＿＿ right now.

(3) 彼はその美しい都市に魅了された。

He ＿＿＿＿＿＿ in ＿＿＿＿＿＿ ＿＿＿＿＿＿ the beautiful city.

2 同じ文型の文を，それぞれ下の①~⑤から選びなさい。

(1) He likes to learn about history.　　　　　　　　　(　)

(2) His voice is low.　　　　　　　　　　　　　　　(　)

(3) The news about the accident made me surprised.　(　)

(4) My aunt lives in Los Angeles.　　　　　　　　　(　)

(5) I will give you this book after I read it.　　　　　(　)

　① My friends call me Saya.

　② My mother bought me an umbrella.

　③ He became an English teacher.

　④ I waited here for an hour there.

　⑤ He discovered a new island.

3 日本語に合うように，( ) 内の語を並べかえなさい。

(1) 私たちは，8月にオーストラリアへ旅行に行くと決めた。

(travel / decided / to / August / to / in / Australia / we).

＿＿＿＿＿＿＿＿＿＿＿＿＿＿＿＿＿＿＿＿＿＿＿＿＿＿.

(2) 彼は，このテレビ番組が面白いのがわかった。

(this / found / TV / he / interesting / program).

＿＿＿＿＿＿＿＿＿＿＿＿＿＿＿＿＿＿＿＿＿＿＿＿＿＿.

(3) 私たちには，この計画について考える時間が必要だ。

(need / plan / time / we / to / about / this / think).

＿＿＿＿＿＿＿＿＿＿＿＿＿＿＿＿＿＿＿＿＿＿＿＿＿＿.

4 次の英語を日本語に訳しなさい。

(1) The windows were opened by my mother.

　(　　　　　　　　　　　　　　　　　　　　　　　　　　)

(2) She studied very hard to become a doctor.

　(　　　　　　　　　　　　　　　　　　　　　　　　　　)

5 次の英文を読んで，後の問いに答えなさい。

　Eliza Scidmore graduated from Oberlin College in Ohio in the US in 1875. She was 19 years old then.　After she graduated, she began her career as a journalist and wrote for various newspapers.　At that time, more men worked as journalists than women, ①so she wrote under the name E. R. Scidmore (　　) hide her gender.　Her writing became popular, and she was able to save enough money to travel.　Scidmore was always interested in travel and ②(foreign / to / it / her / visit / was / countries / dream).　Her first trip was to Alaska by steamship.　When she returned, she wrote about the experience and created a guidebook about it.　③This was about 75 years before it became part of the United States.

(1) 下線部①について，次の質問に答えなさい。
　　a. (　　) に入る英語を書きなさい。　　　　　　　　＿＿＿＿＿＿＿
　　b. 下線部の理由を日本語で書きなさい。
　　　(　　　　　　　　　　　　　　　　　　　　　　　　　　　　　)
(2) 下線部②が「外国を訪れることが彼女の夢だった」という意味になるように，
　　(　) 内の語を並べかえなさい。

＿＿＿＿＿＿＿＿＿＿＿＿＿＿＿＿＿＿＿＿＿＿＿＿＿＿＿＿＿＿＿＿＿＿＿

(3) 下線部③の英語を it が何を指すか具体的に示しながら日本語に訳しなさい。
　　(　　　　　　　　　　　　　　　　　　　　　　　　　　　　　)

6 次の英文を読んで，後の問いに答えなさい。

　After the gift of trees to Washington, D.C. was received, Scidmore wrote, "The Japanese gave us ①their favorite, their own mountain flower, the soul of Japan, the symbol of their culture."

　Today the cherry trees are a famous symbol of Washington, D.C.　When they bloom every spring, ②a lot of people come to see them.　③The Japanese people feel proud and appreciate the American people's love and care of the trees for over one century.

　④(than / were / ago / 100 years / planted / trees / although / the / more), Scidmore's dream still lives on today.

(1) シドモアは下線部①がどのようなものであると書いたか日本語で答えなさい。
　　(　　　　　　　) (　　　　　　　　　) (　　　　　　　　　)
(2) 下線部②，③の文型を答えなさい。　　　　　② 第＿＿文型　③ 第＿＿文型
(3) 下線部④が「その木々は 100 年以上前に植えられたにもかかわらず」という
　　意味になるように，(　) 内の語句を並べかえなさい。

＿＿＿＿＿＿＿＿＿＿＿＿＿＿＿＿＿＿＿＿＿＿＿＿＿＿＿＿＿＿＿＿＿＿＿

| | 定期テスト予想問題　解答 | pp.20~21 |

1 (1) in charge　　(2) carry, out　　(3) fell, love with

2 (1) ⑤　　(2) ③　　(3) ①　　(4) ④　　(5) ②

3 (1) We decided to travel to Australia in August(.)
　　(2) He found this TV program interesting(.)
　　(3) We need time to think about this plan(.)

4 (1) それらの窓は私の母によって開けられた。
　　(2) 彼女は医師になるために一生懸命勉強した。

5 (1) a. to　b. その当時は女性より男性の方が多くジャーナリストとして働いて
　　いたから
　　(2) it was her dream to visit foreign countries
　　(3) これはアラスカがアメリカの一部となる約75年前のことだった

6 (1) 彼ら自身の山の花，日本の魂，彼らの文化の象徴
　　(2) ② 1　　③ 2
　　(3) Although the trees were planted more than 100 years ago

💡 解説

1 (1)「A を担当する」は in charge of A で表す。　　(2)「A を執り行う」は carry out A / carry A out で表す。A が代名詞の場合は carry A out の語順になる。
(3)「A に魅了される」は fall in love with A で表す。

2 (1) <S+V+O> の第3文型。to 不定詞の to learn が目的語になっている。
(2) <S+V+C> の第2文型。
(3) <S+V+O+C> の第5文型。<make+O+C> は「O を C(の状態) にする」という意味を表す。<call+O+C> は「O を C と呼ぶ」という意味を表す。
(4) <S+V> の第1文型。　　(5) <S+V+O_1+O_2> の第4文型。

3 (1) decide は目的語に to 不定詞をとる。　　(2) <find+O+C> の第5文型。「O が C だとわかる [思う]」という意味を表す。　　(3) to 不定詞を使い，need time to *do* で「～する時間を必要とする」という意味を表す。

4 (1) were opened は受動態で，「開けられた」という意味。
(2) to become は to 不定詞の副詞的用法で，「～になるために」という意味。

5 (1) a. to 不定詞で「～するために」という意味を表す。　　b. 性別を隠して執筆した理由は，直前の At that time, more men worked as journalists than women の部分。　　(2) 形式主語の it と to 不定詞の名詞用法を使って表す。
(3) it は2つ前の文の Alaska を指している。

6 (1) 直後にコンマ (,) を置いて their favorite の説明がされている。
(2) ② <S+V> の第1文型。　　③ <S+V+C> の第2文型。
(3)「植えられた」は受動態 <be 動詞 + 過去分詞 > の形にする。

Lesson 2 Christian the Lion

Scene ❶

shopper	名 買い物客	**Shoppers** should bring their own shopping bags. 買い物客は自分の買い物袋を持ってくるべきだ。
cage	名 檻, ケージ	The lion was taken to the zoo in a **cage**. そのライオンは檻で動物園に運ばれた。
for sale	熟 売り物の	Tom's old house will be **for sale** next month. トムの古い家は来月売りに出される。
cry out *A* / cry *A* out	熟 A を大声で叫ぶ	"Wait!" my sister **cried out**. 「待って」と, 私の妹が大声で叫んだ。
in surprise	熟 びっくりして	She looked at my face **in surprise**. 彼女はびっくりして私の顔を見つめた。
feel sorry for *A*	熟 A を気の毒に思って	We **felt sorry for** the little cat left in the rain. 私たちは雨の中に残された小さな猫をかわいそうに思った。

Scene ❷

male	形 雄の, 男の	Excuse me, I want to buy a **male** dog. すみません, 私は雄犬を買いたいのですが。
come to *do*	熟 ～するようになる	You'll **come to** understand our team's rules soon. すぐに私たちのチームのルールがわかるようになるよ。
get on (well) (with *A*)	熟 A と仲良くする	My parents have **gotten on well** for a long time. 私の両親は長い間ずっとうまくいっている。
gently	副 優しく, 穏やかに	When you touch the animals, please touch them **gently**. 動物に触れる際は, 優しく触ってください。
collar	名 首輪	The cat wearing a red **collar** is Tama. 赤い首輪をしている猫がタマです。
go out for a walk	熟 散歩に出かける	Let's **go out for a walk** after lunch. 昼食後に散歩に出かけましょう。
pull on *A*	熟 A をつかんで引っ張る	I felt someone **pulling on** my hair. 誰かが私の髪を引っ張っているように感じた。
with a smile	熟 笑顔で	The pianist was playing the piano **with a smile**. そのピアニストは笑顔でピアノを演奏していた。
lovely	形 愛すべき, かわいい	They have **lovely** children. 彼らにはかわいらしい子どもたちがいる。

| including | 前 ～を含めて | Everyone, **including** me, agreed to support him.
私を含む全員が, 彼をサポートすることに賛成した。 |
| reporter | 名 記者,
レポーター | **Reporters** asked him about his private life.
レポーターたちは彼のプライベートの生活についてたずねた。 |

Scene ❸

take away A / take A away (from B)	熟 (B から)A を取り上げる	The boy **took** a toy **away from** his younger brother. 少年は弟からおもちゃを取り上げた。
angrily	副 怒って	My mother looked at me **angrily**. 母は怒って私を見つめた。
remind	動 ～に思い出させる	These pictures always **remind** me of my grandmother. これらの写真はいつも私に祖母を思い出させる。
advise	動 ～に助言する	He strongly **advised** me to go home right away. 彼はすぐに帰宅するように強く私に助言した。
expert	名 専門家	Jack is an **expert** on French movies. ジャックはフランス映画の専門家だ。
set A free	熟 A を解放する	You should **set** the cat **free**. あなたはその猫を解放するべきだ。
train A to do	熟 A を～するように訓練する	Our coach **trained** us **to** hit the ball well. コーチは私たちをボールがうまく打てるように訓練した。

Scene ❹

behave	動 振る舞う	Don't **behave** like a baby. 赤ちゃんみたいに振る舞うのはやめなさい。
get near *A*	熟 A に接近する	Never **get near** the river when it's high. 水位が高いときには決して川に近づかないようにしなさい。
appear	動 現れる	The clouds moved away and the moon **appeared**. 雲が流れ去って月が現れた。
scary	形 怖い，恐ろしい	The dog is making a **scary** face at a mirror. その犬は鏡に向けて怖い顔をしている。
paw	名 (哺乳類動物の)足	His dog put its **paw** on his hand. 彼の犬はその足を彼の手の上に乗せた。
chest	名 胸	He put his hand on his **chest**. 彼は自分の胸に手を置いた。
lick	動 〜をなめる	My dog often sits at my knee and **licks** my face. 私の犬はよく私の膝元に座って，私の顔をなめる。
limit	名 限度，限界	There is no **limit** to his efforts. 彼の努力には限界がない。

Scene ❶

ポイント 赤ちゃんライオンと２人の男性は，いつ，どこで，どのように出会ったか。

1 ① Shoppers filled a big London department store / one day / in 1969.//
買い物客は大きなロンドンのデパートをいっぱいにした / ある日 / 1969年の //
② John
ジョン

and Ace shared a house / in London.// ③ At that time / they were shopping /
とエースは家を共有していた / ロンドンで // そのとき / 彼らは買い物をしていた /

for Christmas presents / to send / to their families / in Australia.//
クリスマスプレゼントのための / 送るための / 家族に / オーストラリアにいる //

2 ④ While they were shopping, / they found a small cage / with a baby lion / in it /
彼らが買い物している最中に / 彼らは小さいケージを見つけた / 赤ちゃんライオンが入った / その中に /

for sale!// ⑤ "I've never seen a lion / in a department store!"// ⑥ Ace cried out /
売り出し中の // 「私はライオンを見たことがない / デパートで」 // エースは叫んだ /

in surprise.//
驚いて //

3 ⑦ The baby lion was cute, / but it looked really sad.// ⑧ They felt sorry / for the
赤ちゃんライオンはかわいかった / しかし本当に悲しそうだった // 彼らはかわいそうに思った / そのライオン

lion / in such a small cage.// ⑨ Finally John said, / "Let's buy him."//
を / そんな小さなケージの中にいる // ついにジョンは言った / 「彼を買おう」と //

単語チェック

□ shopper　　　　名 買い物客　　　　□ cage　　　　名 檻, ケージ

本文内容チェック 「クリスチャンとの出会い」

1 1969年，ロンドンのデパートでジョンとエースはプレゼントを探していた。
2 ２人はデパートで売り出し中の子ライオンを見つけた。
3 ２人は子ライオンをかわいそうに思い，買うことにした。

読解のカギ

① **Shoppers filled a big London department store one day in 1969.**
➡ *A* fill *B* は「A(人・物)がBをいっぱいにする」という意味を表す。*B* is filled with *A* と受動態に書きかえられる。
➡ one day は「ある日」という意味の副詞句。前置詞は付けなくてよい。

③ **At that time they were shopping (for Christmas presents) to send to their**

families in Australia.
➡ were shopping は <be動詞＋現在分詞> で，過去進行形になっている。
➡ for 以降の前置詞句は were shopping を修飾している。
➡ to send は to不定詞の形容詞的用法で，to send to their families in Australia は Christmas presents を修飾している。

➡ to不定詞の形容詞的用法には，修飾される名詞が to不定詞の目的語の働きをするものがある。ここでは，Christmas presents が to send の目的語の働きをしている。

🖉 問1. 日本語にしなさい。

He is looking for a notebook to draw maps in.

(   )

④ While **they were shopping, they found a small cage with a baby lion in it**
　　　　└── = John and Ace ──┘　　　　　　　　↑────────── = small cage ──┘

for sale!

➡ 文頭の While は期間を表す接続詞。主節の主語と一致する場合, while に続く主語・be動詞を省略することができる。⇒ While shopping, they found ...

➡ with は付帯状況を表す前置詞。with A in B は「AがBの中にある状態で」という意味。

➡ with 以下は a small cage を，for sale は a baby lion を後ろから修飾している。

⑤ **"I've never seen a lion in a department store!"**

➡ 現在完了形 <have[has]+過去分詞> の経験用法の文。　　**文法詳細 p.36** ▶

➡ <have never+過去分詞> は「今まで〜したことがない」という意味。経験を表す現在完了形に副詞 never を使った否定文。seen は see の過去分詞で, see — saw — seen と不規則に変化する。

🖉 問2. 並べかえなさい。

私は彼女の家に行ったことがない。

(house / I / never / have / her / to / been).

_____.

⑥ **Ace cried out in surprise.**

➡ cried out は「大声で叫ぶ」という意味を表す。

➡ in surprise は「驚いて」という意味。この surprise は名詞であることに注意する。

⑦ **The baby lion was cute, but it looked really sad.**

➡ <look+形容詞> で「〜のように見える」という意味を表す。

➡ it は The baby lion を指している。really は副詞で sad を強調している。

⑧ **They felt sorry for the lion in such a small cage.**
　　　　　　　　　　　↑────────────────┘

➡ feel sorry for A で「A をかわいそうに思う」という意味を表す。

➡ in such a small cage は「そんなに小さなケージに入れられた」という意味で，the lion を後ろから修飾する前置詞句。

➡ such は強調を表す形容詞で，形容詞を伴う名詞の前に置かれる。冠詞の a より前に置かれることに注意。

🔊 問の解答 　**問1.** 彼は地図を描くためのノートを探している。　　**問2.** I have never been to her house(.)

Scene ❷

◆ポイント　ジョンとエースはデパートで購入したライオンと，どのように過ごしたか。

4 ① The male lion was named Christian.//　② In just a few days, / Christian
その雄ライオンはクリスチャンと名づけられた　//　　　　ほんの数日のうちに　/　クリスチャン

came to like his new life / with John and Ace.//　③ The two men and Christian
は新しい生活が好きになった　/　ジョンとエースとの　//　　　　２人の男性とクリスチャン

got on really well.//　④ When one of the men was talking / to the other, / Christian
は本当にうまくやっていた//　　男性のどちらかが話していると　/　もう１人に　/　クリスチャン

would touch him gently / to show / that he wanted to play / with them.//
は優しく彼に触れた　/示すために /　遊びたいと思っていることを /　彼らと　//

5 ⑤ Christian also loved / to go out.//　⑥ John and Ace bought a special collar /
クリスチャンはまた　　外出する　　　　ジョンとエースは特製の首輪を買った
大好きだった　　　　ことが　//

for him.//　⑦ When they went out / for a walk / with him, / he pulled on his lead /
彼の　//　彼らが出かけたとき　/　散歩に　/　彼と　/　彼はリードを引っ張った
ために

like an excited little dog.//　⑧ They also ran / and played with a ball together / in a
興奮した小さな犬のように　//　彼らはまた走った　/　そして一緒にボールで遊んだ　/　野原

field / for hours.//　⑨ "I can't imagine life / without him," / John said / with a smile.//
て　/　何時間も　//　「私は生活を想像できない/ 彼なしの」と　/ジョンは言った/ ほほ笑みながら //

6 ⑩ At first, / people were surprised / to see a lion / in London.//　⑪ However, /
最初　/　人々は驚いた　/　ライオンを見て /　ロンドンで //　　しかしながら /

they soon found / that Christian was a lovely little friend.//　⑫ Lots of people, /
彼らはすぐにわかった　/　クリスチャンはかわいい小さな友だちだということが　//　　多くの人たちが

including newspaper photographers and television reporters, / came / to see him.//
新聞のカメラマンやテレビのレポーターを含む　　　/　来た /　彼に会いに //

7 ⑬ However, / Christian was growing up very fast.//　⑭ John and Ace felt / that
しかしながら / クリスチャンはとても速く成長していった //　ジョンとエース　/
は感じていた

their happy life wouldn't last long.//
彼らの幸せな生活は長くは続かないと　//

✓ 単語チェック

□ **male**	形 雄の，男の	□ **lovely**	形 愛すべき,かわいい
□ **gently**	副 優しく,穏やかに	□ **including**	前 〜を含めて
□ **collar**	名 首輪	□ **reporter**	名 記者,レポーター

✓ 本文内容チェック　「クリスチャンとジョンとエースとの生活」

4 子ライオンはクリスチャンと名づけられ，ジョンとエースとの生活が気に入った。

5 クリスチャンは外出を好み，散歩をしたり，ボール遊びを楽しんだりした。

6 ロンドンの人々は驚いたが，すぐにクリスチャンをかわいい友だちとして受け入れ，マスコミを含む多くの人々が彼に会いにきた。

7 クリスチャンの成長は速く，ジョンとエースは幸せな生活が長く続かないと感じた。

🎵 **読解のカギ**

① **The male lion was named Christian.**
　➡ <be動詞+過去分詞> は受動態で，「～され(てい)る」という意味を表す。
　🎵 **問. 並べかえなさい。**
　その犬は，ボスと呼ばれていた。
　(Boss / was / the dog / called).

　_____.

④ **When one of the men was talking to the other, Christian would touch him gently (to show {that he wanted to play with them}).**
　➡ the men は前文③の The two men(= John and Ace) を指している。
　➡ would は「～したものだった」と過去の習慣を表す助動詞である。
　➡ to show は to不定詞の副詞的用法で「～を示すために」という意味を表す。

⑦ **When they went out for a walk with him, he pulled on his lead like an excited little dog.**
　➡ go out for a walk は「散歩に出かける」という意味を表す。
　➡ pull on A は「A をつかんで引っ張る」という意味を表す。
　➡ an excited little dog の excited は過去分詞で名詞句 little dog を修飾し，「興奮した小さな犬」という意味になる。　　　　　　　　　　　文法詳細 p.38 ▶

⑨ **"I can't imagine life without him," John said with a smile.**　＝ Christian
　➡ 前置詞 without は「～のない，いない」の意味で，life を後ろから修飾している。
　➡ with a smile で「ほほ笑みながら」という意味を表す。

⑩ **At first, people were surprised (to see a lion in London).**
　➡ to see ... は「…を見て」という意味の to 不定詞句。to 不定詞は surprised などの感情を表す形容詞とともに用いて，その感情の原因を表すことができる。

⑫ **Lots of people, (including newspaper photographers and television reporters), came to see him.**
　S　　　　　　　　　　　　　　　　　　　　　V
　➡ Lots of people, ... reporters, までが文全体の主語になる。including ... reporters が Lots of people を修飾している。including は「～を含めて」という意味の前置詞である。
　➡ to see は to不定詞の副詞的用法で，come to see で「～に会いに来る」という意味になる。

🎵 **問の解答**　**問.** The dog was called Boss(.)

Scene ❸

ポイント　どのような経緯でクリスチャンを野生に戻すことになったか。

8 ① One day, / Christian found a belt / in the house / and picked it up / in his
ある日　/　クリスチャンはベルトを見つけた / 家の中で /そしてそれを拾い上げた/ 彼の歯

teeth.// ② Ace tried / to take the belt away / from him, / but / for the first time /
て　//　エースは試みた / そのベルトを取り上げることを / 彼から / しかし/ 初めて /

he angrily showed his sharp teeth.// ③ Ace was shocked, / and that reminded him /
彼は怒って鋭い歯を見せた　//　エースはショックを受けた / そしてそのことは彼に思い出させた

that Christian was a wild animal.//
クリスチャンが 野生動物であることを //

9 ④ Since the two men began to worry / about Christian, / one / of their friends /
その２人の男性が心配し始めたので　/ クリスチャンについて /１人が/ 彼らの友人の /

advised them / to talk / to George, / an expert / on lions / in Kenya.// ⑤ George said /
彼らに助言をした / 話をするよう / ジョージに / 専門家である/ ライオンの /ケニアにいる // ジョージは言った /

that Christian should join other lions / in the wild.// ⑥ John and Ace / knew / that
クリスチャンは他のライオンたちに加わるべきだと / 野生の // ジョンとエースは /わかっていた/ that

a life / in the wild / was best / for Christian, / so they finally agreed / with George.//
生活が/ 野生での / 最適である/ クリスチャンにとって / だから彼らは最終的に同意した / ジョージに //

10 ⑦ In 1970, / the two men went / to Kenya / to set Christian free.// ⑧ They
１９７０年に / その２人の男性は行った / ケニアへ / クリスチャンを自由にするために / 彼らは

asked George / to train Christian / to live / in the wild.// ⑨ Christian, / then, /
ジョージに頼んだ /クリスチャンを訓練するよう/ 生きるために / 野生で // クリスチャンは / それから /

met his new lion friends / and learned their ways of living.//
新しいライオンの仲間たちに会った / そしてそれらの生き方を学んだ //

11 ⑩ Their last day arrived quickly.// ⑪ John and Ace spent one last fun day /
彼らの最後の日はすぐにやってきた // ジョンとエースは最後の楽しい１日を過ごした /

with Christian.// ⑫ The next morning / they left early / without saying goodbye.//
クリスチャンと // その翌朝 / 彼らは早く去った / さようならを言わずに //

単語チェック

□ **angrily** 副 怒って　□ **expert** 名 専門家
□ **remind** 動 〜に思い出させる

本文内容チェック　「クリスチャンとの別れの決断」

8 拾い上げたベルトを取り上げるときに見せたクリスチャンの怒りに，エースは彼がもともとは野生動物であることを思い出した。

9 ライオンの専門家から，クリスチャンを野生に戻すことを勧められ，2人は同意した。

10 ジョンとエースはクリスチャンを自由にするためにケニアへ行った。

11 別れの日の朝，2人はクリスチャンにさようならを言わずに去っていった。

🔑 **読解のカギ**

① **One day, Christian found a belt in the house and picked it up in his teeth.**
　　　　　　　S　　V₁　O₁　　　　　　　　　　　V₂　O₂

➡ 2つの <S+V+O>(第3文型) を1つにした文で，and の後ろの動詞の主語も Christian である。述語動詞と目的語が2つずつある文となっている。
➡ pick *A* up は「*A* を拾い上げる」という意味を表す。

② **Ace tried (to take the belt away from him), but (for the first time) he angrily showed his sharp teeth.**

➡ try to *do* は「～しようと試みる」という意味を表す。
➡ take *A* away from *B* は「*B* から *A* を取り上げる」という意味を表す。
➡ for the first time は「初めて」という意味を表す。

③ **Ace was shocked, and that reminded him (that Christian was a wild animal).**
　　　　　　　　　　　　　S　　V　　O₁　　　　　　O₂

➡ 1つ目の that は指示代名詞で，前文②の he angrily showed his sharp teeth を指している。
➡ and 以下は，主語が1つ目の that，動詞が reminded，him が間接目的語，2つ目の that 以下が直接目的語の <S+V+O₁+O₂>(第4文型)である。
➡ 2つ目の that は接続詞。<remind+O+that 節> で「O(人)に～ということを思い出させる」という意味を表す。

④ **Since ... advised them to talk to George, an expert on lions in Kenya.**

➡ George と an expert on lions in Kenya は同格の関係で，コンマ(,) の後ろの部分が George についての補足説明をしている。

⑥ **John and Ace knew (that a life in the wild was best for Christian), so they finally agreed with George.**

➡ <know+that 節> で「～ということがわかる[知っている]」という意味を表す。
➡ so は「なので～」という意味の接続詞である。
➡ agree with *A* は「*A*(人・考えなど)と同意見である」という意味を表す。

⑧ **They asked George to train Christian to live in the wild.**

➡ ask *A* to *do* で「*A* に～するよう頼む」という意味を表す。
➡ train *A* to *do* で「*A*(人・動物)が～できるように訓練する」という意味を表す。

⑫ **The next morning they left early without saying goodbye.**

➡ without *doing* で「～しないで」という意味を表す。without は前置詞，*doing* は動名詞である。

Scene ❹

ポイント　ジョンとエースのクリスチャンとの再会はどのようなものだったか。

12 ① One year later / John and Ace went back / to Africa.//　② George said /
　　　　1年後に　　/　ジョンとエースは戻ってきた　/　アフリカに //　　　ジョージは言った /

to them, "He's been getting on / with the other lions.//　③ He loves his new life / and
彼らに　「彼はずっと仲よくしています/　他のライオンたちと　//　　彼は新しい生活が大好きだ /そして

behaves / like a wild animal."//　④ The two men were also told / that it would be
振る舞う / 野生動物のように」と　//　　その2人の男性はまた言われた　/　　　危険過ぎると

too dangerous / to get near Christian / now.//
いうことを　　/　クリスチャンに近づくことは　/　今 //

13 ⑤ When they came / to a field, / a lion appeared.//　⑥ It was Christian!//
　　　　彼らが来たとき　/　原野に　　/　1頭のライオンが現れた //　　それはクリスチャンだった//

⑦ Suddenly, / he started / to run / towards them.//　⑧ It was a scary moment.//
　突然　/　彼は始めた　/走ることを/　彼らに向かって　//　　それは恐ろしい瞬間だった　//

⑨ However, / Christian placed his big paws / on Ace's chest / and started licking
　しかしながら　/　クリスチャンは大きな足を乗せ　/　エースの胸に　/　そしてなめ始めたのだ

his face!//　⑩ He did the same / to John.//
彼の顔を //　　彼は同じことをした / ジョンにも //

　　⑪ "I can't believe it.//　⑫ He has remembered us!" / said Ace.//
　　　「私はそれを信じられない //　　彼は私たちを覚えてい　　/　エースは
　　　　　　　　　　　　　　　　　るのだ」と　　　　　　　　　言った

　　⑬ "I knew / he wouldn't forget us.//　⑭ I just knew it," / said John.//
　　　「私はわ　/　彼が私たちを忘れないことを　/　私はまさにそれをわ　/　ジョンは
　　　かっていた　　　　　　　　　　　　　　かっていたんだ」と　/　言った

14 ⑮ Later, / Christian even took his old friends / to see his new family.//　⑯ The
　　　その後　/　クリスチャンは旧友を連れていきさえした　/　新しい家族に会うために　//

men realized / that true friendship and love have no limits.//
男性たちはよく　/　　真の友情と愛には限りがないことを　　　　　//
わかった

単語チェック

☐ **behave**	動 振る舞う	☐ **chest**	名 胸
☐ **appear**	動 現れる	☐ **lick**	動 ～をなめる
☐ **scary**	形 怖い，恐ろしい	☐ **limit**	名 限度，限界
☐ **paw**	名 (哺乳類動物の)足		

本文内容チェック　「クリスチャンとの再会と限りない友情と愛」

12 1年後にジョンとエースはアフリカに戻るが，今ではクリスチャンに近づくのは危険過ぎると言われた。

13 2人が原野に行くと，クリスチャンが彼らに向かって走ってきた。そして彼らの胸に足を乗せ，顔をなめ始めた。

14 クリスチャンは2人を新しい家族のもとへ連れていった。2人は真の友情と愛は限りないものであることがよくわかった。

🎸 **読解のカギ**

② **George said to** them, **"He's been** getting on with **the other lions.**
　　　　　　　　　　└ = has been

　.　➡ them は前文①の John and Ace を指している。

　　➡ have been *do*ing は現在完了進行形。「ずっと〜し続けている」という意味で，過去のある時点から現在まで行為が継続中であることを表す。　　　文法詳細 p.37 ▶

　　➡ get on with *A* は「A と仲良くする」という意味を表す。

④ **The two men were also told (that it would be too dangerous to get near Christian now).**
　　　　　　　　　　　　　　　　形式主語 ◀──────────────┘ 真の主語

　　➡ were (also) told の部分は <be動詞+過去分詞> の受動態である。この文は「その2人の男性は〜とも言われた」という意味になる。

　　➡ it は形式主語で，to 以下が真の主語，too は「〜過ぎる」という意味の副詞。

⑨ **However, Christian placed his big paws on Ace's chest and started licking his face!**
　　　　　　　　S　　　V₁　　O₁　　　　　　　　　　　　V₂　　O₂

　　➡ 2つの <S+V+O>(第3文型) を1つにした文で，and の後ろの動詞の主語も Christian である。述語動詞と目的語が2つずつある文となっている。

　　➡ start *do*ing は「〜し始める」の意味を表す。start は動名詞も to不定詞も目的語にとる動詞である。(文⑦の he started to run は to不定詞を目的語にとっている。)

⑫ **He has remembered us!" said Ace.**
　　　　　V　　　S

　　➡ has remembered は <have [has]+ 過去分詞 > の現在完了形。継続用法で「ずっと〜を覚えている」という意味になる。

　　➡ "I can't believe it.　He has remembered us!" said Ace. は Ace said, "I can't believe it.　He has remembered us!" と言いかえることができる。このように発言内容の後に主語・動詞がくる場合は，倒置が起こって <V+S> の語順になることがある。主語が he，she などの代名詞の場合は，この倒置は起きない。

⑮ **Later, Christian even took his old friends (to see his new family).**

　　➡ to see は to不定詞の副詞的用法で「〜に会うために」という意味を表す。

⑯ **The men realized (that true friendship and love have no limits).**
　　　S　　　V　　　　　　　　　　　　　　　O

　　➡ <S+V+O>(第3文型)の文で，<realize+that節>は「〜だと気づく」という意味を表す。

　　➡ have no limits で「制限がない，無限である」の意味を表す。no は可算名詞・不可算名詞の両方を修飾することができる。

📖 TRY1 Overview ❗ヒント

You are writing a story review.　Complete the outline.

(あなたは物語のレビューを書いています。概要を完成させなさい。)

Beginning　　　→ 第1〜3パラグラフ
Middle　　　　→ 第4〜11パラグラフ
Ending　　　　→ 第12〜14パラグラフ

ⓐ ジョンとエースはアフリカへ戻った。

ⓑ ジョンとエースはクリスチャンとの暮らしが大好きだった。

ⓒ ジョンとエースはクリスチャンをケニアへ連れて行った。

ⓓ クリスチャンはとても速く成長した。

ⓔ ジョージはジョンとエースにクリスチャンを野生へ送ってやるように言った。

ⓕ 多くの人がクリスチャンをかわいがりにやってきた。

📖 TRY2 Main Idea ❗ヒント

Mark the main idea M and the statement that are too narrow N.

(話の本旨になるものにはMを，限定的すぎる記述にはNの印を書きなさい。)

1　クリスチャンはジョンとエースとの新しい暮らしを気に入るようになった。

2　ジョンとエースはクリスチャンが野生へ戻るべきだということに同意した。

3　ジョンとエースとクリスチャンの間の友情はとても強かった。

📖 TRY3 Details ❗ヒント

Choose one correct statement for each scene.

(各シーンについての正しい記述を1つ選びなさい。)

Scene 1

ⓐ ジョンとエースがデパートで探していたものは何か。→ 教p.28, ℓℓ.1〜3

ⓑ ジョンとエースは家をどうしていたか。→ 教p.28, ℓℓ.1〜2

ⓒ ケージの中のクリスチャンはどのように見えたか。→ 教p.28, ℓ.6

ⓓ ジョンとエースはクリスチャンを見てどう感じたか。→ 教p.28, ℓℓ.6〜7

Scene 2

ⓐ クリスチャンが新生活を気に入るのにどのくらいかかったか。→ 教p.28, ℓℓ.8〜9

ⓑ クリスチャンはどのようなときに優しく触れてきたか。→ 教p.28, ℓℓ.10〜11

ⓒ クリスチャンとの生活はどのくらい続きそうだったか。→ 教p.28, ℓℓ.19〜20

ⓓ クリスチャンに対して人々はどうしたか。→ 教p.28, ℓℓ.17〜18

Scene 3

ⓐ 歯を見せるクリスチャンを見てエースは何を思ったか。→ 教p.28, ℓℓ.22〜24

ⓑ ジョージはジョンとエースに何を伝えたか。→ 教p.28, ℓ.26

ⓒ クリスチャンとの最後の日の翌朝，ジョンとエースはどうしたか。→ 教p.28, ℓ.33

ⓓ ケニアでクリスチャンは最初に何をさせられたか。→ 教p.28, ℓℓ.29〜31

Scene 4

ⓐ ジョンとエースはいつアフリカに戻ってきたか。→ 教p.29, ℓ.1

ⓑ ジョージはアフリカに戻ったジョンとエースに何を言ったか。→ 教p.29, ℓℓ.1~4

ⓒ ジョンとエースはクリスチャンに近づくことについてどう言われたか。
　　→ 教p.29, ℓℓ.3~4

ⓓ ジョンとエースはクリスチャンを見てどう感じたか。→ 教p.29, ℓℓ.5~10

🔵 TRY4 Deeper Understanding ①ヒント

Discuss the following with your partner.
(次のことについてパートナーと話し合いなさい。)

1 例 A: I think that life with Christian was very special to him.
　　B: Right. It must have been fun. Do you want to live with a lion like John and Ace?
　　A: Ummm. No, I don't. It's scary. Their relationship was special. I'm not sure I would feel comfortable.
　　B: Maybe you are right. It must not be that easy.

2 例 A: I think it is because we are impressed by the friendship between humans and animals.
　　B: I really like the fact that Christian didn't forget John and Ace even after he returned to the wild.
　　A: They were like a real family to him. I hope my dog feels the same about me.
　　B: That's what all people who have pets do.

🔳 TRY5 Retelling ①ヒント

例 Scene 1 John and Ace lived together in London. One day, they went to a department store to look for Christmas presents. While shopping, they found a baby lion in a cage for sale. He looked cute but sad. They felt sorry for him and decided to buy him.

Scene 2 He was named Christian. He soon came to enjoy his new life with John and Ace. He loved to go out, so John and Ace prepared a special collar to walk him. They played with a ball with him for hours. A lot of people, including television reporters, came to see him. However, it was near the end of their happy life, because Christian was growing up very fast.

Scene 3 One day, when Ace tried to take away a belt Christian had in his teeth, the lion angrily showed his sharp teeth. John and Ace met an expert on lions. He said Christian should join other lions in the wild. John and Ace took Christian to Kenya and the expert trained him to live in the wild. After spending one last day, they left early in the next morning without saying goodbye.

Scene 4 One year later John and Ace went back to Africa to see Christian, but they were told that it would be too dangerous to get close to him. However, when Christian saw them in a field, he ran towards them and licked their faces. They realized there were no limits to true friendship and love.

📖 **Language Function**

1 have *done* / have been *doing* (Present perfect)　現在完了形／現在完了進行形

① 現在完了形

現在完了形は <have[has]+過去分詞> の形で，過去の出来事が現在まで何らかの形で関係していることを表す。**完了・経験・継続**などの用法がある。過去形は現在と切り離された事柄を表すのに対し，現在完了形は**過去と現在がつながった事柄**を表す。

現在完了形：完了

1. I've just **finished** my homework. Now I can go shopping.
   (私はちょうど宿題を終えたところだ。今では(もう)買い物に行ける。)

➡ 完了用法は過去から行っていたことが**終了**，または**完了**したことを表し，「**〜してしまった**」という意味を表す。just(ちょうど) や already(すでに) などの副詞と共に使われることが多い。

過去	現在
宿題をし始めた	ちょうど宿題を終えた

現在完了形：経験

2. ⓐ My mother **has been** to the UK twice.
   (私の母はイギリスに２回行ったことがある。)
   ⓑ I've **never seen** a lion in a department store (in my life).
   (私はデパートでライオンを見たことは (人生で) 一度もない。)

➡ 過去から現在までの**経験**を表す用法。「**〜したことがある**」という意味を表す。「**一度も〜したことがない**」という場合には，never を使う。

過去　　　　　　　　　　　　　　　　　　　現在
ライオンを見ていない　　ライオンを見ていない　　今も見ていない

現在完了形：継続

3. ⓐ She's **practiced** judo for 10 years.
   (彼女は柔道を10年間習っている。)
   ⓑ He **has remembered** John and Ace (since he came here).
   (彼は (ここに来たときから) ずっとジョンとエースのことを覚えている。)

➡ 過去のある時点から，現在もなおその状態が続いている状況を表現する用法で，「**ずっと〜している**」という意味を表す。

過去　　　　　　　　　　　　　　　　　　　現在
覚えている　　　　ずっと覚えている　　　今も覚えている

② 現在完了進行形

現在完了進行形は完了形と進行形を合わせた **have been** *doing* の形で，**現在までの動作の継続**を表す。

*do*ing の部分には**動作を表す動詞 (動作動詞)** が使われる。

動作動詞(句)の例：look at，watch，listen to，play，eat など。

現在完了進行形

4. ⓐ She **has been watching** TV for three hours.
　　(彼女は 3 時間ずっとテレビを見ている。)

　ⓑ He's **been getting** on with the other lions (since he came here).
　　(彼は (ここに来たときから) ずっと他のライオンたちと仲良くしている。)

➡ 「**(過去のある時点から現在まで)ずっと～し続けている**」と，動作が継続していることを表す。

➡ ⓑの文は，現在していること(仲良くしている)が過去から現在までの長い間，続いていることを表している。

過去	現在
仲良くし始めた	現在までずっと仲良くしている

+ α

現在完了進行形にしない動詞(状態動詞)

My mother has always **loved** me.　(私の母は私をずっと愛してくれている。)

➡ 状態動詞は「～である，～している」という状態を表す動詞で，like や know，want などの考え・希望を表す動詞や，see，feel などの知覚を表す動詞を指し，現在完了進行形にはしない。

× My mother **has been loving** me.

現在完了形の継続用法と現在完了進行形

I **have studied** Japanese history for two years.

I **have been studying** Japanese history for two years.

(私は日本史を 2 年間勉強してきている。)

➡ 動作動詞を使った現在完了形の継続用法は，現在完了進行形とほぼ同じだが，現在完了進行形は「継続している」という状態をより強調し，それが未来にも続くことを表すこともある。

Q ヒント　Talk about a sport you have played or a place you have visited before.
(あなたがしているスポーツまたは訪ねたことがある場所について話しなさい。)

「(ずっと) ～している」や「～したことがある」は現在完了形で表せる。継続用法の現在完了形で「～から」と，継続の始点を表す場合は since を使う。

2 *doing / done* + N / N + *doing / done*　分詞の限定用法

分詞には現在分詞と過去分詞があり，どちらも**名詞を修飾する**ことができる。名詞を修飾することによって**その名詞の意味を限定する**ので，この用法を**限定用法**という。

① 現在分詞

前から名詞を修飾

1. Look at that sleeping *cat*.　（あの眠っている猫を見てください。）
　　　　　　　　眠っている

➡ 現在分詞は**動詞の -ing 形**で作り，「**～している…**」という**能動**の意味を表す。
➡ 現在分詞が**単独**で名詞を修飾するときは通常，現在分詞は**名詞の前**に置く。

後ろから名詞を修飾

Do you know *the boy* talking to Ann?　（アンと話している男の子を知っていますか。）
　　　　　　　　　　　　アンと話している

➡ 名詞を修飾する現在分詞が，後ろに前置詞などの**語句を伴っている**ときは，現在分詞を**名詞の後ろ**に置く。

② 過去分詞

前から名詞を修飾

2. He pulled on his lead like an excited* *little dog*.
　　　　　　　　　　　　　　　　興奮した
　　　　　　　　　　　　　　　　(= 興奮させられた)

（彼は興奮した小さな犬のようにリードを引っ張った。）

*exciting「興奮させる」と間違えないように注意する。

➡ 過去分詞は「**～される…，～された…**」という**受動**の意味を表す。

後ろから名詞を修飾

3. This is *a song* loved by a lot of people in the world.
　　　　　　　　　　　　世界中の多くの人々に愛されている

（これは世界中の多くの人々に愛されている歌だ。）

➡ 過去分詞も現在分詞同様，**単独**の場合は名詞の前に，**語句を伴う**場合は名詞の後ろに置く。

Qヒント　Describe each picture with the given words. (それぞれの画像を与えられた語句を使って説明しなさい。)

A　分詞の限定用法を使い，「スマートフォンを見ている女性は Kumi です」などの意味の文にする。

B　分詞の限定用法を使い，「Ken は 16 世紀に建てられた家を買った」などの意味の文にする。

🗣 Speaking 🔔ヒント

Warm-up dialogue: Making a request

1つ目の空所の後で言っている「友達で飼っている人が多い」ということを理由に，犬を飼う許可を求めていると考えられる。2つ目の空所の後では犬を飼えない理由を言っているので，お願いに対して No を示す表現が入る。

A: お母さん，犬を飼_____?　友達で飼っている人が多いんだ。

B: _____, あなたは犬の世話をできないでしょう。

A: お願い，お母さん。世話するよ。約束する！

B: うーん…, わかった，でも言ったことを守りなさいね。

A: もちろん。本当にありがとう。

Role play

❶❷❸

ペットで飼う動物：

　dog(犬), cat(猫), rabbit(うさぎ), hamster(ハムスター), parakeet(インコ),
　goldfish(金魚), guinea pig(モルモット)

ペットを飼うことに関する表現：

　friendly(人懐っこい), fluffy(毛がもふもふの), feel relaxed(癒される), be easy
　[difficult] to take care of(世話するのが簡単[難しい]), like to pet ~(~をなでるの
　が好き), can be sick(病気になることがある), can't be away from home for a long
　time(長い間家を空けられない), need a lot of money(お金がたくさんかかる)

✏ Writing 🔔ヒント

📖p.31 の TRY5 Retelling を要約の参考にする。

定期テスト予想問題　　解答 → p.42

1 日本語の意味に合うように，___に適切な語を入れなさい。

(1) 彼はその子どもからはさみを取り上げた。
He _____ the scissors away _____ the child.

(2) 彼らはその犬たちを人の助けをするように訓練している。
They are _____ those dogs _____ help people.

2 日本語に合うように，( )内の語を適切な形に変えて___に入れなさい。

(1) トムが運んできた料理があなたのものだ。
The dish _____ by Tom is yours. (bring)

(2) 家に1人で取り残された少年は寂しい気持ちだった。
The boy _____ alone in the house felt lonely. (leave)

(3) 彼は前にラスベガスを訪れたことがある。
He's _____ Las Vegas before. (visit)

3 日本語に合うように，( )内の語句を並べかえなさい。

(1) 彼は明治時代に使われていた言葉について勉強している。
(studying / in / words / he / used / about / the Meiji Era / is).
_____.

(2) かばんを運んでいる男の人が私の父です。
(man / bags / father / is / the / the / my / carrying).
_____.

(3) 私は彼女を5時からずっと待っている。
(waiting / have / o'clock / for / I / since / her / been / five).
_____.

4 次の英語を日本語に訳しなさい。

(1) Masato took his friend called Hiro to the park.
(　　　　　　　　　　　　　　　　　　　　　　　　)

(2) They have been talking about new products for an hour.
(　　　　　　　　　　　　　　　　　　　　　　　　)

(3) I've never seen such a lovely cat.
(　　　　　　　　　　　　　　　　　　　　　　　　)

(4) The sky has already gotten dark.
(　　　　　　　　　　　　　　　　　　　　　　　　)

5 次の英文を読んで，あとの問いに答えなさい。

　While they were shopping, they found a small cage with a baby lion in it
①(　)(　)! "②(　)(　)(　) a lion in a department store!" Ace cried
out ③(　)(　).

　The baby lion was cute, but it looked really sad. ④They felt sorry for the lion
in such a small cage. Finally John said, "Let's buy him."

(1) 下線部①が「売り出し中の」，下線部③が「驚いて」という意味になるように，
　（　）に適切な語をそれぞれ入れなさい。
　① ＿＿＿＿＿＿ ＿＿＿＿＿＿　　③ ＿＿＿＿＿＿ ＿＿＿＿＿＿

(2) 下線部②が「私は見たことがない」という意味になるように，（　）に適切な語
　を入れなさい。
　＿＿＿＿＿＿ ＿＿＿＿＿＿ ＿＿＿＿＿＿

(3) 下線部④の英語を日本語に訳しなさい。
　（　　　　　　　　　　　　　　　　　　　　　　　　　　　）

6 次の英文を読んで，あとの問いに答えなさい。

　The male lion was named Christian. In just a few days, ①(life / to /
Christian / his / like / new / John and Ace / with / came). The two men and
Christian ②(　)(　) really well. When one of the men was talking to the other,
Christian would touch him gently to show that he wanted to play with them.

　Christian also loved to go out. John and Ace bought a special collar for him.
When they went out for a walk with him, he pulled on his lead ③like an (excite)
little dog. They also ran and played with a ball together in a field for hours. "I
can't imagine life without him," John said with a smile.

(1) 下線部①が「クリスチャンはジョンとエースとの新しい生活が好きになった。」
　という意味になるように，（　）内の語句を並べかえなさい。
　＿＿＿＿＿＿＿＿＿＿＿＿＿＿＿＿＿＿＿＿＿＿＿＿＿＿.

(2) 下線部②が「仲良くしていた」という意味になるように，（　）に適切な語を入
　れなさい。
　＿＿＿＿＿＿ ＿＿＿＿＿＿

(3) 下線部③の（　）内の語を適切な形に書きかえ，下線部の英語を日本語に訳し
　なさい。　　　　　　　　　　　　　　　＿＿＿＿＿＿＿
　（　　　　　　　　　　　　　　　　　　　　　　　　　　　）

(4) 次の質問に英語で答えなさい。
　What did John and Ace use when they went out with Christian?
　＿＿＿＿＿＿＿＿＿＿＿＿＿＿＿＿＿＿＿＿＿＿＿＿＿＿＿

📝 **定期テスト予想問題　解答**　　pp.40~41

1 (1) took, from　　(2) training, to

2 (1) brought　　(2) left　　(3) visited

3 (1) He is studying about words used in the Meiji Era(.)
　(2) The man carrying the bags is my father(.)
　(3) I have been waiting for her since five o'clock(.)

4 (1) マサトはヒロと呼ばれる友だちを公園に連れていった。
　(2) 彼らは新製品について1時間ずっと話している。
　(3) 私はそんなかわいらしい猫を見たことがない。
　(4) 空はすでに暗くなってきた。

5 (1) ① for sale　　③ in surprise　　(2) I've never seen
　(3) 彼らは,そのような小さなケージに入ったライオンをかわいそうに思った。

6 (1) Christian came to like his new life with John and Ace(.)
　(2) got on[along]　　(3) excited,　興奮した小さな犬のように
　(4) 例 (They used) a special collar.

💡 **解説**

1 (1)「BからAを取り上げる」は take *A* away from *B* で表せる。　　(2)「Aを〜するように訓練する」は train *A* to *do* で表せる。

2 (1) The dish を後ろから修飾する分詞にする。dish は「物」なので「〜された…」という意味の過去分詞が適切。　　(2)「〜された」なので,受動の意味で The boy を修飾するために過去分詞にする。　　(3) He's は He has を短縮した形。現在完了形の文になるので,visit を過去分詞にする。

3 (1)「使われていた」は過去分詞の used を使う。　　(2)「運んでいる」は現在分詞の carrying を使う。　　(3)「ずっと〜している」は have been *doing* の形の現在完了進行形で表す。

4 (1) called は過去分詞として his friend を後ろから修飾している。ここでは「〜と呼ばれる」という意味。　　(3) 現在完了形の経験用法。<have never+過去分詞> で「これまでに〜したことがない」という意味。　　(4) 現在完了形の完了用法。already と一緒に使うと「すでに〜してしまった」という意味になる。

5 (2)「これまでに〜したことがない」という意味の現在完了形の経験用法の文にする。　　(3) feel sorry for *A* で「Aをかわいそうに思う」という意味の熟語。形容詞の such は名詞を修飾し,「そのような〜」という意味を表す。

6 (1)「〜が好きになった」は,come to *do*「〜するようになる」を使い,came to like と表す。　　(3) excite は「〜を興奮させる」という意味の動詞なので,「興奮した」という意味にするために excited にする。　　(4)「クリスチャンと外出するときに,ジョンとエースは何を使いましたか。」という質問文である。

Lesson 3 Bye Bye Plastics

"Will Bali be plastic bag free by 2018?" by McKinley Tretler, from *Assembly: August 15, 2018*, Malala Fund. Copyright © 2018 by McKinley Tretler. Reproduced with permission of Malala Fund.

単語・熟語チェック

Scene ❶

inspire	動 〜に感銘を与える	That speech **inspired** a lot of people. そのスピーチは多くの人に感銘を与えた。
significant	形 偉大な，重要な	This man is a **significant** person in Japanese history. この男性は日本の歴史における重要な人物だ。
make a difference	熟 違いを生む	It won't **make a difference** to me. それは私にとって違いを生まない。
A is known as *B*	熟 AはBとして知られている	Our town is **known as** the best place in Japan for skiing. 私たちの町は日本でスキーに最高の場所として知られている。
paradise	名 天国，楽園	This place is known as a **paradise** on earth. この場所は地上の楽園として知られている。
cubic	形 立方体の	There are 480 **cubic** meters of water in the pool. そのプールには 480 立方メートルの水が入っている。
garbage	名 ごみ	We picked up **garbage** in the park last weekend. 私たちは先週末公園でごみ拾いをした。
amazingly	副 驚くことに	**Amazingly**, more than one million people use this station each day. 驚くことに，1 日に 100 万人以上の人がこの駅を利用する。
less than *A*	熟 A より少ない	**Less than** 50% of the students live with their grandparents. 祖父母と住んでいる生徒は 50％より少ない。
end up in *A*	熟 結局[最後には]Aに行き着く	The rain on mountains **ends up in** the sea. 山に降る雨は最後には海に行き着く。
drain	名 排水溝，下水管	A mouse came up from a **drain** in the street. 道の排水溝からネズミが 1 匹出てきた。
A is thrown away	熟 A は捨てられる	A plastic bottle **was thrown away** from a car, and it hit me. ペットボトルが車から投げ捨てられて，それが私に当たった。
pollution	名 汚染	This city has serious water **pollution** problems. この都市は深刻な水質汚染問題を抱えている。

Scene ❷

aim	名 目標，目的	Our team's **aim** for now is to get new members. 私たちのチームの今のところの目標は，新メンバーの獲得だ。
put [place] a ban on *A*	熟 A を（法律で）禁止する	They **put a ban on** smoking on the street. 彼らは路上での喫煙を禁止した。
ban	名 禁止	Some people are against the **ban** on plastic bags. ビニール袋の禁止に反対している人もいる。

single-use	形 使い捨ての	This shop stopped using **single-use** straws. この店は使い捨てのストローの使用をやめた。
focus	動 集中する	I couldn't **focus** in class because of the noise. その騒音のせいで私は授業に集中できなかった。
focus on (doing) A	熟 A に重点的に取り組む	This activity **focuses on cleaning** beaches. この活動は砂浜の清掃に重点的に取り組んでいる。
give out A / give A out (to B)	熟 （B に）A を配る	The teacher **gave out** new textbooks **to** the class. 先生はクラスに新しい教科書を配った。
organic	形 自然派の, オーガニックの	I know a good **organic** restaurant near here. この近くのいいオーガニックレストランを知っています。
material	名 材料	The price of building **materials** has risen. 建築資材の価格が上がった。
in order to do	熟 ～するために	**In order to** catch the train, we had to take a taxi. 電車に間に合うために, 私たちはタクシーを使わなければならなかった。
educate	動 ～を教育する	They held a lecture to **educate** children about the environment. 彼らは環境について子どもたちを教育するための講演を開いた。
educate A on [in] B	熟 A に B を教育する	They want to **educate** people **on** programming. 彼らは人々にプログラミングの教育をしたいと思っている。
effect	名 影響	She explained the good **effects** of walking. 彼女はウォーキングの持つよい影響について説明した。
policy	名 政策	I don't agree with the government's **policy**. 私は政府の政策に賛同しない。
signature	名 署名, サイン	They collected **signatures** of people against the development project. 彼らはその開発計画に反対する人の署名を集めた。
so that S will [can] do	熟 S が～する[できる]ために	I choose dog food carefully **so that** my dog **can** be healthy. 私の犬が健康でいられるようにドッグフードは慎重に選ぶ。
ignore	動 ～を無視する	I saw Jack yesterday, but he **ignored** me. 私は昨日ジャックに会ったが, 彼は私を無視した。
come up with A	熟 A を思いつく	I couldn't **come up with** a good idea about it. 私はそれについてのいい考えを思いつくことができなかった。
again and again	熟 何度も	The boy called his mother **again and again**. その男の子は母親を何度も呼んだ。
as a result of A	熟 A の結果として	**As a result of** our hard work, we finished it in time. 懸命な取り組みの結果, 私たちはそれを時間内に終えた。
result	名 結果	Do you know the **result** of the game? その試合の結果をご存じですか。
A is invited to do	熟 A は～するのに招かれる	She **was invited to** make a speech about her experiences. 彼女は自身の経験についてスピーチをするために招かれた。

Scene ❸

| go [be] on a hunger strike | 熟 ハンガーストライキをする | They **went on a hunger strike** in front of the city office.
彼らは市庁舎の前でハンガーストライキをした。 |

hunger strike	名 ハンガーストライキ	What did they do during the **hunger strike**? ハンガーストライキ中に彼らは何をしたのですか。
hunger	名 飢え，空腹	A lot of people died of **hunger** during the war. 戦時中は多くの人が飢えで亡くなった。
strike	名 ストライキ	There was a six-week **strike** by hospital workers. 病院職員による6週間のストライキがあった。
specialist	名 専門家	We need advice from a **specialist**. 私たちには専門家からのアドバイスが必要だ。
sunrise	名 日の出	I climbed Mt. Fuji to see **sunrise** from the top. 私は頂上から日の出を見るために富士山に登った。
sunset	名 日の入り	We played soccer outside until **sunset**. 私たちは日の入りまで外でサッカーをした。
governor	名 知事	Who is the **governor** of Tokyo? 東京都の知事は誰ですか。
thank A for (doing) B	熟 AにBを(してくれて)感謝する	She **thanked** Ben **for helping** her with her homework. 彼女は宿題を手伝ってくれたことをベンに感謝した。
cent	名 セント	I had some one-**cent** coins in my pocket. 私のポケットには1セント硬貨が何枚かあった。
effective	形 効果的な	Wearing a cap is really **effective** on this hot day. 帽子を被ることはこの暑い日にはとても効果がある。
disagree	動 反対する	No one **disagreed** with me on that point. その点について誰も私に反対しなかった。
frustrated	形 欲求不満の，がっかりした	He kept smiling, though he was actually **frustrated**. 実際には彼はがっかりしていたが，笑顔を見せ続けた。
remain	動 ～のままでいる	This shop will **remain** open all day on Christmas Day. この店はクリスマスの日には1日中開いたままだ。
hopeful	形 希望に満ちた，期待して	They were **hopeful** at the beginning of the contest. 彼らはコンテストの初めのうちは希望に満ちていた。

Scene ❹

no more A	熟 それ以上Aしない	Using the online order system means **no more** waiting in shops. オンライン注文システムを使うということはもう店舗で待つことはないということだ。
straw	名 ストロー	This **straw** is made of recycled paper. このストローは再生紙から作られている。
influential	形 影響力のある	She is one of the most **influential** sportswomen. 彼女は最も影響力のある女性スポーツ選手の1人だ。
teenager	名 ティーンエイジャー，10代	This singer is very popular among **teenagers**. この歌手はティーンエイジャーの間でとても人気がある。
not just [only] A but (also) B	熟 AだけでなくBも	His books are read **not just** in Japan **but** around the world. 彼の本は日本だけでなく世界中でも読まれている。

Scene **①**

◆ポイント　メラティとイザベルはどんなキャンペーンを始めたか。

1　① Sisters Melati and Isabel / were 10 and 12 years old / when they were
メラティとイザベルの姉妹は　/　10歳と12歳だった　/　彼女たちが感銘を受け

inspired / by a lesson / in school / in Bali / about significant people / such as Nelson
たとき　/　授業に　/　学校での　/バリ島の/　偉大な人たちについての　/　ネルソン・

Mandela, / Lady Diana, / and Mahatma Gandhi.// ② They returned home / and
マンデラや　/　ダイアナ妃や　/　マハトマ・ガンディといった //　彼女たちは家に戻った　/そして

wondered, "What can we do / as children / in Bali, / NOW, / to make a difference?"//
思った　「私たちに何ができる / 子どもとして /バリ島の/　今　/　変化をもたらすために」と
　　　　　　だろう

③ That was the very beginning / of their campaign / called "Bye Bye Plastic Bags."//
　　まさにそれが始まりだった　/　彼女たちのキャン / 「バイバイビニール袋」と呼ばれる //
　　　　　　　　　　　　　　　　ペーンの

④ It started / in 2013 / and has now grown / into a well-known international
それは始まった / 2013年 /　そして今では成長した　/　よく知られた国際的な運動へと
　　　　　　　に

movement / which says NO / to plastic bags.//
　　/　反対する　/　ビニール袋に //

2　⑤ Bali is known / by locals / as an island / of gods / and a green paradise.//
バリ島は知られて / 地元の人 / 島として / 神々の / そして緑の楽園（として）//
いる　　　　　　たちに

⑥ People / in Bali, / however, / produce 680 cubic meters of plastic garbage / a day.//
人々は /バリ島の/　しかし　/　680立方メートルのプラスチックごみを生み出す / 1日に//

⑦ Amazingly, / this is about the size / of a 14-story building, / but less than 5% gets
驚くことに / これはおよそ大きさである / 14階建てのビルの / しかし5パーセント以下しか

recycled.// ⑧ The rest ends up / in drains, / rivers, / and the ocean, / or it is just
リサイクル // 残りは行き着く / 排水溝に / 川（に）/ そして海（に）/ またはそれは
されない　　　　　　　　　　　　　　　　　　　　　　　　　　　　　　　　ただ

burned / or thrown away.// ⑨ Such plastic pollution is now damaging / the whole
燃やされ / または捨てられる // そのようなプラスチック汚染は今害を与えている / 島全体
る

island.//
に //

☑ 単語チェック

□ inspire	動 ~に感銘を与える	□ garbage	名 ごみ
□ significant	形 偉大な，重要な	□ amazingly	副 驚くことに
□ paradise	名 天国，楽園	□ drain	名 排水溝，下水管
□ cubic	形 立方体の	□ pollution	名 汚染

✓ 本文内容チェック　「国際的な運動となったメラティとイザベルのキャンペーン」

1　授業で習った偉人に感銘を受けたメラティとイザベルの姉妹は「バイバイビニール袋」と呼ばれる活動を2013年に始め，それはビニール袋の使用に反対する国際的な運動にまで成長した。

2　バリ島では1日に680立方メートルの量のプラスチックごみが出されるが，そのう

ちリサイクルされるのは５パーセント以下で，残りは排水溝などに流されたり，燃やされたり，投げ捨てられたりすることで，島全体の汚染につながっている。

🔑 読解のカギ

③ **That was the very beginning of their campaign called "Bye Bye Plastic Bags."**

→ ここでの very は「まさに」という意味の形容詞。
→ called "Bye Bye Plastic Bags" の called は call「～を…と呼ぶ」の過去分詞で，their campaign を後ろから修飾している。「『バイバイビニール袋』と呼ばれる彼女たちのキャンペーン」という意味になる。

④ **It started in 2013 and has now grown into a well-known international movement (which says NO to plastic bags).**

→ has grown は <have [has]＋過去分詞> の現在完了形。間に副詞の now が挿入されている。grow into A は「成長して A になる」という意味を表す。
→ 主格の関係代名詞 which に導かれている節 which says NO to plastic bags が，先行詞 a well-known international movement について説明している。　**文法詳細 p.56**
→ say NO to A は「A にノーと言う→A に反対する」という意味を表す。

⑤ **Bali is known by locals as an island of gods and a green paradise.**
<be 動詞＋過去分詞>

→ <be 動詞＋過去分詞> の受動態の文。be known (by ～) as A で「(～に)A として知られている」という意味を表す。

⑦ **Amazingly, this is about the size of a 14-story building, but less than 5% gets recycled.**
<get＋過去分詞>

→ Amazingly は「驚くことに」という意味を表す副詞で，文全体を修飾している。
→ this は前文⑥の 680 cubic meters of plastic garbage を指している。
→ less than A は「A より少ない」という意味を表す。
→ gets recycled は <get＋過去分詞> の形で，「～される」という受動態の意味を表す。

⑧ **The rest ends up in drains, rivers, and the ocean, or it is just burned or thrown away.**
過去分詞　　　　　　　　　　　　　　　　　　　　　be 動詞　過去分詞

→ rest は「残り」という意味で，前述のごみがリサイクルされた残りを指す。
→ end up in A は「結局[最後には]A に行き着く」という意味を表す。
→ or より後は，<be 動詞＋過去分詞> の受動態になっている。thrown は throw の過去分詞で，A is thrown away で「A は捨てられる」という意味になる。

Scene ❷

┌ポイント┐ 「バイバイビニール袋」の活動はどのような結果に至ったか。

3 ① Since they were driven / by a love / of their home / and its nature, / Melati and
彼女たちは突き動かされた / 愛によって / 彼女たちの / そして自然（への） / メラティと
ので   故郷への

Isabel started / Bye Bye Plastic Bags / in October 2013.// ② Their aim was to put a
イザベルは始めた / バイバイビニール袋を / 2013年の10月に // 彼女たちの目的は禁止する
こことだった

ban / on the use and sale / of single-use plastic bags / in Bali / to stop plastic
/ 使用と販売を / 使い捨てのビニール袋の / バリ島 / プラスチック汚染
での   を

pollution.// ③ Their first efforts focused / on giving out non-plastic bags, / such as
止めるため 彼女たちの最初の取り組みは焦点 非ビニール製の袋を配ることに 網のバッ
に   を絞った   グ

net bags, / newspaper bags, / and 100% organic material bags, / to local shops.//
のような / 新聞紙の袋 / そして100%オーガニック素材の袋 / 地元のお店に //

④ They also began to teach locals / and let them know / about the pollution
彼女たちは地元民たちに教育もし始めた / そして彼らに知らせた / 汚染問題について

problems.//
//

4 ⑤ In order to educate all the island / on the dangerous effects / of single-use
島全体に教えるために / 危険な影響を / 使い捨ての

plastic bags, / Melati and Isabel thought / that government policies needed to
ビニール袋の / メラティとイザベルは考えた / 政府の方針は変わる必要があると

change.// ⑥ They decided / that they should collect one million signatures / so that
// 彼女たちは判断 / 彼女たちは100万人の署名を集めるべきだと / 役人
した

officials would not ignore them.// ⑦ To collect that many signatures, / they came
たちが彼女たちを無視しないように // それだけ多くの署名を集めるために / 彼女たちは

up with a great idea: / collecting signatures / at the very busy Bali International
すばらしい案を思いついた / 署名を集めること / とても人の多いバリ国際空港で

Airport.// ⑧ They went there / and talked with officials, / but these people wouldn't
// 彼女たちはそこへ / そして職員たちと話した / しかしこの人たちは彼女たちに
行った

let them do so / at first.// ⑨ The sisters talked again and again, / and finally they
そうさせようと / 最初は // その姉妹は何度も話した / そしてついに彼女
しなかった

were allowed / to collect signatures / there.// ⑩ As a result / of this great campaign, /
たちは許された / 署名を集めることを /そこで / 結果として / このすばらしいキャンペー
ンの

they were invited / to talk about it / on TV programs / and also at the United
彼女たちは招待された / それについて話すた / テレビ番組で / そして国際連合ででも
めに

Nations.//
//

✓ 単語チェック

□ aim	名 目標，目的	□ single-use	形 使い捨ての
□ ban	名 禁止	□ focus	動 集中する

□ organic	形 自然派の, オーガニックの	□ policy	名 政策
□ material	名 材料	□ signature	名 署名, サイン
□ educate	動 〜を教育する	□ ignore	動 〜を無視する
□ effect	名 影響	□ result	名 結果

✓ 本文内容チェック　「『バイバイビニール袋』の結果」

3 メラティとイザベルは「バイバイビニール袋」の活動を開始すると, 地元のお店に非ビニール製の袋を配り, 地元民に汚染問題について教育をした。

4 彼女たちは役人に話を聞いてもらうために100万人の署名を集めることに決め, バリ国際空港での署名集めの許可を得た。結果的に彼女たちは, キャンペーンの話をするためにテレビ番組や国連に招待された。

🖊 読解のカギ

② <u>Their aim</u> <u>was</u> (to put a ban on the use and sale of single-use plastic bags
　　S　　　V　　C = to 不定詞の名詞的用法

　in Bali {to stop plastic pollution}).
　　　　　to 不定詞の副詞的用法

➡ to put ... pollution は to 不定詞の名詞的用法で, 文の補語の役割をしている。

➡ to stop plastic pollution は to 不定詞の副詞的用法で,「プラスチック汚染を止めるために」という意味を表す。

③ **Their first efforts focused on (giving out non-plastic bags, such as net bags,newspaper bags, and 100% organic material bags, to local shops).**

➡ focus on A は「A に重点的に取り組む」という意味を表す。

➡ give out A to B は「B に A を配る」という意味を表す。ここでは giving out ... の形で, 前置詞 on の目的語の動名詞句になっている。

④ **They also <u>began</u> <u>to teach locals</u> and <u>let</u> <u>them</u> <u>know</u> about the pollution problems.**　V₁　　O₁　　　V₂　O₂　C

➡ begin to do は「〜し始める」という意味を表す。

➡ let は <S+V+O+C> の第5文型をとり,「O に〜させる[させてあげる]」という意味を表す。C(補語)には動詞の原形が入る。　　　　　　　　　文法詳細 p.58

⑦ **(To collect that many signatures), they came up with a great idea:**
　　to 不定詞の副詞的用法

　collecting signatures at the very busy Bali International Airport.

➡ To collect that many signatures は to 不定詞の副詞的用法で,「それだけ多くの署名を集めるために」という意味を表す。

➡ come up with A は「A を思いつく」という意味を表す。

➡ コロン「:」の後ろは, 直前の a great idea の具体的な内容になっている。

Scene ❸

ポイント　メラティとイザベルの訴えを受けてバリが行った政策はどのようなものだったか。

5 ① However, / they received no answer / from the government / of Bali.//
しかしながら　/　彼女たちは何も答えを受け取ら / 　政府から　　　/　バリの　/
なかった

② Since they were inspired / by Gandhi, / they decided to go on a hunger strike / to
彼女たちは着想を得たことで / ガンジーから / 彼女たちはハンガーストライキをすることに /
決めた

get more attention.// ③ Their parents and teachers were worried / about their
より多くの注目を得る　//　彼女たちの両親と先生たちは心配した　　/ 彼女たちの
ために　　　　　　　　　　　　　　　　　　　　　　　　　　　　　健康に

health / and tried to make them drop the idea.// ④ The two girls then talked / with
ついて / そして彼女たちにその考えをやめさせようとした // その2人の少女はそれから話した/

a health specialist / and decided not to eat / from sunrise / to sunset / every day.//
保健の専門家と　 / そして食べないことに決めた / 日の出から / 日の入りまで / 毎日

⑤ Finally, / the governor / of Bali / heard / about this / and agreed to meet them.//
最終的に /　知事は　/ バリの / 聞いた /これについて/ そして彼女たちに会うことを承諾
した

⑥ He actually thanked them / for caring / about the beauty / and the environment /
実際には彼は彼女たちに感謝した 気にかけてく / 美しさについて / そして環境(について) /
れたことに

of Bali / and agreed to work / toward a plastic bag-free Bali.//
バリの そして努力することに同 / ビニール袋のないバリに向けて //
意した

6 ⑦ In 2016, / Indonesia began a 2-cent charge / on single-use plastic bags / in Bali, /
2016年に/ インドネシアは2セントの課税を始めた / 使い捨てのビニール袋に / バリで /

but the government quickly ended the policy.// ⑧ This was because many people
しかし政府はすぐにその政策を終了した　//　　　これは多くの人が考えたからだ

thought / that the tax was too low / to be effective / and disagreed / on how the
/ その税は低すぎだと / 効果が出るには / そして同意しな / 集められた税金
かった

collected taxes should be spent.// ⑨ Melati and Isabel were frustrated, / but they
がどのように使われるべきかについて // メラティとイザベルはがっかりした / しかし彼女

remained hopeful / and continued / reminding the government / about its promise /
たちはまだ希望を抱いた / そして続けた / 政府に思い出させることを / その約束について /
ままだった

and trying to gather support / from local people / in Bali.//
そして支援を集めることを / 地元の人たちからの / バリの //

✓ 単語チェック

□ **hunger strike**	名 ハンガーストライキ	□ **cent**	名 セント
□ **hunger**	名 飢え, 空腹	□ **effective**	形 効果的な
□ **strike**	名 ストライキ	□ **disagree**	動 反対する
□ **specialist**	名 専門家	□ **frustrated**	形 欲求不満の, がっかりした
□ **sunrise**	名 日の出	□ **remain**	動 ～のままでいる
□ **sunset**	名 日の入り	□ **hopeful**	形 希望に満ちた, 期待して
□ **governor**	名 知事		

✓ **本文内容チェック**　「メラティとイザベルの働きかけで始まった政策」

5 政府から何の答えも得られなかったメラティとイザベルは，注目を集めるためにハンガーストライキを行った。その結果，バリの知事と面談し，ビニール袋のないバリを目指し努力することに同意してもらうことができた。

6 政府は使い捨てビニール袋に2セントの課税をする政策を始めたが，すぐに終了することになった。しかし，彼女たちは政府への働きかけと支援を集めることを続けた。

🔑 **読解のカギ**

② Since they <u>were inspired</u> by Gandhi, they decided (<u>to go</u> on a hunger strike
　　　　　　be 動詞 過去分詞　　　　　　　　　　　to 不定詞の名詞的用法

{to get more attention}).
to 不定詞の副詞的用法

➡ <decide+to 不定詞 > は「～することに決める」という意味を表す。

➡ to get more attention は to 不定詞の副詞的用法で，「より多くの注目を得るために」という意味を表す。

③ Their parents and teachers were worried about their health and tried (to
<u>make them drop</u> the idea).
　　<make+O+C>

➡ <try+to 不定詞 > は「～しようと試みる」という意味を表す。

➡ make は <S+V+O+C> の第5文型をとり，<make+O+C> は「O に C させる」という意味を表す。C(補語) には動詞の原形が入る。　**文法詳細 p.58**

➡ drop は「(案・計画など) を諦める，やめる」という意味を表す。

④ The two girls then talked with a health specialist and decided (not to eat
from sunrise to sunset every day).

➡ <decide+to 不定詞 > は「～することに決める」という意味を表す。to 不定詞を否定するには，to の前に not を置く。「～しないことに決める」という意味になる。

⑧ This was because many people thought (that the tax was too low to be
effective) and disagreed on (how the collected taxes should be spent).

➡ this is [was] because ～は「これは～だからだ [だった]」という意味を表す。

⑨ Melati and Isabel were frustrated, but they remained hopeful and
<u>continued</u> <u>reminding</u> the government about its promise and <u>trying</u> to

gather support from local people in Bali.

➡ <remain+ 形容詞 > は「～のままでいる」という意味を表す。

➡ continue は動名詞を目的語にして「～し続ける」という意味になる。ここでは reminding と trying の2つの動名詞が目的語になっている。

Scene ❹

ポイント　メラティとイザベルは何を願っているか。

7　① On December 24, / 2018, / history was made.// ② The governor / of Bali /
12月24日に　／　2018年の　／　歴史は動いた　//　政府は　／　バリの

placed a ban / on single-use plastic / starting in 2019.// ③ This means / no more
禁止をした　／　使い捨てのプラスチックの　／　2019年に始まる　//　このことは意味する　／　ビニール袋

plastic bags or plastic straws.// ④ With this ban, / the governor hopes / to reduce
やプラスチックのストローはもう　　この禁止令に　／　知事は期待している　／　バリの
使わないということを　//　よって

Bali's plastic pollution / by 70%.//
プラスチック汚染を減らす　／　70%　//
ことを

8　⑤ Melati and Isabel have been named / among the world's most influential
メラティとイザベルは指名されている　／　世界で最も影響力のある10代に

teenagers / by three global companies.// ⑥ However, / they think / they still have a
／　3つの世界的企業によって　//　しかし　／彼女たちは思う／彼女たちにはまだ

lot of work / to do / because they want to spread the "no plastic bags" campaign / not
たくさんの　　　　　　なぜなら彼女たちは「ビニール袋禁止」キャンペーンを広めたいからだ　／
仕事があると／やるべき／

just in Bali / but around the world.//
バリにだけで　／　世界中にも　//
なく

9　⑦ They are proud / that they have shown / that even kids can do things.//
彼女たちは誇りに　／　彼女たちが示したことを　／　子どもでも物事を成し遂げられると　//
思っている

⑧ They are hoping / that other young people will do the same / to change the world.//
彼女たちは願っている／ほかの若者たちが同じようなことをすることを　／　世界を変えるために

✓ 単語チェック

☐ **straw**　　　　　　　　图 ストロー　　　　☐ **teenager**　　　图 ティーンエイジャー, 10代

☐ **influential**　　　　　形 影響力のある

✓ 本文内容チェック　　「バリでのキャンペーンの結果とメラティとイザベルが願うこと」

7　バリ政府は2019年からの使い捨てプラスチックの禁止を決め, 知事はそれにより
プラスチック汚染を70%減らすことを期待した。

8　メラティとイザベルは世界で最も影響力のある10代に選ばれたが, 世界にも「ビニー
ル袋禁止」キャンペーンを広めるべきだと思っている。

9　彼女たちは若者たちが自分たちと同じように世界を変えてくれることを願っている。

🔑 読解のカギ

① **On December 24, 2018, history was made.**

➡ history was made は「歴史は作られた→歴史は動いた」という意味を表す。

② **The governor of Bali placed a ban on single-use plastic starting in 2019.**

➡ place a ban on *A* は「*A* を (法律で) 禁止する」という意味を表す。

➡ starting は現在分詞で, a ban on single-use plastic を後ろから修飾している。

④ **With this ban, the governor hopes (to reduce Bali's plastic pollution by 70%).**
　　　　　　　　　　　　　　　　　　to 不定詞の名詞的用法

➡ with は「～を使って」という意味を表す。

➡ to reduce Bali's plastic pollution by 70% は to 不定詞の名詞的用法。<hope+to 不定詞 > で「～することを期待する」という意味になる。

➡ by は by ～ % のように, 変化の程度を表すときに使う。

⑤ **Melati and Isabel have been named among the world's most influential teenagers by three global companies.**

➡ have been named は現在完了形の受動態。name は「～を指名する」という意味で, be named among *A* は「*A* (ランキングなど) に指名される」という意味を表す。

➡ by は受動態の行為主を示している。

⑥ **However, they think (they still have a lot of work {to do} because they want**
　　　　　　　　　　　　(that)　　　　　　　　　　　to 不定詞の形容詞的用法
{to spread the "no plastic bags" campaign not just in Bali but around the
　to 不定詞の名詞的用法
world}).

➡ to do は to 不定詞の形容詞的用法。「するための, するべき」という意味で, work を修飾している。

➡ to spread ... world は to 不定詞の名詞的用法。<want+to 不定詞 > で「～したい」という意味になる。

➡ not just [only] *A* but (also) *B* は「*A* だけでなく *B* も」という意味を表す。*A*, *B* には名詞だけでなく, ここでの in Bali, around the world のように, 前置詞句なども入る。

⑦ **They are proud (that they have shown {that even kids can do things}).**

➡ <be proud+that 節 > は「～ということを誇りに思う」という意味を表す。

➡ have shown は <have+ 過去分詞 > の現在完了形。

➡ even は「～でさえ」という意味の副詞。ふつう修飾する語の前に置く。

⑧ **They are hoping (that other young people will do the same {to change the world}).**
　　　　　　　　　　　　　　　　　　　　　　　　　to 不定詞の副詞的用法

➡ the same は「同じこと」という意味を表す。do the same は do the same as them「彼女たちと同じことをする」ということ。

➡ to change the world は to 不定詞の副詞的用法で, 「世界を変えるために」という意味を表す。

🏫 TRY1 Overview ❗ヒント

You are writing a story review. Reorder the following to complete the review.

(あなたは物語のレビューを書いています。レビューを完成させるために以下を並べかえなさい。)

ⓐ メラティとイザベルはバイバイビニール袋を始めた。

ⓑ ビニール袋は最終的に禁止された。

ⓒ メラティとイザベルは政府の政策を変えるために署名を集めた。

ⓓ メラティとイザベルは注目を集めるためにハンガーストライキを行った。

ⓔ メラティとイザベルは「バリに住む子どもとして，私たちに何ができるか」と考えた。

🏫 TRY2 Main Idea ❗ヒント

Mark the main idea M and the statement that are too narrow N.

(話の本旨になるものには M を，限定的すぎる記述には N の印を書きなさい。)

1 メラティとイザベルは，子どもが環境のためにできることがあると示した。

2 バリは緑の楽園としてよく知られているが，実際にはプラスチック汚染が島に危害を与えている。

3 メラティとイザベルはハンガーストライキを行った。

🏫 TRY3 Details ❗ヒント

Answer T (true) or F (false). (正誤を答えなさい。)

Scene 1

1 第1パラグラフにメラティとイザベルの関係についての記述がある。
→ 教p.38, ℓℓ.1〜3

2 第1パラグラフにネルソン・マンデラの授業についての記述がある。
→ 教p.38, ℓℓ.1〜3

3 第2パラグラフにバリのプラスチックごみのリサイクル率についての記述がある。
→ 教p.38, ℓℓ.8〜10

Scene 2

4 第3パラグラフにメラティとイザベルの最初の取り組みについての記述がある。
→ 教p.38, ℓℓ.16〜17

5 第4パラグラフにバリ国際空港での署名活動についての記述がある。
→ 教p.38, ℓℓ.22〜24

6 第3・4パラグラフにメラティとイザベルの活動内容についての記述がある。
→ 教p.38, ℓℓ.16〜27

Scene 3

7 第5パラグラフに注目を集めるために行われたことについての記述がある。
→ 教p.38, ℓℓ.28〜30

8 第6パラグラフに2016年に始めた政策についての記述がある。→ 教p.39, ℓℓ.4〜5

9 第6パラグラフに課税政策への人々の感じ方についての記述がある。
→ 教p.39, ℓℓ.5〜7

Scene 4

10　第7パラグラフに2018年12月に行われたことについての記述がある。
　　→ 教p.39, ℓℓ.10〜11

11　第7パラグラフにバリ島知事の期待するごみ削減量についての記述がある。
　　→ 教p.39, ℓℓ.12〜13

12　第8パラグラフに世界で最も影響力のある10代についての記述がある。
　　→ 教p.39, ℓℓ.14〜15

TRY4 Deeper Understanding ヒント

Discuss the following with your partner. (次のことについてパートナーと話し合いなさい。)

1　例　A: It was because when we want to make changes in our society, the best way is to move the government.
B: I agree. I was really impressed by their success because it couldn't have been easy.
A: Me, too. In addition, they were just teenagers like us.
B: Exactly. They are not just clever but also lucky.

2　例　A: I will explain to them about plastic pollution, and show them pictures of plastic garbage found in rivers or the sea.
B: That's a great idea. Then we can recommend they use eco-bags for shopping.
A: How about reusing plastic bags given at stores, again and again?
B: It may be an easy way to start.

TRY5 Retelling ヒント

例　Scene 1 Melati and Isabel, sisters in Bali, were inspired by a lesson about significant people and started a campaign called "Bye Bye Plastic Bags" which was against using plastic bags. The amount of plastic garbage produced every day in Bali is about the size of a 14-story building.

Scene 2 They thought using and selling single-use plastic bags should be banned. They decided to collect one million signatures at an airport to pressure the government. They got chances to talk on TV and at the United Nations.

Scene 3 Because the government gave no answer, the sisters went on a hunger strike. Finally, the governor met them and agreed to try to work on making Bali plastic-free. In 2016, Indonesia started a 2-cent charge on single-use plastic bags, but it ended soon because the tax was too low to be successful.

Scene 4 In 2018, Bali placed a ban on single-use plastic starting in 2019. They hoped to reduce plastic pollution by 70%. The sisters now want to spread the campaign all over the world. They are proud of showing that kids can do things and hope that other young people will change the world, too.

📖 **Language Function**

1 N+who/which/etc. (Relative pronouns)　関係代名詞

関係代名詞は関係詞節の中で**代名詞の働き**をするものである。関係代名詞は先行詞が人かどうか，後ろに続く節の中でどのような働きをするか (主格・所有格・目的格) によって使い分けられる。

主格の関係代名詞

1. I'm looking for *someone* (who knows the email address of the office).

(私はそのオフィスの E メールアドレスを知っている人を探している。)

➡ 関係代名詞が関係詞節の中で**主語**の役割をしているときは，主格の関係代名詞を使う。**先行詞が「人」のときは who または that を使用する。**

➡ この文は I'm looking for someone. と He [She] knows the email address of the office. という 2 つの文を 1 つにしたものである。どのような someone であるかを who 以下の関係代名詞節が説明している。He [She] の部分が who になっている。先行詞は「人」の someone である。

2. It has now grown into *an international movement* (which says NO to plastic bags).

(それは今ではビニール袋に反対する国際的な運動へと成長した。)

➡ 先行詞が「人」以外のときの主格の関係代名詞は，which または that を使用する。

➡ この文は It has now grown into an international movement. と It says NO to plastic bags. という 2 文を 1 つにしたものである。an international movement がどのようなものかについて which 以下の関係代名詞節が説明している。先行詞は「物」の an international movement である。

目的格の関係代名詞

3. He is *the man* ((who(m) [that]) I talked to yesterday).
(彼は私が昨日話をした男性である。)

➡ 関係代名詞が関係詞節の中で**目的語**の役割をしているときは，目的格の関係代名詞を使う。**先行詞が「人」のときは who(m) または that を使う。目的格の関係代名詞は省略されることが多い。**

➡ この文は He is the man. と I talked to him yesterday. という 2 つの文を 1 つにしたものである。the man がどのような人かについて who(m) [that] 以下が説明している。him の部分が目的格の関係代名詞 who(m)[that] になっている。先行詞は「人」の the man である。

4. Is this *the dictionary* (which) you usually use for reading?

(これはあなたがいつもリーディングをするために使う辞書ですか。)

➡ 先行詞が「人」以外のときの目的格の関係代名詞は, which または that を使用する。

➡ この文は Is this the dictionary? と You usually use it for reading. という2文を1つにしたものである。the dictionary がどのようなものかについて which 以下の関係代名詞節が説明している。先行詞は「物」の the dictionary である。

+ α

所有格の関係代名詞

My father has *a book* (**whose** pictures are really beautiful).

(私の父は写真がとてもきれいな本を持っている。)

➡ 関係詞節の中で所有格の働きをする関係詞を**所有格**の関係代名詞と呼ぶ。所有格の関係代名詞は先行詞が**「人」かそれ以外かにかかわらず** whose を使い, that は使わない。

➡ この文は My father has a book. と Its pictures are really beautiful. という2つの文を1つにしたものである。Its の部分が所有格の関係代名詞 whose になっている。先行詞は「物」の a book である。

that が好んで使われる場合

He ate *all the apples* (**that** his mother bought yesterday).

(彼は母が昨日買ったすべてのリンゴを食べた。)

➡ 先行詞が all, every, any, no などの「すべて」「まったく～ない」を表す修飾語を伴う場合, 関係代名詞には that が好んで使われる。

You can take *anything* (**that** you want).

(あなたが欲しいものは何でも持っていっていいです。)

➡ anything, everything, nothing が先行詞の場合, 関係代名詞には that が好んで使われる。

Look at *the boy and the dog* (**that** are playing over there).

(向こうで遊んでいる少年と犬を見て。)

➡ 先行詞が「人」と「動物・物・事」の両方を含む場合, 関係代名詞には that が好んで使われる。

Qヒント Describe each picture with the given words.

(それぞれの画像を与えられた語句を使って説明しなさい。)

A 関係代名詞の who が与えられている。「歯科医は歯を治療する人である」などの意味の文にする。

B 関係代名詞の which が与えられている。「地球は私たちが住む惑星である」などの意味の文にする。

② let+N+*do* (= allow+N+to *do*) / make+N+*do* (=force+N+to *do*)　使役動詞

使役動詞は「〜させる，〜される，〜してもらう，〜させてあげる」などの意味を表す動詞で，make, let, have などがある。使役動詞を使って <S+V+O+C(分詞・原形不定詞)> の第5文型の形となり，「**O に C させる**」などのような意味を表す。第5文型は O=C の関係が成り立ち，補語を原形不定詞あるいは現在分詞にするか過去分詞にするかは目的語との関係から判断する。

V(使役動詞)+O+C(原形不定詞)

1. They began to **let** locals know about the pollution problems.
 (彼らは地元民たちに汚染問題について知らせることを始めた。)
 ➡ 使役動詞 let は「**〜させる，〜させてあげる**」という意味になる。目的語は locals で know は原形不定詞である。let *A* know about 〜で「A に〜について知らせる」という意味になる。

2. These people wouldn't **let** them do so.
 (この人たちは彼女たちにそうさせようとしなかった。)
 ➡ let は使役動詞。目的語は them で do は原形不定詞である。let には「〜することを許す」という意味合いがあり，These people wouldn't allow them to do so. と言いかえることができる。

3. Although I wanted to go out, the bad weather **made** me stay home.
 (私は出かけたかったのに，悪天候のせいで家にいた (←悪天候が私を家にいさせた)。)
 ➡ 使役動詞 make は「(強制的に) **〜させる**」という意味になる。目的語は me で stay は原形不定詞である。make *A* stay で「A をとどまらせる」という意味になる。無生物が主語の場合は，「〜のせいで」「〜 (が理由) で」のように訳すと自然な日本語になる。

4. Their parents tried to **make** them drop the idea.
 (彼女たちの両親は彼女たちにその考えをやめさせようとした。)
 ➡ make は使役動詞。目的語は them で drop は原形不定詞である。make には強制的な意味合いがあるので，Their parents tried to force them to drop the idea. と言いかえられる。

Qヒント　Describe each picture with the given words and either *let* or *make*.
(それぞれの画像を与えられた語句と，let または make を使って説明しなさい。)
A 強制的ではなく，自由にさせている様子なので，let を使う。「彼に壁を塗らせた」などの意味の文にする。
B 無生物が主語になっている。make を使い，「〜のせいで姉[妹]は泣いた (←〜が姉[妹] を泣かせた)」などの意味の文にする。

🎤 Speaking ❶ヒント

Warm-up dialogue: Comparison

1つ目の空所は，前に cheap の比較級 cheaper があることに着目して考える。2つ目の空所は前後の論理関係に着目する。「電車の切符は安い」→「飛行機の方が速い」とあるので，他方と比較する表現を入れればよい。

A: お父さん，今年の夏はどうやっておばあちゃんに会いに旅行へ行くの？　飛行機で？電車で？

B: そうだなあ，電車の切符は飛行機の切符＿＿＿＿＿＿＿＿安いんだ。
　　＿＿＿＿＿＿＿＿＿，飛行機の方が速いんだ。

A: 学校で，飛行機はたくさんの大気汚染の原因になるって習ったよ。

B: それと，飛行機が怖いんだろう？

Discussion

環境問題に関する表現：

affect(〜に影響を及ぼす)，harmful(有害な)，cause problems to 〜 (〜に問題を引き起こす)，sea creature(海の生き物)，sea level(海水面)，drought(干ばつ)，crops(農作物)

環境問題対策に関する表現：

have great effect(大きな効果がある)，use less energy(より少ないエネルギーを使う)，save energy(エネルギーを節約する)，reduce garbage(ごみを減らす)

✏️ Writing ❶ヒント

❷
提案・勧誘する表現：

How about 〜 ?(〜はどうですか)，Let's 〜 (〜しましょう)，Are you interested in 〜 ?(〜に興味はありますか)，I would like to 〜 (〜したいです)，I would like you to 〜 (あなたに〜してほしいです)，I'm sure it will be fun [a great experience].(きっと楽しい [いい経験になる] と思いますよ)

予定をたずねる表現：

Are you free on 〜 ?(〜はひまですか)，Let me know whether you can 〜 (〜できるかどうか知らせてください)

メールの結び文句：

I look forward to hearing from you.(お返事待ってます)，
Please reply to me by 〜 .(〜までにお返事ください)，
If you have any questions, please ask me.(質問があれば聞いてください)，

📝 定期テスト予想問題 　　解答 ➡ p.62

1 日本語の意味に合うように，____に適切な語を入れなさい。

(1) このレッスンは英語を話すことと書くことに重点的に取り組む。

This lesson _____ _____ speaking and writing English.

(2) 政府はいくつかの国からの航空を禁止した。

The government _____ a _____ on flights from some countries.

(3) 秋葉原はアニメ文化の中心地として知られている。

Akihabara is _____ the center of Anime culture.

(4) テストのためだけじゃなく，自分の将来のためにも一生懸命勉強しなさい。

Study hard _____ just for exams _____ for your future.

2 次の日本語に合うように，2つの文を，関係代名詞を使って1つの文に書きかえなさい。

(1) 走り回っているその犬は，トビーです。

The dog is Toby. It is running around.

_____

(2) 私は横浜に住む女の子に会った。

I met a girl. She lived in Yokohama.

_____

(3) あなたが話していた男の子がアレックスです。

The boy is Alex. You were talking with him.

_____

3 次の英語を（　　）の英語を使って，同じ意味になるように言いかえなさい。

(1) My sister wouldn't allow me to use her computer.　(let)

_____

(2) My mother forces me to practice piano every day.　(makes)

_____

(3) If something is wrong, please tell me.　(let, know)

_____

4 次の英語を日本語に訳しなさい。

(1) Is this the key which you lost yesterday?

（　　　　　　　　　　　　　　　　　　　　　　　　　　）

(2) Please don't make me cry.

（　　　　　　　　　　　　　　　　　　　　　　　　　　）

5 次の英文を読んで，後の問いに答えなさい。

　Sisters Melati and Isabel were 10 and 12 years old when they were inspired by a lesson in school in Bali about significant people such as Nelson Mandela, Lady Diana, and Mahatma Gandhi. They returned home and wondered, "What can we do as children in Bali, NOW, ①(　)(　)(　)(　)?" That was the very beginning of their campaign called "Bye Bye Plastic Bags." It started in 2013 and has now grown into ②(international / bags / NO / plastic / a / which / well-known / movement / says / to).

(1) 下線部①が「違いを生むために」という意味になるように，（　）に適切な語を入れなさい。

　　_____ _____ _____ _____

(2) 下線部②が「ビニール袋に反対するよく知られた国際的な運動」という意味になるように，（　）内の語を並べかえなさい。

　　_____

6 次の英文を読んで，後の問いに答えなさい。

　①In order to educate all the island on the dangerous effects of single-use plastic bags, Melati and Isabel thought that government policies needed to change. They decided that they should collect one million signatures so that officials would not ignore them. To collect that many signatures, they ②(　)(　)(　) a great idea: collecting signatures at the very busy Bali International Airport. They went there and talked with officials, but ③(them / at / wouldn't / so / these / let / people / do) first. The sisters talked again and again, and finally they were allowed to collect signatures there. As a result of this great campaign, they were invited to talk about it on TV programs and also at the United Nations.

(1) 下線部①の英語を日本語に訳しなさい。
　　(　　　　　　　　　　　　　　　　　　　　　　　　　　　　　　　)

(2) 下線部②が「～を思いついた」という意味になるように，（　）に適切な語を入れなさい。

　　_____ _____ _____

(3) 下線部③が「最初，この人たちは彼女たちにそうさせようとしなかった」という意味になるように，（　）内の語を並べかえなさい。

　　_____ first

(4) 次の質問に英語で答えなさい。
　　What did Melati and Isabel do not to be ignored by officials?

　　_____

"Will Bali be plastic bag free by 2018?" by McKinley Tretler, from Assembly: August 15, 2018, Malala Fund.
Copyright © 2018 by McKinley Tretler. Reproduced with permission of Malala Fund.

📝 **定期テスト予想問題　解答**　　pp.60~61

1　(1) focuses on　　(2) put, ban　　(3) known as　　(4) not, but

2　(1) The dog which[that] is running around is Toby.
　　(2) I met a girl who[that] lived in Yokohama.
　　(3) The boy who[whom, that] you were talking with is Alex.

3　(1) My sister wouldn't let me use her computer.
　　(2) My mother makes me practice piano every day.
　　(3) If something is wrong, please let me know.

4　(1) これがあなたが昨日なくしたかぎですか。
　　(2) 私を泣かせないでください。

5　(1) to make a difference
　　(2) a well-known international movement which says NO to plastic bags

6　(1) 使い捨てのビニール袋の危険な影響を島全体に教えるために
　　(2) came up with　　(3) these people wouldn't let them do so at (first)
　　(4) They decided that they should collect one million signatures. / They
　　collected one million signatures.

💡 **解説**

1　(1) 「A に重点的に取り組む」は focus on A で表す。　　(2) 「A を禁止する」は put a ban on A で表す。　　(3) 「A は B として知られている」は A is know as B で表す。　　(4) 「A だけじゃなく B も」は not just A but B で表す。

2　(1) The dog を先行詞，It を主格の関係代名詞にする。
　　(2) a girl を先行詞，She を主格の関係代名詞にする。
　　(3) The boy を先行詞，him を目的格の関係代名詞にする。

3　(1) allow A to do → let A do と言いかえる。　　(2) force A to do → make A do と言いかえる。　　(3) let me know で「私に知らせて」という意味になる。

4　(1) the key が先行詞で，関係代名詞の which 以下がそれを修飾している。
　　(2) <don't make+O+ 原形不定詞 > は「O に～させないで」という意味。

5　(1) 「違いを生む」は make a difference。　　(2) a well-known international movement「よく知られた国際的な運動」を先行詞に，関係代名詞を使った文にする。「A に反対する」は say NO to A。

6　(1) in order to do は「～するために」という意味を表す。　　(2) 「A を思いつく」は come up with A で表す。　　(3) 「O に～させる」は <let+O+ 原形不定詞 > で表す。　　(4) 質問文は「メラティとイザベルは役人たちに無視されないように何をしましたか」。本文 2 文目から「100 万人の署名を集め (ることに決め) た」とわかる。

Toward Sustainable Development Goals

"Youth Speech in the UN Open Working Group on Sustainable Development Goals" by Ralien Bekkers, from *RALIEN*. Copyright © 2013 by Ralien Bekkers.

単語・熟語チェック

sustainable	形 持続可能な	We need to be more interested in **sustainable** energy. 私たちはもっと持続可能エネルギーに興味を持つ必要がある。
development	名 開発，発展	My father works for a land **development** company. 私の父は土地開発の会社で働いている。

1 ～ 3

conference	名 会議	I met Chris at a **conference** in Kyoto. 私は京都での会議でクリスに出会った。
discuss	動 ～について議論する	Let's **discuss** the program for the school festival. 文化祭のプログラムについて話し合いましょう。
youth	名 若者	She behaved just like the **youth** of today. 彼女はまるで現代の若者のように振る舞った。
concern	名 心配，関心ごと，懸念	If you have any **concerns**, please let me know. 何か心配があれば知らせてください。
give one's attention to A	熟 A に注意を払う	I gave **my attention to** Mike's words. 私はマイクのことばに注意を払った。
employment	名 雇用	Their new business will create more **employment**. 彼らの新しい事業はより多くの雇用を生み出すだろう。
equality	名 平等	Let's talk about gender **equality**. 男女平等について話しましょう。
governance	名 統治，支配	The importance of corporate **governance** is being recognized in recent years. 近年，企業統治の重要性が認められつつある。
monitor	動 ～を監視する	We **monitored** the situation for a while. 私たちはしばらくの間状況を監視した。
include	動 ～を含む	This data **includes** the latest reports. このデータは最新のリポート内容を含む。
tens of A	熟 数十の A	The fire burned **tens of** houses. その火事で数十の家が焼けた。
actively	副 積極的に	He is **actively** helping his junior colleagues. 彼は積極的に後輩の同僚たちを助けている。
take part in A	熟 A に参加する	Will you **take part in** the game? あなたはその競技に参加しますか。

diverse	形 多様な，異なった	There are **diverse** views on this matter. この問題については多様な見方が存在する。
as one	熟 ひとつになって	All the members practiced together **as one**. メンバー全員がひとつになって一緒に練習した。
make sure (that) ~	熟 ~ということを確実にする	Please **make sure that** the door is closed. ドアが確実に閉まっているようにしてください。
recognize	動 ~を認める，評価する	This book is **recognized** as his best work. この本は彼の一番優れた作品として認められている。
diversity	名 多様性	It is important to recognize the **diversity** of cultures. 文化の多様性を認めることは重要だ。

4 ~ 5

unemployment	名 失業	A lot of workers are facing **unemployment** these days. 最近多くの労働者が失業に直面している。
of deep [great] concern	熟 強く懸念される	Extreme weather is **of deep [great] concern** now. 異常気象が現在強く懸念されている。
framework	名 枠組み，構成	We are making a **framework** for the research. 私たちはその調査のための枠組みを作っている。
marginalize	動 ~を軽んじる	No one should be **marginalized** because of their gender. 誰も性別を理由に軽んじられるべきではない。
basic	形 基礎の	You can learn **basic** skills for programming in this course. この講座ではプログラミングの基礎的な技術を学べる。
economic	形 経済の	That county showed great **economic** growth. その国は大きな経済成長を見せた。
opportunity	名 機会	We can't miss this **opportunity**. 私たちはこの機会を逃すことはできない。
political	形 政治の	Her speech included some **political** messages. 彼女のスピーチは政治的メッセージを含んでいた。
equal	形 平等な，同等の	They were fighting for **equal** rights. 彼らは平等な権利を求めて戦っていた。
inequality	名 不平等	There are economic **inequalities** between those areas. それらの地区の間には経済的不平等が存在している。

6 ~ 7

priority	名 優先事項	Club activities are my top **priority** in my school life. 部活動が私の学校生活での最優先事項だ。
decision-maker	名 意思決定者	Who is the **decision-maker** on this team? 誰がこのチームの意思決定者ですか。
integrity	名 高潔，誠実	The president has great **integrity**. その大統領はとても高潔だ。

responsibility	名 責任	Each country has **responsibility** for the environment. 各国が環境に対して責任を負っている。
unfortunately	副 残念ながら	**Unfortunately**, I don't have time to see you today. 残念ながら，今日あなたにお会いする時間はありません。
process	名 過程	Please check the work **process** again. 作業過程をもう一度確認してください。
therefore	副 それゆえに	I think, **therefore** I am. われ思う，ゆえにわれあり。(フランスの哲学者デカルトの言葉)
would like A to do	熟 A に〜して ほしい	I **would like** you **to** come to the ceremony. あなたには式典に来てほしいです。
think of A	熟 A のことを 考える	She is always **thinking of** her family. 彼女はいつも家族のことを考えている。
feel like doing	熟 〜したい気 分だ	I don't **feel like being** alone now. 今はひとりになりたくない気分だ。
from A on	熟 A 以降	**From** 2010 **on**, the concert has been held every August. 2010 年以降，そのコンサートは毎年 8 月に開かれている。

8 〜 9

super	副 とても，非常に 形 最高の	The food at the restaurant was **super** good. そのレストランの食べ物は非常においしかった。
energy-efficient	形 エネルギー 効率のよい	They are trying to develop more **energy-efficient** cars. 彼らはよりエネルギー効率のよい車を開発しようと努力している。
charger	名 充電器	Do you have a smartphone **charger**? スマホの充電器を持っていますか。
detector	名 検知器	There is a smoke **detector** in this room. この部屋には煙感知器がついている。
play a (leading [important]) role	熟 (先導する[重要 な])役割を果たす	He **played an important role** in the team. 彼はチームの中で重要な役割を果たした。
leading	形 一流の，優 れた，主要な	We are a **leading** company in the communications industry. わが社は通信事業界での一流企業だ。
task	名 仕事，任務	At last he finished the difficult **task**. ついに彼はその難しい仕事を終えた。
help A (to) do	熟 A が〜する のを手伝う	Can anyone **help** me **to** carry the table? 誰かテーブルを運ぶのを手伝ってくれませんか。
long-term	形 長期の	We should make a **long-term** plan. 私たちは長期的な計画を立てるべきだ。
success	名 成功	The event was a great **success**. そのイベントは大成功だった。
only if 〜	熟 〜の場合に 限り	You can enter **only if** you are with a parent. 親御さんと一緒の場合に限り，入場できます。

succeed	動 成功する	Do you think their project will **succeed**? 彼らの企画は成功すると思いますか。
succeed in *doing*	熟 〜するのに 成功する	She **succeeded in getting** a job. 彼女は職を得ることに成功した。
to conclude	熟 結論として	**To conclude**, more effort is needed to reduce pollution. 結論として，汚染を減らすにはより多くの努力が必要とされる。
conclude	動 終える，締 めくくる	His speech **concluded** with a message to his supporters. 彼の演説は支援者たちへのメッセージで締めくくられた。

1 ~ 3

ポイント 話者がSDGsの取り組みについて求めていることは何か。

1 ① Isn't this conference a little strange?// ② We are discussing youth / at the
この会議は少しおかしくはないですか　// 私たちは若者について議論している /

United Nations, / with almost no youth / in the room.// ③ We are making decisions /
国際連合で / 若者のほとんど いない状態で / この部屋に // 私たちは決定を下している /

about the future, / without future generations / here.//　④ It is good to talk /
未来についての / 未来の世代がいないまま / ここに // 話すのは良いことだ /

ABOUT young people, / but it is a lot better to talk / WITH young people.//
若者について / しかし話すことの方が はるかに良い / 若者と一緒に //

2 ⑤ You will, / then, / find / that young people share many / of your concerns, /
あなたたちは / そうす れば / わかる だろう / 若者が多くを共有していると / あなたたちの懸念の /

and that we often have a clear view / on how to make things better.//　⑥ I am
そして私たちがはっきりした見解を 持っていることが多いと / どのように事態をより良くするかについて // 私は

going to ask you / to give your attention / to youth concerns / such as education, /
あなたたちにお願い したい / 注目するよう / 若者の懸念に / 教育といった /

employment, / equality, / and good governance.//　⑦ They are very important /
雇用 / 平等 / そして良い統治 // それらはとても重要だ /

for the younger generation.//　⑧ We must put young people / at the center / of the
より若い世代にとって // 私たちは若い人たちを 置かなければならない / 中心に /

design, / practice / and monitoring / of Sustainable Development Goals (SDGs).//
構想の / 実践 / そして監視 / 持続可能な開発目標 (SDGs) の //

3 ⑨ This speech includes the ideas / of tens of other young people / from around
このスピーチは考えを含んでいる / 数十人の他の若者の / 世界中

the world, / since they actively took part / in the open writing / of this speech.//
からの / 彼らは積極的に参加したので / 公開執筆に / このスピーチの //

⑩ In doing so, / something became very clear.//　⑪ We, / as people, / with our
そうする中で / あることがとても明確になった // 私たちは / 人として / 私たち

differences and diverse cultures, / should work together / as one.//　⑫ We have to
の違いと多様な文化を持ちながら / 一緒に取り組むべきだ / ひとつに なって / 私たちは確実に

make sure / that all cultures, / all ages, / and all differences / between people / are
しなければ ならない / すべての文化が / すべての 年齢 / そしてすべての違い / 人々の間の /

recognized / in the goals.//　⑬ Diversity is not a weak point.//　⑭ It is our strong
認められる ことを / 目標の中で // 多様性は弱点ではない // それは私たちの

point.// ⑮ Youth is showing it / by working together.//
強みだ// 若者はそれを証明している / 一緒に取り組むことに よって //

単語チェック

| □ conference | 名 会議 | □ youth | 名 若者 |
| □ discuss | 動 ~について議論する | □ concern | 名 心配, 関心ごと, 懸念 |

□ employment	名 雇用	□ actively	副 積極的に
□ equality	名 平等	□ diverse	形 多様な，異なった
□ governance	名 統治，支配	□ recognize	動 ～を認める，評価する
□ monitor	動 ～を監視する	□ diversity	名 多様性
□ include	動 ～を含む		

✔ **本文内容チェック**　「SDGs の取り組みへもっと参加が求められるべき人たち」

1　若者について議論するこの会議の場に若者がほとんどいないのはおかしいのではないか。「若者について」話すより，「若者と一緒に」話す方がずっと良いことだ。

2　若者と話せば，私たちの持つ教育，雇用，平等などの懸念を若者も共有しているとわかるだろう。それらは若者にとってとても重要であり，SDGs の取り組みには彼らを中心に置くべきだ。

3　このスピーチは世界中の数十人の若者が執筆に参加した。その中で，私たちはそれぞれの違いや多様性を持ちながらも，ひとつになって協力し合うべきだということが明確になった。多様性は弱点ではなく，私たちの強みである。

🎼 **読解のカギ**

① **Isn't this conference a little strange?**

　➡ Isn't ～? は否定疑問文の形。「～は…ではないですか […ですよね]」と相手に同意を求めるときの表現。

② **We are discussing youth at the United Nations, (with almost no youth in the room).**
　　　　　　　　　　　　　　　　　　　付帯状況（＝状況の説明）

　➡ <with+ 名詞 + 前置詞句 > は「（名詞）が～の状態で」という意味で，付帯状況を表す。with almost no youth in the room は「若者がほとんど誰もこの部屋にいない状態で」という意味になる。

③ **We are making decisions about the future, (without future generations here).**
　　　　　　　　　　　　　　　　付帯状況（＝状況の説明）

　➡ <without+ 名詞 + 副詞 > は「(名詞) が～でない状態で」という意味で，付帯状況を表す。without future generations here は「未来の世代がここにいない状態で」という意味になる。

④ **It is good to talk ABOUT young people, but it is a lot better to talk WITH**
　　形式主語 ◀──────真の主語　　　　　　　　　　形式主語 ◀──────真の主語
young people.

　➡ 2 つの it は形式主語で，真の主語はそれぞれの後ろにある to 不定詞句。<it is ～ +to 不定詞 > で「…するのは～である」という意味になる。

　➡ ABOUT と WITH が大文字なのは，「～について話すこと」と「～と一緒に話すこと」という 2 つの行為の対比を強調するためである。

⑤ **You will, then, find (that young people share many of your concerns), and (that we often have a clear view on {how to <u>make</u> things <u>better</u>}).**
                     V O   C

→ <find+that 節 > は「～ということがわかる」という意味を表す。ここでは and を挟んで 2 つの that 節が find の目的語になっている。
→ <how+to 不定詞 > は「どのように～するか，～する方法」という意味を表す。
→ make は第 5 文型 (S+V+O+C) をとり，「O を C (の状態) にする」という意味を表す。

⑥ **I am going to ask you to give your attention to youth concerns (such as education, employment, equality, and good governance).**
→ give one's attention to A は「A に注意を払う」という意味を表す。
→ such as ～は「～といった」という意味で，youth concerns の具体例を示している。

⑧ **We must put young people at the center of the design, practice and monitoring (of Sustainable Development Goals (SDGs)).**
→ of Sustainable ... (SDGs) は the design, practice, monitoring を修飾している。

⑨ **This speech includes the ideas of tens of other young people (from around the world), since they actively took part in the open writing of this speech.**
→ tens of A は「数十の A」という意味を表す。
→ take part in A は「A に参加する」という意味を表す。

⑩ **In doing so, something became very clear.**
→ doing は do の動名詞。in doing so は「そのようにする中で」という意味を表す。

⑪ **We, (as people), (with our differences and diverse cultures), should work together as one.**
→ as people の as は「～として」という意味を表す。
→ with は「～を持って，～を伴って」という意味を表す。
→ as one は「ひとつになって」という意味を表す。

⑫ **We have to make sure (that all cultures, all ages, and all differences {between people} are recognized in the goals).**
→ make sure (that) ～は「～ということを確実にする，必ず～であるようにする」という意味を表す。that 節の中の are recognized は <be 動詞＋過去分詞 > の形の受動態。

⑮ **Youth is showing it by working together.**
→ it は前文⑬⑭の内容を指している。
→ working は動名詞で，by working は「取り組むことによって」という意味になる。

4 ～ 5

ポイント 若者の雇用と，経済や教育などの機会について求められることは何か。

4 ① First, / the fast increasing numbers / of youth unemployment / are of deep
　　　第一に / 　急速に増加している数が / 　若者の失業の / 　強く懸念され

concern.// ② We / as youth / should be educated / to face present and future
ている // 　私たちは / 若者として / 　教育されるべきだ / 　現在と未来の課題に立ち

challenges.// ③ We must have / new and sustainable skills / that prepare us / for
向かうよう // 　私たちは持つべきだ / 新しく持続可能な技術を / 私たちに備えさせる /

work.//
仕事へ //

5 ④ Second, / new frameworks should make sure / that the weakest and most
　　　第二に / 　新しい枠組みは確実にするべきだ / 　最も弱く軽んじられて

marginalized groups are included.// ⑤ We must remove the problems / they face /
いる集団が含まれることを // 私たちは問題を取り除かなければならない / 彼らが直面する /

in using basic services, / economic opportunities / and political and human rights.//
基本的な公益事業を利用する中で / 経済的機会(を) / そして政治的権利と人権(を) //

⑥ Supporting equal opportunities / and reducing social inequalities / will lead to
平等な機会を支援することが / 　そして社会的不平等を減らすこと(が) / 　より

more sustainable societies.// ⑦ For example, / SDGs should make sure / that all
持続可能な社会へつながる // 　例えば / 　SDGs は確実にするべきだ / すべての

girls have good education / and health services.//
少女たちが良い教育を受けるということを / そして医療サービス(を) //

✓ 単語チェック

□ unemployment	名 失業	□ opportunity	名 機会
□ framework	名 枠組み，構成	□ political	形 政治の
□ marginalize	動 ～を軽んじる	□ equal	形 平等な，同等の
□ basic	形 基礎の	□ inequality	名 不平等
□ economic	形 経済の		

✓ 本文内容チェック 「若者の雇用や様々な機会の平等性」

4 第一に，若者の失業者数の増加が懸念されている。若者には職に就くための持続可能な技術を身につける教育が必要だ。

5 第二に，持続可能な社会を目指すには，弱い立場にいる人たちが平等な機会を得られるようにしなければならない。

🔑 読解のカギ

① First, **the fast increasing numbers of youth unemployment** are of deep concern.

→ First, ～は「第一に，～」という意味を表す。

➡ ここでの fast は「急速に」という意味の副詞で，increasing を修飾している。

➡ increasing は increase「増加する」の現在分詞で，numbers を修飾している。fast increasing numbers で「急速に増加している数」という意味になる。

➡ of youth unemployment は numbers を修飾し，何の「数」かの説明を加えている。

➡ be of deep concern は「強く懸念されている」という意味を表す。

② **We (as youth) should be educated <u>to face</u> present and future challenges.**
to 不定詞の副詞的用法

➡ to face present and future challenges は to 不定詞の副詞的用法で，「現在と未来の課題に立ち向かうために」という意味を表す。

③ **We must have <u>new and sustainable skills</u> (<u>that</u> prepare us for work).**

➡ 主格の関係代名詞 that に導かれている節 that prepare us for work が，先行詞 new and sustainable skills について説明している。

➡ prepare *A* for *B* は「A に B への準備をさせる」という意味を表す。

④ **Second, new frameworks should make sure (that the weakest and most marginalized groups are included).**

➡ Second, ～は「第二に，～」という意味で，前文①の First, ～と呼応する表現である。

➡ make sure (that) ～は「～ということを確実にする，必ず～であるようにする」という意味を表す。

➡ marginalized は marginalize「～を軽んじる」の過去分詞で，「軽んじられた」という意味で groups を修飾している。

⑤ **We must remove the problems (they face in using {basic services},**
(which[that])　　　　　動名詞

{economic opportunities} and {political and human rights}).

➡ problems の後ろに目的格の関係代名詞の which[that] が省略されていて，(which[that]) they face in … human rights が the problem について説明している。

➡ ここでの face は「～に直面する」という意味の動詞である。

➡ using は動名詞。in using ～で「～を利用する中で」という意味を表す。

⑥ **(Supporting equal opportunities) and (reducing social inequalities) will lead**
　　　　　　　　　　　S　　　　　　　　　　　　　　　　　　　　　　　V

to more sustainable societies.

➡ Supporting と reducing は動名詞で，and でつなげられた 2 つの動名詞句が文の主語になっている。

➡ lead to *A* は「A へつながる，A へ導く」という意味を表す。

6 〜 7

ポイント 話者は聴衆に向けて何について考えてほしいと言っているか。

6 ① And third, / fair governance is among the top priorities / of young people /
そして第三に　／　公正な統治が最優先事項の中に入っている　／　若い人たちの

around the world.// ② We want a world / in which decision-makers have integrity /
世界中の　　　//　私たちは世界を求めて／　　意思決定者たちが誠実さを持つ　　／
いる

and responsibility.//
そして責任(を)　//

7 ③ Unfortunately, / no young people / I spoke with / in my country / knew / about
残念ながら　／　ひとりの若者も／　私が会話をした　／　私の国で　／知らな／　この
かった

this very "far away" UN process.// ④ Therefore, / we would like you to think / of a
とても「遠くにある」国連の過程について　//　それゆえに　／　私たちはあなたたちに考えてほし／方法
い　　　　　　に

way / to make sure / that all children and youth / around the world / learn / about the
つい／　確実にするため／　すべての子どもと若者たちが　／　世界中の　　／学ぶとい／　SDGs に
て　　の　　　　　　　　　　　　　　　　　　　　　　　　　　　うことを

SDGs / and feel like being part / of the process / from 2015 on.// ⑤ We must work
ついて／そして一部になりたいと感じ／　　過程の　　　2015 年以降の　//　私たちはともに取り
る(ということを)

together / for sustainable development.//
組まなけれ／　　持続可能な開発のために　　//
ばならない

✓ 単語チェック

□ **priority**	名 優先事項	□ **unfortunately**	副 残念ながら
□ **decision-maker**	名 意思決定者	□ **process**	名 過程
□ **integrity**	名 高潔, 誠実	□ **therefore**	副 それゆえに
□ **responsibility**	名 責任		

✓ 本文内容チェック　「話者が聴衆に考えてほしいと思っていること」

6 第三に, 若者は誠実で責任感のある意思決定者のいる世界を求めている。

7 私たちは, 確実にすべての子どもと若者が SDGs について学び, それに取り組むよ
うにする方法を考えてほしいと思っている。

読解のカギ

① And third, **fair governance** is among the top priorities **of young people**

(around the world).

➡ And third, 〜 は「そして第三に, 〜」という意味で, **4**, **5** の First, 〜,
Second, 〜 と呼応する表現。

➡ the top priorities は「最優先事項」という意味を表す。be among the top priorities
で「最優先事項の中に入っている」という意味になる。

➡ around the world は「世界中の」という意味で, young people を修飾している。

② **We want a world (in which decision-makers have integrity and**

responsibility).

➡ 目的格の関係代名詞 which に導かれている節 in which decision-makers have integrity and responsibility が，先行詞 a world について説明している。ここでは関係代名詞は前置詞 in の目的語の役割をしている。We want a world. Decision-makers have integrity and responsibility in it. という 2 つの文に分解できる。

➡ -maker は名詞の後ろに付いて「〜を作る人」という意味の複合語を作る。make a decision で「決定を下す」という意味なので，decision-maker は「意思決定者」という意味になる。

➡ have integrity は「誠実さを持つ，誠実である」という意味を表す。

➡ have responsibility は「責任を持つ」という意味を表す。

③ **Unfortunately, no young people (I spoke with in my country) knew about**
(who(m)[that])

this very "far away" UN process.

➡ people の後ろに目的格の関係代名詞の who(m)[that] が省略されていて，(who(m)[that]) I spoke with in my country が young people について説明している。ここでは関係代名詞は前置詞 with の目的語の役割をしている。

➡ far away は「遠くにある」という意味で，若者たちにとって国連でのことは遠い世界の問題で，関わりが薄いということを表している。意味に含みを持たせるため引用符 (" ") が付けられている。

④ **Therefore, we would like you to think of a way (to make sure {that all**
to 不定詞の形容詞的用法

children and youth around the world learn about the SDGs and feel like
〔S'〕　　　　　　　　　　　　　〔V₁'〕　　　　　　　　　　　　〔V₂'〕

being part of the process from 2015 on}).

➡ would like A to do は「A に〜してほしい」という意味を表す。

➡ think of A は「A のことを考える」という意味を表す。

➡ to make sure that ... 2015 on は to 不定詞の形容詞的用法で，a way を後ろから修飾している。<a way+to 不定詞 > で「〜するための方法」という意味になる。

➡ make sure that 〜は「〜ということを確実にする」という意味を表す。ここでの that 節の中は，all children and youth around the world が主語で，learn と feel の 2 つの動詞が並べられている。

➡ feel like doing は「〜したい気分だ」という意味を表す。

➡ from A on は「A 以降」という意味を表す。

8 〜 9

ポイント　真の長期的な成功を収めるにはどうすべきだと話者は言っているか。

8 ① There is so much / to know / about what younger people can do.// ② Did you
とてもたくさんのこと　／　知るべき　／　より若い人が何をすることができるかに　　　　　　　知って
がある　　　　　　　　　　　　　　　　　ついて

know / that an Indian-American girl developed a super energy-efficient cell phone
いました　　　　あるインド系アメリカ人の女の子が非常にエネルギー効率のよい携帯電話充電器を開発したと
か

charger / that could charge a phone / in 20 seconds?// ③ That a high school student /
電話を充電できる　　　　／　20秒で　　//　　　ある高校生が

in the USA / designed the fastest and cheapest cancer detector / ever?// ④ And that
アメリカの　／　　最も速くて安価ながん検出法を開発したと　　　/これま　④　そしてある
　　　　　　　　　　　　　　　　　　　　　　　　　　　　　　　　　　でで

a boy / from the Netherlands / created a system / to clean the plastic soup / in the
男の子　／　　オランダ出身の　　／　システムを生み出した　プラスチックだまりを清掃するため／
が　　　　　　　　　　　　　　　　　と　　　　　　　　　　　　の

oceans?// ⑤ These young people have led us / to the present state.// ⑥ Youth
海の　　//　　これらの若い人たちは私たちを導いた　／　　現在の状況に　　//　　　若者は

should play a leading role / in the new development framework.// ⑦ It is, however,
重要な役割を果たすべきだ　／　　新しい開発の枠組みにおいて　　//　　しかしあなた方の

your task / to help all / of us / to become part / of the solution.// ⑧ We can have a
仕事である　／　全員を助け　私たち　／　一部となるのを　／　解決策の　　私たちはチャンス
　　　　　　　ることは　の　　　　　　　　　　　　　　　　　　　　を持てる

chance / at real and long-term success, / only if we succeed / in working together /
　　　　/　真の長期的な成功を収めるための　／　私たちが成功したとき　／　一緒に取り組むことに　/
　　　　　　　　　　　　　　　　　　　　　　にのみ

with different generations / right now.//
異なる世代と　　　　／　今すぐに

9 ⑨ To conclude, / actions should follow / from all these words.// ⑩ All young
結論として　／　行動が後に続くべきだ　／これらのことばのすべてに//　若い人たち

people, / and families / around the world, / depend on you and your actions.// ⑪ We
全員が　／そして家族(が)／　世界中の　　／　あなた方とあなた方の行動にかかっている　//　私た
　　ちは

look forward / to actively working / with you, / to create and reach goals / for our
楽しみにする　／積極的に取り組むのを／あなた方と／目標を作り出し達成するために　／　私たち

common, sustainable future, / because not only youth / but all generations / will be
の共通の持続可能な未来のために　／　なぜなら若者だけでなく　／　すべての世代が　／一部と
　　　なる

part / of the solution.//
からだ／　解決策の　//

☑ 単語チェック

□ **super**	副 とても，非常に	□ **task**	名 仕事，任務
□ **energy-efficient**	形 エネルギー効率のよい	□ **long-term**	形 長期の
□ **charger**	名 充電器	□ **success**	名 成功
□ **detector**	名 検知器	□ **succeed**	動 成功する
□ **leading**	形 一流の,優れた,主要な	□ **conclude**	動 終える，締めくくる

✓ 本文内容チェック 「真の長期的な成功を収めるチャンスを得る方法」

8 若者たちに何ができるのかをもっと知るべきであり，新しい開発の枠組みでは若者が主導的な役割を担うべきである。真の長期的な成功は，異なる世代同士が協力することにかかっている。

9 すべての世代が解決策を担っているので，私たち若者は，あなた方大人たちと持続可能な未来のために積極的に取り組むことを楽しみにしている。

🎵 読解のカギ

① There is so much (to know) about (what younger people can do).
　　　　　　　　to 不定詞の形容詞的用法

➡ to know は to 不定詞の形容詞的用法で, much を後ろから修飾している。much は「たくさん」という意味の代名詞。

② Did you know (that an Indian-American girl developed a super energy-efficient cell phone charger {that could charge a phone in 20 seconds})?

➡ 主格の関係代名詞 that に導かれている節 that could charge a phone in 20 seconds が，先行詞 a super energy-efficient cell phone charger について説明している。

③ (That a high school student in the USA designed ... ever)?
➡ この文全体が，前文②の Did you know に続く that 節になっている。

④ And (that a boy from the Netherlands created a system {to clean the plastic soup in the oceans})?
　　　　　　　　　　　　　　　　　　　　　　to 不定詞の形容詞的用法
➡ 前文③と同じく，that 以降が②の文の Did you know に続く that 節になっている。
➡ to clean ... oceans は to 不定詞の形容詞的用法で, a system を後ろから修飾している。

⑦ It is, (however), your task to help all of us (to become part of the solution).
　形式主語◀ーーーーーーーーーー 真の主語
➡ It は形式主語で，真の主語は後ろにある to 不定詞句の to help ... the solution である。<it is 〜 +to 不定詞 > で「…するのは〜である」という意味になる。
➡ 文中に挿入されている however は「しかし」という意味の副詞。
➡ help A (to) do は「A が〜するのを助ける」という意味を表す。この to は省略可能。

⑪ We look forward to actively working with you, (to create and reach goals
　　　　　　　　　　　　　　　　　　　　　　　　　　　to 不定詞の副詞的用法

for our common, sustainable future), because not only youth but ... solution.
➡ look forward to doing は「〜するのを楽しみにする」という意味を表す。
➡ to create and ... future は to 不定詞の副詞的用法。
➡ not only A but (also) B は「A だけでなく B も」という意味を表す。

😊 Comprehension ❗ヒント

A Choose the correct answer.　(正しい答えを選びなさい。)

1　未来のことについて議論する場は，どうあるべきだと話者が思っているかについて考える。
　　→ 教p.46, ℓℓ.4～8

2　人それぞれの違いや多様性について，話者がどう思っているかについて考える。
　　→ 教p.47, ℓℓ.8～12

3　最も立場が弱く，軽んじられている集団に対して行うべきことについて考える。
　　→ 教p.47, ℓℓ.20～21

4　私たちの現在の生活に大きく貢献した若者の例として挙げられている人物について考える。
　　→ 教p.48, ℓℓ.1～9

B Answer T (true) or F (false).　(正誤を答えなさい。)

1. 第2パラグラフに事態をより良くする方法への若者の見解についての記述がある。
　　→ 教p.46, ℓℓ.9～10

2. 第2パラグラフに若者をSDGsの中心に置くことについての記述がある。
　　→ 教p.46, ℓℓ.13～14

3. 第3パラグラフにこのスピーチを執筆した方法についての記述がある。
　　→ 教p.47, ℓℓ.1～4

4. 第4パラグラフに若者が職に就くための教育の必要性についての記述がある。
　　→ 教p.47, ℓℓ.16～18

5. 第5パラグラフに女子たちに十分な教育と医療サービスを提供することについての記述がある。
　　→ 教p.47, ℓℓ.22～24

6. 第7パラグラフに国連がSDGsに関して進めていることについての，話者の国の若者の認知度についての記述がある。
　　→ 教p.47, ℓℓ.28～29

7. 第8パラグラフに長期的な成功を収めるチャンスを得る方法についての記述がある。
　　→ 教p.48, ℓℓ.13～15

8. 第9パラグラフにスピーチ内のこれまでの言葉とそれに伴う行動についての記述がある。
　　→ 教p.48, ℓ.16

定期テスト予想問題　　解答 → p.78

1 次の英文を読んで，あとの問いに答えなさい。

You will, then, find that ①(share / of / people / concerns / young / your / many), and that we often have a clear view on how to make things better. I am going to ask you to ②give (　)(　)(　) youth concerns such as education, employment, equality, and good governance. ③They are very important for the younger generation. ④We must put young people at the center of the design, practice and monitoring of Sustainable Development Goals (SDGs).

(1) 下線部①が「若者はあなたたちの懸念の多くを共有している」という意味になるように，（　）内の語を並べかえなさい。

＿＿＿＿＿＿＿＿＿＿＿＿＿＿＿＿＿＿＿＿＿＿＿

(2) 下線部②が「～にあなたたちの注意を払う」という意味になるように，（　）に適切な語を入れなさい。
give ＿＿＿＿＿＿　＿＿＿＿＿＿　＿＿＿＿＿＿

(3) 下線部③が具体的に何を指すか，本文中から４つ抜き出しなさい。

＿＿＿＿＿＿＿＿＿＿　＿＿＿＿＿＿＿＿＿＿
＿＿＿＿＿＿＿＿＿＿　＿＿＿＿＿＿＿＿＿＿

(4) 下線部④の英語を日本語に訳しなさい。
(　　　　　　　　　　　　　　　　　　　　　　)

2 次の英文を読んで，あとの問いに答えなさい。

This speech includes the ideas of ①(　)(　) other young people from around the world, ②since they actively took part in the open writing of this speech. In doing so, something became very clear. We, as people, with our differences and diverse cultures, should work together as one. We have to make sure that all cultures, all ages, and all differences between people are recognized in the goals. Diversity is not a weak point. ③It is our strong point. Youth is showing ④it by working together.

(1) 下線部①が「数十人の他の若者」という意味になるように，（　）に適切な語を入れなさい。
＿＿＿＿＿＿＿　＿＿＿＿＿＿＿ other young people

(2) 下線部②の英語を日本語に訳しなさい。
(　　　　　　　　　　　　　　　　　　　　　　)

(3) 下線部③，④が何を指すか，日本語で答えなさい。
③ (　　　　　　　)　④ (　　　　　　　)

"Youth Speech in the UN Open Working Group on Sustainable Development Goals" by Ralien Bekkers, from *RALIEN*. Copyright © 2013 by Ralien Bekkers.

📝 定期テスト予想問題　解答　　p.77

1 (1)　young people share many of your concerns
　(2) your attention to
　(3) education, employment, equality, good governance
　(4) 私たちは持続可能な開発目標(SDGs)の構想，実行，そして監視すること
の中心に若い人たちを置かなければいけません。
2 (1) tens of
　(2) 彼らはこのスピーチの公開執筆に積極的に参加したので
　(3) ③多様性　④多様性は弱点ではなく，私たちの強みであるということ

💡 解説

1 (1)「～を共有する」は share, 「A の (うちの) 多く」は many of A, 「懸念」は
concerns で表す。
　(2)「A に注意を払う」は give one's attention to A で表す。to give の主語は
you なので，one's は your にする。
　(3) 下線部の They は直前の文の youth concerns のことで，具体的に such as
以降で例示されている。
　(4) put A at the center of B は「A を B の中心に置く」という意味を表す。
monitoring は monitor「～を監視する」の動名詞。
2 (1)「数十の A」は tens of A で表す。
　(2) since は「～なので」という意味の接続詞。took part in は take part in A「A
に参加する」の過去形。actively は「積極的に」という意味を表す。
　(3) ③ It は直前の文の Diversity を指している。
　　　④ it は直前の文とその前の文の内容を指している。

Lesson 4   Twice Bombed, Twice Survived

Nine Who Survived Hiroshima and Nagasaki: Personal Experiences of Nine Men Who Lived through both Atomic Bombings by Robert Trumbull. Copyright © 1957, renewed 1985 by Robert Trumbull. Used by permission of Dutton, an imprint of Penguin Publishing Group, a division of Penguin Random House LLC.

単語・熟語チェック

Scene ❶

happily	副 うれしい気持ちで	Kids are playing **happily** with toys. 子どもたちがうれしそうにおもちゃで遊んでいる。
spend *A* (in) *do*ing	熟 A を〜して過ごす	He **spent** his life in the hospital **drawing** pictures. 彼は入院生活で絵を描いて過ごした。
assignment	名 任務	His **assignment** will finish next week. 彼の任務は来週終わる。
stamp	動 〜に印を押す	Please **stamp** the document with your seal. その書類にあなたのハンコで印を押してください。
document	名 書類	Could you take these **documents** to my desk? これらの書類を私の机に運んでいただけますか。
bomber	名 爆撃機	The museum has a German **bomber**. その博物館にはドイツの爆撃機がある。
parachute	名 パラシュート	We saw a **parachute** fall behind the mountain. 私たちはパラシュートが山の向こうに落ちるのを見た。
A is knocked unconscious	熟 A が強い衝撃で気を失う	The man **was knocked unconscious** during a fight. その男性はけんか中に強くぶたれて気を失った。
unconscious	形 気を失っている	She stayed **unconscious** at the hospital for two days. 彼女は病院で2日間気を失ったままだった。

Scene ❷

dazed	形 呆然とした	They looked **dazed** by the news. 彼らはその知らせに呆然としているようだった。
recover	動 回復する	I hope you **recover** soon. すぐに回復するといいですね。
pain	名 痛み	I feel a little **pain** in my left arm. 私は左腕に少し痛みを感じる。
mushroom	名 キノコ	We had fun **mushroom** picking last Saturday. 私たちはこの前の土曜日にキノコ狩りを楽しんだ。
soar	動 高く上昇する	A big bird was **soaring** high in the air. 1羽の大きな鳥が空中高く舞い上がっていた。
get [stay] away from *A*	熟 A から離れる[離れたままでいる]	**Get away from** the fire right now. その火から今すぐに離れなさい。

as soon as possible	熟 できるだけ早く	Please come here **as soon as possible**. できるだけ早くここに来てください。
colleague	名 同僚	He got married to one of his **colleagues** last month. 彼は職場の同僚の1人と先月結婚した。
survivor	名 生存者	There were few **survivors** in the plane accident. その飛行機事故ではほとんど生存者がいなかった。

Scene ❸

shelter	名 避難所	Many people are still living in this **shelter**. 多くの人がいまだにこの避難所で生活をしている。
manage	動 どうにか〜する	Ken **managed** to arrive at that place. ケンはどうにかその場所にたどり着いた。
manage to *do*	熟 どうにか〜する	He **managed to** finish the work that day. 彼はどうにかその日にその仕事を終えた。
treatment	名 治療	You should receive **treatment** at once. あなたはすぐに治療を受けるべきだ。
heavily	副 大量に	It snows **heavily** here in winter. ここでは冬に雪が大量に降る。
bandage	動 〜に包帯をする	Did you see her arm was **bandaged**? 彼女の腕に包帯が巻かれているのを見ましたか。
stunned	形 唖然としている	I was **stunned** at the painting's price. 私はその絵の値段に唖然とした。
totally	副 完全に	I think she is **totally** wrong. 私は彼女が完全に間違っていると思う。
boss	名 上司	Our **boss** is an American who speaks Japanese well. 私たちの上司は日本語を上手に話すアメリカ人だ。
absolutely	副 絶対に	My opinion is **absolutely** right. 私の意見が絶対に正しい。
impossible	形 不可能な	It was **impossible** for the boy to open the door. その少年がそのドアを開けるのは不可能なことだった。
flash	名 閃光	What was that strong **flash** over there? あそこでのあの強い閃光は何だったのだろうか。
alive	形 生きている, 生きた状態で	The bug is still **alive**. その虫はまだ生きている。
only to *do*	熟 すぐに〜する結果となる	I arrived at the station **only to** find my train had left. 私は駅に到着し, 電車が出てしまったことにすぐに気づく結果となった。
fate	名 (悪い)運命	He faced the same **fate** as his father. 彼は父親と同じ運命に直面した。

Scene ❹

suffer	動 苦しむ, 悩む	I hate to see people **suffering**. 私は人が苦しんでいるのを見るのが大嫌いだ。
suffer from A	熟 Aに苦しむ, 悩む	A lot of people are **suffering from** hunger there. そこでは多くの人が飢えに苦しんでいる。
physically	副 肉体的に	He wasn't injured **physically** in the accident. 彼はその事故で肉体的にはけがをしなかった。
mentally	副 精神的に	She got damaged **mentally** by the movie. 彼女はその映画によって精神的にダメージを受けた。
bombing	名 爆撃	This city experienced **bombings** during the war. この都市は戦時中に爆撃を経験した。
after-effect	名 後遺症	The damage to his brain left **after-effects**. 彼の脳への損傷は後遺症を残した。
eventually	副 最終的に	**Eventually**, we found out that what he said wasn't true. 最終的に, 彼が言うことは本当ではないとわかった。
destiny	名 宿命, さだめ	It was hard for him to accept his **destiny**. 彼にとって宿命を受け入れるのは難しいことだった。
duty	名 義務	A student's main **duty** is to study. 学生の主な義務は学習である。
painful	形 つらい, 苦痛な	I wouldn't like to talk about the **painful** memory. 私はそのつらい記憶について話したくない。
in public	熟 人前で	She is good at speaking **in public**. 彼女は人前で話すのが得意だ。
sincerely	副 心から	I **sincerely** believe that your dream will come true. 私はあなたの夢が叶うと心から信じている。
give [make] a speech	熟 演説[スピーチ]をする	My brother has to **give a speech** at his office tomorrow. 私の兄は明日, 会社でスピーチをしなければならない。
nuclear	形 原子力の	Look at that **nuclear** power station. あの原子力発電所を見てごらんなさい。
pause	名 休止, 中断	There was a long **pause** before he said, "Yes." 彼が「はい」と言うまでに長い間があった。
believe in A	熟 A(の価値)を信じる	He **believes in** his own talent. 彼は自分自身の才能を信じている。
do one's duty	熟 自分の義務を果たす	You all have to **do your duty**. あなたたち全員が自分の義務を果たさなければならない。
pass away	熟 (人が)死ぬ	I heard that she **passed away** yesterday. 私は彼女が昨日亡くなったと聞いた。
quietly	副 静かに	She shut the door **quietly**. 彼女はドアを静かに閉めた。

Scene ①

ポイント　1945年8月6日は山口彊さんにとってどんな日だったか。

1 ① On August 6, / 1945, / Yamaguchi Tsutomu got up happily.// ② It was his
　　　　8月6日に　／ 1945 年の ／ 山口彊さんはうれしい気持ちで起床した　 // 　 それは彼の

last day / in Hiroshima.// ③ He was going back the following day / to his family /
最後の日 ／ 広島での　//　 彼は翌日に帰ることになっていた ／ 彼の家族のもとへ／
だった

and home office / in Nagasaki.// ④ He had spent three months / designing ships /
そして本社(へ) ／ 長崎の　//　 彼は3か月を費やした ／ 船を設計することに /

at a company / in Hiroshima.//
会社で ／ 広島の　//

2 ⑤ On the last day / of his assignment, / he took a bus /to the office, / but he
最終日に ／ 彼の任務の ／ 彼はバスに乗った ／ 会社まで ／ しかし
　　　　　　　　　　　　　　　　　　　　　　　　　　　　　　　　　　彼は

realized / that he had forgotten his seal / for stamping documents.// ⑥ He returned /
気づいた ／ 彼がハンコを忘れたことに ／ 書類に印を押すための　//　彼は引き返した /

to the company house / to get it / and left again / for the office, / this time /
社宅に ／ それを取 ／ そして再び向かった ／ 会社に ／ 今度は /
　　　　　　　　　りに

by train.//
電車で　//

3 ⑦ When he was walking / from the station / to the office, / he saw a bomber
彼が歩いていたとき ／ 駅から ／ 会社に ／ 彼は爆撃機が飛んで
　　　　　　　　　　　　　　　　　　　　　　　　　　　　　　　いるのを見た

flying / and then two white parachutes falling.// ⑧ Suddenly, / there was a terrible
　　　そして2つの白いパラシュートが落ちていく　//　 突然 ／ ものすごい「火の玉」
　　　のを(見た)

"ball of fire," / and he was knocked unconscious.//
が見えた ／ そして彼は強い衝撃を受けて気を失った　//

単語チェック

□ **happily**	副 うれしい気持ちで	□ **bomber**	名 爆撃機
□ **assignment**	名 任務	□ **parachute**	名 パラシュート
□ **stamp**	動 ～に印を押す	□ **unconscious**	形 気を失っている
□ **document**	名 書類		

本文内容チェック　「山口彊さんの広島での 1945 年 8 月 6 日」

1 1945 年 8 月 6 日は山口彊さんにとって広島で過ごす最後の日で，翌日には長崎へ帰
る予定だった。

2 広島での任務の最終日，バスの中でハンコを忘れたことに気づき，それを取りに社
宅に引き返した後，今度は電車で会社に向かった。

3 駅から会社まで歩いていると，1 機の爆撃機と 2 つのパラシュートを目撃し，火の
玉が見えると，山口さんは強い衝撃によって気を失った。

🔑 **読解のカギ**

④ **He** had spent **three months** designing ships at a company in Hiroshima.
　S　　V　　　　O

➡ 過去完了形 <had+過去分詞> の完了用法の文。過去のある時点までの動作や行為の完了を表している。　　　　　　　　　　　　文法詳細 p.92

➡ spend *A do*ing は「A を〜して過ごす」という意味を表す。

📝 **問1. 日本語にしなさい。**

Ann had graduated from university before she came to Japan.

(　　　　　　　　　　　　　　　　　　　　　　　　　　　　　　　)

⑤ ..., he took a bus to the office, but **he** realized (that he had forgotten his
　　　　　　　　　　　　　　　　　　　　S　V　　　O

seal {for satmping documents}).

➡ <realize+that 節> で「〜ということに気づく」という意味を表す。

➡ 過去完了形 had forgotten は that 節の中の時制が主節の時制(過去形)よりも前であることを表している。これを大過去という。　　文法詳細 p.93

➡ stamping は stamp「〜に印を押す」の動名詞で，for の目的語になっている。for stamping documents で「書類に印を押すための」という意味になる。

📝 **問2. 日本語にしなさい。**

Tom told us about the accident which had happened on the street.

(　　　　　　　　　　　　　　　　　　　　　　　　　　　　　　)

⑥ **He** returned to the company house (to get it) and left again for the office,
　S　　V

this time by train.

➡ to get は to不定詞の副詞的用法で「〜を取ってくるために」という意味になる。

➡ it は前文⑤の his seal を指している。

⑦ ..., he saw a bomber flying and then two white parachutes falling.
　S　V　O₁　　C₁　　　　　　O₂　　　　　　C₂

➡ <S+V+O+C>(第 5 文型)の形で，O と C が 2 つずつある文。saw は知覚動詞 see の過去形，C は現在分詞で「O が C しているのを見た」という意味になる。　　文法詳細 p.94

📝 **問3. 並べかえなさい。**

私は今朝，彼女が教室を掃除しているのを見た。

(her / our classroom / saw / cleaning / I) this morning.

_____ this morning.

📝 **問の解答**　　**問 1.** アンは日本に来る前に，大学を卒業していた。　　**問 2.** トムはその通りで起きた事故について私たちに教えてくれた。　　**問 3.** I saw her cleaning our classroom (this morning.)

Scene ❷

ポイント　原爆を体験したときの山口さんは，どのような行動をとったか。

4 ① It was an atomic bomb.// ② The American bomber Enola Gay dropped it /
それは原爆だった　//　　アメリカの爆撃機エノラ・ゲイがそれを落とした　/

near the center / of Hiroshima, / only three kilometers away / from Yamaguchi.//
中心地近くに　/　広島の　/　わずか３キロしか離れていない　/　山口さんのいた場所から　//

③ He lay dazed / on the road / for a moment.// ④ When he recovered, / he felt
彼は呆然と横たわっていた　/　路上に　/　しばらくの間　//　彼が回復したとき　/　彼は

terrible pain / on the left side of his face / and his left arm.//
ひどい痛みを感じた　/　彼の顔の左側に　/　そして彼の左腕(に)　//

5 ⑤ When he looked up / at the sky, / he saw a big mushroom cloud / soaring
彼が見上げたとき　/　空を　/　彼には大きなきのこ雲が見えた　/　高く昇って

high / into the sky.// ⑥ He felt / that he had to get away / from there / as soon as
いる　/　空に　//　彼は感じた　/　彼は離れなければならないと　/　そこから　/　できるだけ

possible.// ⑦ When he reached a big tree / in a field, / he looked around.//
早く　//　彼が大きな木にたどり着いたとき　/　野原の　/　彼は辺りを見回した　//

⑧ He realized / that everything had been destroyed.// ⑨ He had never seen /
彼は気づいた　/　すべてが壊されてしまっていることに　//　彼は一度も見たことがなかった

anything like it before.//
かつてそのようなものを　//

6 ⑩ After he walked around, / he decided / to continue / to his office / to meet
彼は辺りを歩き回った後　/　彼は決めた　/　歩き続けることを　/　彼の会社へと　/　彼の同僚

his colleagues.// ⑪ When he arrived, / he saw many damaged houses, / but the
に会うために　//　彼が到着したとき　/　彼は多くの被害を受けた家を目にした　/　しかし

survivors came out / and put their arms around him.//
生存者が出てきた　/　そして彼らの腕を彼に回した　//

単語チェック

□ dazed	形 呆然とした	□ soar	動 高く上昇する
□ recover	動 回復する	□ colleague	名 同僚
□ pain	名 痛み	□ survivor	名 生存者
□ mushroom	名 キノコ		

本文内容チェック　「原爆投下時の様子」

4 アメリカの爆撃機が広島の中心地に原爆を落としたとき，山口さんはそこから３キロの場所にいて，体の一部にひどい痛みを感じた。

5 大きなきのこ雲を見て，逃げなければならないと感じ，野原の木にたどり着いて見回すと，辺りのすべてのものが壊されていた。

6 山口さんは同僚に会うため，会社まで歩き続けることにした。到着すると，多くの被害を受けた家を目にしたが，そこから生存者が出てきて彼に腕を回した。

🎵 **読解のカギ**

② **The American bomber Enola Gay dropped it ...**
　　　　<u>　　　　　　　　　　</u>　<u>　　　</u>
　　　　　　　　　　　　=

➡ The American bomber と Enola Gay は同格の関係で，同じものを指している。

➡ it は前文①の an atomic bomb を指している。

③ **He lay dazed on the road for a moment.**
　　S　V　C(形容詞)

➡ <S+V+C> の文で，S = C(he = dazed) の関係である。lay は lie「横になる」の過去形，dazed は「呆然とした」という意味を表す。

⑤ **When he looked up at the sky, he saw a big mushroom cloud soaring high**
　　　　　　　　　　　　　　　　S　V　　　　O　　　　　　　　C

into the sky.

➡ <S+V+O+C>(第 5 文型)の文。V が知覚動詞 see の過去形で，C が現在分詞である。「O が C しているのを見た」という意味になる。　　　文法詳細 p.94 ▶

⑧ **He realized (that everything had been destroyed).**
　　S　V　　O　　(S')　　　　(V')

➡ <realize+that 節> で「~ということに気づく」という意味を表す。

➡ that 節の中は <had been+過去分詞> と過去完了形の受動態になっていて，主節の時制(過去形)よりも前に起きたこと (大過去) を表している。

🎵 **問1.** ___ **を埋めなさい。**

トムは私がその前の週に買ってあげたかばんをなくした。

Tom lost the bag that I ＿＿＿＿＿＿ ＿＿＿＿＿＿ for him the week before.

⑨ **He had never seen anything like it before.**
　　S　　V　　　　O

➡ 過去完了形 <had+過去分詞> の経験用法である。過去のある時点までの経験を表す。had never seen ~ before で「それまでに一度も~を見たことがなかった」という意味を表す。　　　文法詳細 p.92 ▶

🎵 **問2. 日本語にしなさい。**

He had never played baseball before he came to Japan.

(　　　　　　　　　　　　　　　　　　　　　　　　　　　　　　　)

⑩ **After he walked around, he decided to continue to his office (to meet his**
　　　　　　　　　　　　　S　　V　　　　O

colleagues).

➡ decide to *do* で「~することに決める」という意味を表す。

➡ to meet は to 不定詞の副詞的用法で「~に会うために」という意味になる。

🎵 **問の解答**　**問 1.** had bought　　**問 2.** 彼は日本に来るまで野球をしたことがなかった。

Scene ③

ポイント　長崎に戻ってきた山口さんに何が起きたか。

7 ① After Yamaguchi spent a night / in a shelter, / he thought / he must get back /
　　　山口さんが一夜を過ごした後　／　避難所で　／　彼は思った　　彼は戻らなければ
　　　　　　　　　　　　　　　　　　　　　　　　　　　　　　　　　　ならないと

to his young wife and their baby / in Nagasaki.// ② He managed to return there /
彼の若い妻と彼らの赤ん坊のもとへ　／　長崎の　　//　　　彼はどうにかそこへ戻った

on a train / the following day, / and he received treatment / for his burns / at a
　電車で　／　　　翌日　　／　そして彼は治療を受けた　／　彼のやけどの　／

hospital.//
病院で　//

8 ③ On August 9, / he returned / to his office / in Nagasaki.// ④ The left side of
　　　8月9日に　／　彼は戻った　／　彼の会社に　／　長崎の　　//　　彼の顔の左側と

his face and his left arm / were heavily bandaged.// ⑤ All his colleagues were
彼の左の腕は　　　　　／　厚く包帯が巻かれていた　//　　　　彼の同僚全員が唖然とした

stunned / but wanted very much to hear / about what had happened / in Hiroshima.//
　　　／　　しかしとても聞きたがった　／　何が起こったかについて　／　広島で　　//

⑥ When he told them / that just one bomb had totally destroyed Hiroshima, /
彼が彼らに話したとき　／　　たった1つの爆弾が広島を完全に破壊したということを

his boss said / it was absolutely impossible.//
彼の上司は　／　そんなことは絶対にあり得ないと　//
言った

9 ⑦ Suddenly, / a great flash filled the room.// ⑧ Yamaguchi had come back /
　　　突然　／　ものすごい閃光が部屋を満たした　//　　　山口さんは帰ってきた

to Nagasaki / alive, / only to face the same terrible fate there.//
　長崎に　／　生きて／　すぐにそこで同じ恐ろしい運命に直面する結果と　//
　　　　　　　　　　　なった

✓ 単語チェック

□ shelter	名 避難所		□ boss	名 上司
□ manage	動 どうにか〜する		□ absolutely	副 絶対に
□ treatment	名 治療		□ impossible	形 不可能な
□ heavily	副 大量に		□ flash	名 閃光
□ bandage	動 〜に包帯をする		□ alive	形 生きている, 生きた状態で
□ stunned	形 唖然としている		□ fate	名 (悪い) 運命
□ totally	副 完全に			

✓ 本文内容チェック　「広島から長崎に戻るまでの経緯と，長崎で起きたこと」

7 山口さんは広島の避難所で一夜を過ごした後，どうにか電車で妻と子のいる長崎に
　　戻り，傷の手当を受けた。

8 8月9日に長崎の会社に行き，広島での原爆体験を話した。

9 突然部屋を閃光が覆い，山口さんはまた同じ恐ろしい運命に直面した。

🎸 **読解のカギ**

① **After Yamaguchi spent a night in a shelter, he thought (he must get back to his young wife and their baby in Nagasaki).** (that)

➡ thought の後ろに接続詞の that が省略されている。

➡ that が省略されたその that 節内の時制は主節の thought と同じ過去形である。過去時制の従属節内の must は，過去形がないので現在形と同じ形で用いる。

⑤ **All his colleagues were stunned but wanted very much to hear about**
　　　　　　S　　　　　V　　　　　　　　V₂　　　　　　　O₂
(what had happened in Hiroshima).

➡ stunned は「唖然としている」という意味の形容詞だが，stun「～を唖然とさせる」の過去分詞と解釈することもできる。

➡ wanted very much to hear は「～したいと思う」という意味の want to *do* を very much で修飾して意味を強めた形である。

➡ what が導く名詞節が about の目的語になっている。what 節は「何が[を，に]～するか(ということ)」という意味になる。

➡ what 節の中の had happened は過去完了形で，主節の時制(過去形)よりも前に起こったこと(大過去)を表している。　　　文法詳細 p.93 ▶

⑥ **When he told them (that just one bomb had totally destroyed Hiroshima),**
　　　　S　V　　O₁　＝　　　　　　　　　　O₂
his boss said (it was absolutely impossible).
　　　　　(that)

➡ when 節の中は第4文型の <tell+O+that 節> となっており，「O(人)に～と言うとき」という意味になる。

➡ impossible の im- は接頭辞といい，b, m, p で始まる語の前に付いて「不…」「非…」「無…」という意味を表す。

⑧ **Yamaguchi had come back to Nagasaki alive, only to face the same**
　　S　　　　　V　　＝　　　　　　　C
terrible fate there.

➡ 過去完了形 <had+過去分詞> の完了用法の文。過去のある時点までに完了した動作や行為を表す。

➡ alive は「生きている，生きた状態で」という意味の形容詞である。

➡ only to *do* は「すぐに～する結果となる」という意味で，良くない結果を表す。

➡ the same terrible fate は「同じ恐ろしい運命」という意味で，広島で被爆したのと同じ運命であることを言っている。

🎵 **問. 日本語にしなさい。**

When I arrived there, his speech had already finished.

(　　　　　　　　　　　　　　　　　　　)

🎸 **問の解答** 問. 私がそこに到着したとき，彼のスピーチはすでに終わっていた。

Scene ④

ポイント   山口さんは自分のつらい体験を通して何を感じ，どのような人生を歩んだのか。

10 ① Yamaguchi survived two atomic bomb attacks, / but he suffered / physically
　　　　山口さんは２つの原爆攻撃を生き残った　　　　　/ しかし彼は苦しんだ　/　肉体的

and mentally / from the two bombings.// ② He lost his wife and son / from the after-effects /
そして精神的に /　その２回の爆撃のせいで //　彼は妻と息子を亡くした　/　　後遺症で　　/

of the bombing.// ③ Eventually, / he began to feel / it was his destiny and duty to talk /
　爆撃の　　//　　最終的に　/　彼は感じ始めた　/ 話すことが彼の宿命そして義務であると /

about his painful experiences / in public.// ④ He wrote books / about his experiences.//
　彼のつらい経験について　　/　人前で //　彼は本を書いた　/　彼の体験についての //

⑤ He appeared / in a movie / about survivors.// ⑥ At age 90, / he even gave a
　彼は出演した　/　映画に　/　生存者についての //　　90歳のとき /　彼は演説を行いさ
　　えもした

speech / at the United Nations / in New York: / "I experienced the bomb twice.//
　　/　国際連合で　　/ニューヨークにある /　「私は爆弾を２度体験した　//

⑦ I sincerely hope / that there will be no third one."//
　私は心から願う　/　　３度目がないことを」と　//

11 ⑧ He also wrote a letter / to then US President Barack Obama / after he gave
　　　　彼はまた手紙を書いた　/　当時のアメリカ大統領のバラク・オバマに　/　　彼が演説を

a speech / in Prague / in 2009 / and promised / to work / for peace, / a world /
行った後 /　プラハで /　2009年 / そして約束した /　働くことを /　平和のた /　世界　/
　　　　　　　　　　　　に　　　　　　　　　　　　　　　　　　　　めに

without nuclear arms.// ⑨ Yamaguchi's letter said, / "I was so moved / by your
　核兵器のない　　//　山口さんの手紙は述べていた　/　「私はとても感動した /　あなたの

speech / in Prague.// ⑩ I'll also spend the rest of my life / telling the world /
演説に /　プラハでの //　　私もまた自分の残りの人生を費やすつもりだ /　世界に伝えることに /

to give up nuclear arms."//
　核兵器を手放すように」と　//

12 ⑪ Yamaguchi was once asked / if he felt any hope / about the future.// ⑫ After
　　　　山口さんはかつてたずねられた　/ 彼が希望を感じる /　未来について //　　After
　　　　　　　　　　　　　　　　　　　　　かどうかを

a pause, / he said, / "I have hope / for the future.// ⑬ I believe in love and in
沈黙の後 /　彼は　/ 「私は希望を /　未来に //　　私は愛と人間を信じている
　　　　　言った　　持っている

human beings."// ⑭ In his last year, / he also said, / "I've done my duty."//
から」と　//　　彼の最後の年に　/ 彼はまた言った / 「私は義務を果たした」と //

⑮ Yamaguchi passed away quietly / in Nagasaki / at the age of 93.// ⑯ His hope
　山口さんは静かに息を引き取った　/　長崎で /　93歳のときに //　　彼の願い

remains / in us all.//
は残る /　私たち //
　　　　　皆の中に

☑ 単語チェック

□ suffer	動 苦しむ，悩む	□ duty	名 義務
□ physically	副 肉体的に	□ painful	形 つらい，苦痛な
□ mentally	副 精神的に	□ sincerely	副 心から
□ bombing	名 爆撃	□ nuclear	形 原子力の
□ after-effect	名 後遺症	□ pause	名 休止，中断
□ eventually	副 最終的に	□ quietly	副 静かに
□ destiny	名 宿命，さだめ		

✓ 本文内容チェック 「奥さんと息子さん亡き後の山口さんの人生」

10 奥さんと息子さんの死後，山口さんは公の場で自分のつらい体験を語り始めた。

11 アメリカ大統領バラク・オバマのプラハでの演説を聞き，彼に核兵器のない世界の実現を訴える手紙を送った。

12 未来について質問を受けた際，「希望を持っている」と答え，彼の最後の年には「義務を果たした」と話していた。93 歳で永眠したが，彼の願いは皆の中に残るだろう。

🔑 読解のカギ

③ **Eventually, he began to feel (**(that)**it was his destiny and duty to talk about his**

形式主語 ← 真の主語

painful experiences in public).

➡ begin to *do* は「〜し始める」という意味を表す。

➡ it は形式主語で，真の主語は to talk の to 不定詞句である。

➡ in public は「人前で」という意味を表す。

⑧ **He also wrote a letter to then US President Barack Obama (after he gave a speech in Prague in 2009 and promised to work for peace, a world {without nuclear arms}).**

➡ then は形容詞で，「当時の，その時の」という意味を表す。

➡ give a speech は「演説 [スピーチ] をする」という意味を表す。

➡ promise to *do* は「〜することを約束する」という意味を表す。

➡ コンマ (,) 以降は，peace の具体的な説明である。

⑩ **I'll also spend the rest of my life telling the world to give up nuclear arms."**

V / O

➡ spend *A do*ing で「A を〜して過ごす」という意味を表す。

⑪ **Yamaguchi was once asked (if he felt any hope about the future).**

➡ <ask+*A*+if 節 > は「A に〜かどうかたずねる」という意味を表す。ここでは *A* was asked と，受動態の過去形になっている。この if は whether と交換可能である。

🗝 TRY1 Overview ❗ヒント

You are writing a story review. Complete the outline.
(あなたは物語のレビューを書いています。概要を完成させなさい。)

Beginning →第1パラグラフ
Middle　　→第2〜11パラグラフ
Ending　　→第12パラグラフ
ⓐ 山口さんは体の左側にひどい痛みを感じた。
ⓑ 山口さんは会社へ行く途中で，爆撃機から落ちる2つのパラシュートを見た。
ⓒ もう一度，大きな閃光があった。
ⓓ 山口さんは1回目の原爆で大きな衝撃を受けて気を失った。
ⓔ 山口さんは家族の死後，自身の経験について公の場で話すことを始めた。
ⓕ 山口さんは翌日，長崎行きの電車に乗った。

🗝 TRY2 Main Idea ❗ヒント

Mark the main idea M and the statement that are too narrow N.
(話の本旨になるものにはMを，限定的すぎる記述にはNの印を書きなさい。)

1 山口さんは2度の原子爆弾攻撃を生き抜き，そしてもう核戦争が起こらないことを望んだ。
2 広島と長崎で多くの人が命を落とした。
3 バラク・オバマはプラハで原子爆弾に反対する演説を行った。

🗝 TRY3 Details ❗ヒント

Choose the best answer. (最も適切な答えを選びなさい。)
Scene 1
1 山口さんがうれしい気持ちで目覚めた朝はどういった日だったか考える。
　→ 教p.58, ℓℓ.1〜2
2 山口さんが会社へ行く途中で目にしたものについて考える。　→ 教p.58, ℓℓ.8〜10
Scene 2
3 エノラ・ゲイが原子爆弾を落とした場所と山口さんとの距離を考える。
　→ 教p.58, ℓℓ.11〜12
4 山口さんが目にした爆撃後の家々の様子を考える。　　　→ 教p.58, ℓℓ.20〜21
Scene 3
5 広島での爆撃の次の日，山口さんはどうやって長崎へ戻ったか考える。
　→ 教p.58, ℓℓ.22〜24
6 山口さんが広島での体験を話しているときに起こったことについて考える。
　→ 教p.58, ℓℓ.27〜30
Scene 4
7 山口さんと2回の原子爆弾攻撃の関係を考える。　　　→ 教p.59, ℓℓ.1〜2
8 山口さんは世界に何を伝えるために残りの人生を使ったのか考える。
　→ 教p.59, ℓℓ.10〜12

🔵 TRY4 Deeper Understanding ⓘ ヒント

Discuss the following with your partner.
(次のことについてパートナーと話し合いなさい。)

1 例 A: I think it is because he wanted to spend time with his wife and son while they were alive, and, after they died, he spent the time sharing his experiences.

B: I see. My opinion is that his family's death made him think more strongly that there should not be people who die from atomic bombs.

2 例 A: I realized that I don't know much about the war from reading this story. So, I want to read some books about the war.

B: That's a good idea. We can also learn a lot from movies about it.

A: I hope we can hear about people's actual experiences.

B: Yeah. That's the best way to learn about war experiences.

🖥 TRY5 Retelling ⓘ ヒント

例 Scene 1 For Yamaguchi Tsutomu, August 6, 1945 was his last day in Hiroshima. On the way to his office, he saw a bomber drop two parachutes. After that, there was a ball of fire, which knocked him unconscious.

Scene 2 It was an atomic bomb dropped 3 km away from Yamaguchi. He was dazed, and had to lie down for a moment. When his head cleared, he felt terrible pain. Then he saw a mushroom cloud in the sky. When he came to a field, he saw a terrible scene in which everything had been destroyed. He walked to his office, and the survivors came out to give him a hug.

Scene 3 The next day, he left for Nagasaki on a train to meet his wife and son. After arriving at Nagasaki, he went to a hospital for burn treatment. He also went to his office with his face and arm bandaged, and told his colleagues about his experience in Hiroshima. At that time, there was a great flash from an atomic bomb. He suffered the same fate in Nagasaki.

Scene 4 Yamaguchi survived two atomic bombings. He felt it was his destiny to talk about his painful experiences in public. He wrote books and appeared in a movie about war experiences. He also made a speech at the United Nations. As he was moved by Barak Obama's speech in Prague, he sent Obama a letter. In an interview, he said he believed in love. Later, he also said he had done his duty. He has already passed away, but his hope must remain in our minds.

📖 **Language Function**

❶ had *done* (Past perfect)　過去完了形

過去完了形は，<had+ 過去分詞> の形で表し，過去のある時点を基準にして，現在完了と同じ完了・経験・継続の意味を表す。

過去完了形は，過去のある時点よりもさらに前に起こった事柄を表すことができる。その時制を「**大過去**」と呼ぶ。

完了

1. When I came home, my brother **had eaten** all the ice cream.
　　　　基準となる過去の時点

(私が帰宅したときには，弟がアイスクリームを全部食べてしまっていた。)

2. He **had spent** three months designing ships.

(彼は船を設計することに３か月を費やしていた。)

➡ 過去完了形の完了用法は，「～して (しまって) いた」などのように，**過去のある時点までの動作・行為が完了していた**ことを表す。1 の文では，when 節の時点までに主節の動作が完了している。

経験

3. Before I went there last year, I **had traveled** in France three times.
　　　　　　基準となる過去の時点

(去年そこへ行く以前に，私は３回フランス旅行に行ったことがあった。)

4. He **had** never **seen** anything like it before.

(彼はかつてそのようなものを一度も見たことがなかった。)

➡ 過去完了形の経験用法は，「～したことがあった」と，**過去のある時点までの経験**を表す。3 の文では，before の導く節の時点までの経験を表している。4 の文は had never seen ... before で「(過去のある時点で) かつて一度も…を見たことはなかった = 初めて見た」ということになる。

継続

5. She **had played** soccer for eight years until she became a teacher.
　　　　　　　　　　　　　　　　　基準となる過去の時点

(彼女は教師になるまで，８年間サッカーをしていた。)

6. She **had been** ill in bed for three days when I called her.
　　　　　　　　　　　　　　　基準となる過去の時点

(私が電話をしたときには，彼女は３日間病気で寝込んでいた。)

➡ 過去完了形の継続用法は，「ずっと～だった」と，**過去のある時点まで出来事が継続していた**ことを表す。5 の文では until の導く節の時点まで「サッカーをする」ことが続いていたことを表し，6 の文では when 節の時点まで「病気で寝込む」ことが続いていたことを表している。

大過去

7. He realized that he **had forgotten** his seal. (彼はハンコを忘れていることに気づいた。)
   主節は過去形　　that 節 (= 従属節) は過去完了形

8. They wanted to hear about what **had happened** in Hiroshima.
   　　　　　　　主節は過去形　　　　　　what 節 (= 従属節) は過去完了形

   (彼らは広島で何が起こったのかについて聞きたがった。)

➡ 過去の2つの出来事の起こった順番を比べる場合には過去完了形を使う。その場合は, 先に起こった出来事を過去完了形, 後に起こった出来事を過去形にすることで, 前後関係を表す。

+ α

過去の期待や願望が実現しなかった含みを持つ過去完了形

We **had hoped** that you would win the game.
(私たちはあなたがその試合に勝つことを望んでいたのですが (勝てなかった)。)

➡ 過去完了形は, 実際には実現しなかった過去の期待や願望を表すために用いられることがある。

➡ この意味で用いられる動詞には, expect(期待する), hope(望む), intend(意図する), think(考える), want(求める)などがある。

➡ We hoped that you would win the game. という過去形の文では, 望みが実現したかどうかということはわからない。

時制の一致で過去完了形を用いる場合

I said, "I knew that." (私は「それはわかっていた」と言った。)

I said I **had known** that. (私は, それはわかっていたと言った。)

➡ 上の直接話法の文では, said が表す過去の時点よりさらに過去を表す knew を用いているので, 下の間接話法にする場合には過去完了形で said の時点より過去であることを表す。

Qヒント　Talk about any sport or musical instrument you had played before you entered high school.
(あなたが高校へ入学する以前にしたことがあるスポーツ, または演奏したことがある楽器について話しなさい。)

「高校入学」という過去よりも前のことを話すには, 過去完了形を用いて「〜したことがある」や「〜していた」などと表現すればよい。

2 see/hear/feel+N+*do*/*doing*/*done*　知覚動詞

知覚動詞は feel，hear，see，watch など，知覚を表す動詞で，<S+V+O+C(原形不定詞・分詞)> の**第5文型**になる。

V(知覚動詞)+O+C(原形不定詞)

1. I **felt** something **touch** my leg.
   (私は何かが足に触れるのを感じた。)

   ➡ 補語が原形不定詞の場合は「**～するのを**(感じる・聞く・見る)」という意味になる。
   ➡ feel「～を感じる」は知覚動詞。原形不定詞 touch は「～に触れるのを」という意味になる。

V(知覚動詞)+O+C(現在分詞)

2. He **saw** a bomber **flying**.
   (彼は爆撃機が飛んでいるのを見た。)
3. He **saw** a big mushroom cloud **soaring** high into the sky.
   (彼は大きなきのこ雲が空高く昇っているのを見た。)

   ➡ 補語が現在分詞の場合は「**～しているのを**(感じる・聞く・見る)」という意味になる。
   ➡ see「～を見る」は知覚動詞。2の文の現在分詞 flying は「飛んでいるのを」という意味になる。3の文の現在分詞 soaring は「高く昇っているのを」という意味になる。

V(知覚動詞)+O+C(過去分詞)

4. She **heard** her name **called** in a hospital.
   (彼女は病院で自分の名前が呼ばれるのを聞いた。)

   ➡ 補語が過去分詞の場合は「**～されるのを** (感じる・聞く・見る)」という受け身の意味になる。
   ➡ hear「～を聞く」は知覚動詞。過去分詞 called は「呼ばれるのを」という意味になる。

Qヒント　Describe each picture with the given words and either *see*, *hear* or *feel*.
(それぞれの絵を与えられた語句と，see か hear か feel を使って説明しなさい。)

A 絵の中の警察官の視点で，「2人の女性が急いでバスに乗っているのを見た」などの意味の文にする。
B 絵の中の女性の視点で，「電話で話をしていたとき，誰かが肩をたたくのを感じた」などの意味の文にする。

Speaking ❶ヒント

Warm-up dialogue: Explain a graph

1つ目の空所のある発言より前の発言で，「それ（＝棒グラフ）は何を示しているのですか」と聞いているので，1つ目の空所を含む文は，グラフが何を示すものかを説明していると考えられる。2つ目の空所を含む文の後半は，「それはこの5年間増え続けています」とグラフの内容の説明になっている。よって，2つ目の空所には「～によると」などの意味の表現が入ると考えられる。

A: この棒グラフを見てください。

B: それは何を示しているのですか。

A: 日本に来ている人の数＿＿＿＿＿＿＿＿。グラフ＿＿＿＿＿＿＿＿，それはこの5年間増え続けています。

B: そのことは，ますます多くの人たちが日本に興味を持っていることを意味していますか。

Discussion

自分の義務を伝える表現：

　　My duty is to *do*. (私の義務は～することだ)，

　　It is my duty to *do*. (～するのが私の義務だ)

自分の意見を伝える表現：

　　My opinion is that ～ .(～というのが私の意見だ)

　　In my opinion, ～ . (私の意見では，～)

Writing ❶ヒント

例の訳

　　私は本を読むことが平和について考える助けになると思います。私は山口彊<ruby>彊<rt>つとむ</rt></ruby>さんについて読み，そして彼のお話は私に平和の重要性を教えてくれました。彼は原爆が落とされたときに広島と長崎にいましたが，両方の爆撃を生き延びました。彼は，それがつらいものであっても，自身の経験について語りました。私は妹に彼の話について伝え，そして私たちはその戦争についてもっと学ぶ必要があると思いました。

📝 定期テスト予想問題 解答 ➡ **p.98**

1 日本語の意味に合うように, ＿＿＿に適切な語を入れなさい。

(1) 私はその本を読むのに1か月を費やした。

I ＿＿＿＿＿＿ a month ＿＿＿＿＿＿ the book.

(2) 彼女は85歳で亡くなった。

She ＿＿＿＿＿＿ ＿＿＿＿＿＿ at the age of 85.

(3) できるだけ早くおじいさんとおばあさんに会いに行きなさい。

Go and see your grandparents ＿＿＿＿＿＿ ＿＿＿＿＿＿

＿＿＿＿＿＿ ＿＿＿＿＿＿.

2 日本語に合うように, ( )内の語を適切な形に変えて＿＿＿に入れなさい。

(1) 私はその部屋に誰かが入っていくところを見た。

I saw someone ＿＿＿＿＿＿ that room.　　　　　　　　　(enter)

(2) 私が家に着いたとき, 母は出かけてしまっていた。

My mother had ＿＿＿＿＿＿ out when I got home.　　　(go)

(3) 彼女は彼のことばに救われたように感じた。

She felt ＿＿＿＿＿＿ by his words.　　　　　　　　　　(save)

(4) 誰かが私を呼んでいるのが聞こえた。

I heard someone ＿＿＿＿＿＿ me.　　　　　　　　　　(call)

3 日本語に合うように, ( )内の語句を並べかえなさい。

(1) その都市に到着したときには, 私はその有名な博物館を通り過ぎていた。

I (at / passed / the famous museum / had / when / through / I arrived / the city).

I ＿＿＿＿＿＿＿＿＿＿＿＿＿＿＿＿＿＿＿＿＿＿＿＿＿.

(2) 私は彼が英語を話すのを聞いたことがない。

(speak / I / heard / never / English / have / him).

＿＿＿＿＿＿＿＿＿＿＿＿＿＿＿＿＿＿＿＿＿＿＿＿＿.

(3) 私は父が家に帰ってくるまで3時間ゲームをしていた。

(three hours / had / home / played / my father / until / for / the game / came / I).

＿＿＿＿＿＿＿＿＿＿＿＿＿＿＿＿＿＿＿＿＿＿＿＿＿.

4 次の英語を日本語に訳しなさい。

(1) I saw Julia practicing the piano after school.

(　　　　　　　　　　　　　　　　　　　　　　　　　　　　)

(2) I had never seen him before, so I didn't know who he was.

(　　　　　　　　　　　　　　　　　　　　　　　　　　　　)

5 次の英文を読んで，あとの問いに答えなさい。

On the last day of his assignment, he took a bus to the office, but he realized that he ①(　　)(　　) his seal for stamping documents.　He returned to the company house to get ②it and left again for the office, this time by train.

When he was walking from the station to the office, ③he saw a bomber flying and then two white parachutes falling.　Suddenly, there was a terrible "ball of fire," and ④he (　　)(　　)(　　).

(1) 下線部①が「～を忘れてしまっていた」という意味になるように，(　)に適切な語を入れなさい。

　　＿＿＿＿＿＿＿　＿＿＿＿＿＿＿

(2) 下線部②が指すものを本文中から 2 語で抜き出しなさい。

　　＿＿＿＿＿＿＿＿＿＿

(3) 下線部③の英語を日本語に訳しなさい。

　　(　　　　　　　　　　　　　　　　　　　　　　　　　　　　　　)

(4) 下線部④が「彼は強い衝撃を受けて気を失った」という意味になるように，(　)に適切な語を入れなさい。

　　he ＿＿＿＿＿＿＿　＿＿＿＿＿＿＿　＿＿＿＿＿＿＿

6 次の英文を読んで，あとの問いに答えなさい。

Yamaguchi survived two atomic bomb attacks, but ①he suffered physically and mentally from the two bombings.　He lost his wife and son from the after-effects of the bombing.　Eventually, he began to feel it was his destiny and duty to talk about his painful experiences ②(　　) public.　He wrote books about his experiences.　He appeared in a movie about survivors.　At age 90, ③he (gave / the / New York / speech / in / at / even / United Nations / a): "I experienced the bomb twice.　I sincerely hope that there will be no third one."

(1) 下線部①の英語を日本語に訳しなさい。

　　(　　　　　　　　　　　　　　　　　　　　　　　　　　　　　　)

(2) 下線部②が「人前で」という意味になるように，(　)に適切な語を入れなさい。

　　＿＿＿＿＿＿＿ public

(3) 下線部③が「彼はニューヨークにある国際連合で演説を行いさえした」という意味になるように，(　)内の語句を並べかえなさい。

　　he ＿＿＿＿＿＿＿＿＿＿＿＿＿＿＿＿＿＿＿＿＿＿＿＿＿＿＿

Nine Who Survived Hiroshima and Nagasaki: Personal Experiences of Nine Men Who Lived through both Atomic Bombings by Robert Trumbull. Copyright © 1957, renewed 1985 by Robert Trumbull. Used by permission of Dutton, an imprint of Penguin Publishing Group, a division of Penguin Random House LLC.

定期テスト予想問題　解答　pp.96~97

1　(1) spent, reading　　(2) passed away　　(3) as soon as possible

2　(1) entering　(2) gone　(3) saved　(4) calling

3　(1) (I) had passed through the famous museum when I arrived at the city(.)
　(2) I have never heard him speak English(.)
　(3) I had played the game for three hours until my father came home(.)

4　(1) 私は放課後ジュリアがピアノを練習しているのを見た。
　(2) それまで彼に会ったことがなかったので, 私は彼が誰だかわからなかった。

5　(1) had forgotten　　(2) his seal
　(3) 彼は1機の爆撃機が飛んでいて, それから2つの白いパラシュートが落ちていくのを見た
　(4) was knocked unconscious

6　(1) 彼は肉体的そして精神的にその2回の爆撃のせいで苦しんだ
　(2) in
　(3) (he) even gave a speech at the United Nations in New York

解説

1　(1) <spend+時間+doing> と, 動詞の -ing 形にすることに注意する。

2　(1) <S+V+O+C> の文。「~しているところ」なので, 現在分詞にする。
　(2) 主節を過去完了形 <had+ 過去分詞> にする。
　(3) <S+V+C> の文。「~された」なので過去分詞にする。　(4) <hear+O+C(現在分詞)> で「O が C しているのが聞こえる」という意味になる。

3　(1) 過去の出来事より前に「~していた」は過去完了形で表す。
　(2) <hear+O+C(原形不定詞)> で「O が C するのを聞く」という意味を表す。
　(3) 過去のある時点まで「~していた」は過去完了形で表す。

4　(1) <see(知覚動詞)+O+C(現在分詞)> は「O が C しているのを見る」と訳す。
　(2) <had never+過去分詞> は「それまでに~したことがなかった」という意味の過去完了形の文。

5　(1) realized という過去の時点より前のことなので, 過去完了形 had forgotten とする。「~を忘れる」を表す forget は forgot — forgotten と不規則に変化することに注意する。　(3) <S+V(知覚動詞の see)+O+C(現在分詞)> の文。「O が C しているのを見る」となる。　(4)「A が強い衝撃で気を失う」は A is knocked unconscious で表す。

6　(1) suffer from A は「A に苦しむ」という意味を表す。　(2)「人前で」は in public で表す。　(3)「演説を行う」は give a speech で表す。「~さえ」を表す even は強調する語の前に置くので,「行いさえした」という日本語を参考にして動詞の前に置く。

Lesson 5 Nobody's Perfect

Nobody's Perfect: Two Men, One Call, and a Game for Baseball History by Armando Galarraga, Jim Joyce, and Daniel Paisner. Copyright © 2011 by Armando Galarraga, Jim Joyce, and Daniel Paisner. Used by permission of Grove Press, an imprint of Grove/Atlantic, Inc.

単語・熟語チェック

Scene ❶

go crazy	熟 熱狂する	I **went crazy** over the soccer game last night. 私は昨夜のサッカーの試合で熱狂した。
completely	副 完全に，徹底的に	I'm afraid that you are **completely** wrong. 申し訳ないですが，あなたは完全に間違っています。
crazy	形 熱狂した	The actor was attacked by a **crazy** fan. その俳優は熱狂したファンに襲撃された。
cheer	動 応援する	The audience was **cheering** in a loud voice. 観客は大きな声で応援していた。
historic	形 歴史的に有名な	That was a **historic** moment for Japanese baseball. それは日本の野球界にとって歴史的瞬間だった。
league	名 連盟，リーグ	He is now playing Major **League** Baseball. 彼は今，メジャー・リーグでプレーしている。
pitcher	名 投手	He is my favorite **pitcher**. 彼は私のお気に入りの投手だ。
be one out [two outs, etc.] away from a perfect game	熟 完全試合まであとワンアウトである	They were excited to **be one out away from a perfect game**. 彼らは完全試合まであとワンアウトであることに興奮していた。
pitch	動 ～で投手をする	Did anyone **pitch** a perfect game last season? 前シーズンで誰か完全試合を投げた人はいましたか。
opposing	形 対立する，反対の	We got twice as many points as the **opposing** team. 私たちは対抗チームの2倍の点を取った。
batter	名 打者	The next **batter** is my brother. 次の打者は私の兄[弟]だ。
dream of [about] A	熟 A を夢見る	She is **dreaming of** being a singer. 彼女は歌手になることを夢見ている。

Scene ❷

expect	動 ～を予期する	That was not the answer I was **expecting**. それは私が予期していた答えではなかった。
a ground ball	熟 (野球の)ゴロ	She hit **a ground ball** to second base. 彼女は2塁にゴロを打った。
brief	形 短時間の	The train will make a **brief** stop at the next station. 電車は次の駅で短時間停車する。

teammate	名 チームメイト	I was encouraged to try again by my **teammates**. 私はもう一度やってみるようチームメイトに励まされた。
umpire	名 審判員	There are three **umpires** for this game. この試合には3人の審判員がいる。
make a call	熟 判定を下す	I can say we **made a** good **call**. 私たちは正しい判定を下したと言える。
spread out A / spread A out	熟 A を広げる	My mother **spread out** a blue cloth on the table. 私の母はテーブルに青い布を広げた。
say A to oneself	熟 ひとりごとで A と言う	"I'm OK," I **said to myself**. 「私は大丈夫」と私はひとりごとを言った。
do nothing but do	熟 ただ~するだけである	We could **do nothing but** wait for our teacher. 私たちはただ先生を待つことしかできなかった。

Scene ❸

locker	名 ロッカー	You can take my dictionary from my **locker**. 私のロッカーから辞書を持っていっていいですよ。
replay	名 リプレイ	Let's take a look at the **replay** now. では，リプレイを見てみましょう。
devastated	形 打ちひしがれた	Everyone was **devastated** by the news. みんながそのニュースに打ちひしがれた。
slump	動 落ちる，倒れる	He **slumped** back in the chair. 彼は後ろのいすに倒れるように座り込んだ。
drop one's head into one's hands	熟 頭を抱え込む	She **dropped her head into her hands** and cried. 彼女は頭を抱え込んで泣いた。
can't [cannot] stop doing	熟 ~せずにはいられない	This movie is so funny that I **can't stop laughing**. この映画はとてもおかしいので笑わずにはいられない。
dozen	名 12個，ダース	We need a **dozen** eggs. 卵が12個必要だ。
dozens of A	熟 数十の A	There were **dozens of** people at the entrance. 入口には数十人の人がいた。
on the other side of A	熟 A の反対側に	Jake's house is **on the other side of** this river. ジェイクの家はこの川の反対側にある。
admit	動 ~を認める	He finally **admitted** his mistake. 彼はやっと自分の間違いを認めた。
apologize	動 謝罪する，謝る	You should **apologize** to Liz. あなたはリズに謝るべきだ。

Scene ❹

by oneself	熟 ひとりで	My grandmother lives **by herself**. 祖母はひとりで暮らしている。
veteran	形 老練な，ベテランの	A **veteran** coach is leading their team. ベテランコーチが彼らのチームを率いている。
with tears (in one's eyes)	熟 目に涙をためて	He said, "I'm sorry," **with tears in his eyes**. 彼は目に涙をためて「すみません」と言った。
my God	熟 まあ，大変	**My God**, I left my phone somewhere. 大変，電話をどこかへ置いてきちゃった。
back and forth	熟 前後に	She was moving her head **back and forth** to the music. 彼女はその音楽に合わせて頭を前後に動かしていた。
forth	副 前へ，外へ	Several students came **forth** from the audience. 何人かの生徒が聴衆の中から前へ出てきた。
give A a hug	熟 A を抱擁する，ハグする	Can I **give** you **a hug**? ハグしていい？
hug	名 抱擁，ハグ	They were welcomed with **hugs**. 彼らはハグで歓迎された。
stuff	名 (特定のものを指さない)もの	I really don't want to eat that **stuff**. 私はそういうものは本当に食べたくない。
calmly	副 冷静に，静かに	I tried to behave **calmly**. 私は冷静に振る舞うよう努めた。
instead of A	熟 A の代わりに	**Instead of** my uncle, I did the job. おじの代わりに私がその仕事をした。
exchange	動 ～を交換する	Those two players **exchanged** uniforms. その2人の選手はユニフォームを交換した。
lineup	名 (選手の)陣容	The team will return with a new **lineup** this season. そのチームは新しい陣容で今季戻ってくるだろう。
a lineup card	熟 打順表，ラインアップカード	This is the **lineup card** for today's game. これが今日の試合のラインアップカードだ。
shake hands (with A)	熟 (A と)握手をする	A fan tried to **shake hands with** the singer. 1人のファンがその歌手と握手をしようとした。
run down	熟 流れ落ちる	Raindrops are **running down** the window. 雨粒が窓を流れ落ちている。
crowd	名 群衆	The **crowd** cheered the president's speech. 群衆は大統領のスピーチに歓声をあげた。

Scene ❶

┏**ポイント**　2010年6月2日の試合は，ガララーガにとってどんなものだったか。

1

① 6月2日に / 2010年の / 野球ファンたちは / コメリカ・パークの / ホームスタジアムである / デトロイト・タイガースの / 完全に熱狂していた //

② 彼らは応援していた / ウェイブしていた / そして飛び跳ねていた / 上下に //

③ 彼らは歴史的瞬間を見ていた / メジャー・リーグ野球における //

④ デトロイト・タイガースの投手 / アーマンド・ガララーガは / 完全試合まであとワンアウトだった / クリーブランド・インディアンズとの対戦で //

⑤ 完全試合を投げることは / 試合である / 投手がひとつのヒットも許さない / ひとつの得点も / ひとりの敵チームのバッターも / 1塁にたどり着くのを / すべての投手が夢見ることである //

⑥ 134年の歴史の中で / メジャー・リーグ野球の / たった20人だけしか公式の完全試合を投げていなかった //

⑦ それは最高の試合だった / ガララーガがそれまで投げた中で / しかし彼は終わっていなかった //

⑧ まだもうひとりクリーブランドの打者がいた / 彼が向き合わなければならなかった //

※教科書の英語本文を参照しながら学習してください。

☑ 単語チェック

□ completely	副 完全に，徹底的に	□ pitcher	名 投手
□ crazy	形 熱狂した	□ pitch	動 ～で投手をする
□ cheer	動 応援する	□ opposing	形 対立する，反対の
□ historic	形 歴史的に有名な	□ batter	名 打者
□ league	名 連盟，リーグ		

✓ 本文内容チェック　「ガララーガが投げた2010年6月2日の歴史的な試合」

1 2010年6月2日の試合で，デトロイト・タイガースのガララーガ投手は完全試合まであとワンアウトのところまで来ていた。完全試合を投げた投手はメジャー・リーグの歴史の中で20人しかいなかった。それはガララーガにとって最高の試合だったが，彼には向き合わなければならない打者があと1人いた。

🔑 読解のカギ

① (On June 2, 2010), baseball fans in Comerica Park, the home stadium of
　　　　　　　　　　　　　　　　　　　　　　　　　└──────┘
　　　　　　　　　　　　　　　　　　　　　　　　　　　　＝

the Detroit Tigers, were going completely crazy.

➡ the home stadium of the Detroit Tigers は直前の Comerica Park の具体的な説明になっている。

➡ go crazy は「熱狂する」という意味を表す。「完全に」という意味の副詞の completely が修飾している。

⑤ **Pitching a perfect game—a game (in which a pitcher allows no hits, no**
　動名詞　　　　　　　　　　　　　　　　　　　　　　　　　　　(O₁)

runs, and no opposing batter to reach first base)—is (what every pitcher
　(O₂)　　　　　　(O₃)　　　　to 不定詞　　　　　　関係代名詞

dreams of).

➡ Pitching は動名詞で，動名詞句の Pitching a perfect game が文の主語である。

➡ ダッシュ(—)で挟まれた a game ... base の部分は，a perfect game の具体的な説明になっている。

➡ 目的格の関係代名詞 which に導かれている節 in which a pitcher allows no hits, no runs, and no opposing batter to reach first base が，先行詞 a game について説明している。ここでは関係代名詞は前置詞 in の目的語の役割をしている。

➡ <allow+A(+to 不定詞)> は「A(が～するの)を許す」という意味を表す。ここでは allows の目的語が3つ並んでいる。

➡ what は先行詞を含む関係代名詞である(what=the thing(s) that [which])。what every pitcher dreams of は「すべての投手が夢見ること」という意味で，文の補語になっている。

　　　　　　　　　　　　　　　　　　　　　　　　　文法詳細 p.112

⑥ **In the 134-year history of Major League Baseball, only 20 pitchers had thrown official perfect games.**

➡ had thrown は <had+過去分詞> の形で過去完了形になっている。この話の試合があった June 2, 2010 の時点で完了していることを表している。

⑦ **It was the best game (Galarraga had ever pitched), but he was not finished.**
　　　　　　　　　　　whitch[that]

➡ game の後ろに目的格の関係代名詞の which[that] が省略されていて, (which[that]) Galarraga had ever pitched が the best game について説明している。この the best game のように先行詞が最上級の場合，関係代名詞は that がよく使われる。

➡ had ever pitched は <had(+ever)+過去分詞> の形で，現在完了形の経験用法になっている。June 2, 2010 の時点までに「投げたことがあった」という意味。

⑧ **There was still one more Cleveland batter (he had to face).**
　　　　　　　　　　　　　　　who(m)[that]

➡ batter の後ろに目的格の関係代名詞の who(m)[that] が省略されていて, (who(m) [that]) he had to face が Cleveland batter について説明している。

➡ had to *do* は have to *do* の過去形で，「～しなければならなかった」という意味を表す。

Scene ❷

ポイント　ガララーガが完全試合を達成したと思ったとき，何が起きたか。

2

① ガララーガは球を投げた / そしてそれは球だった / 打者が予期していた //

② 彼は強い当たりのゴロを打った / 右側へ / そして急いだ / 一塁に //

③ しかし / 球は止められた / そして投げられた / 一塁へ //

④「よし, / 完全試合だ！」と / ガララーガは思った //

⑤ それはほんの短い間だった / しかし彼は祝っていた / 心の中で //

⑥ ガララーガにはチームメイトたちが跳び上がって祝い始めるのが見えた //

⑦ 彼には彼らの興奮した顔が見えた //

⑧ まさに次の瞬間 / しかし / すべてが止まった //

⑨ 投手は一塁の審判であるジム・ジョイスが判定を下すのを聞いた /「セーフ！」と //

⑩ 彼はジョイスの腕が広げられるのを見た / 広く / その合図を出すために //

⑪「まさか…」と / ガララーガはひとりごとを言った //

⑫ 彼はただほほ笑むことしかできなかった //

　　　　　　　　　　　　　　　　　※教科書の英語本文を参照しながら学習してください。

✓ 単語チェック

□ expect	動 ～を予期する	□ teammate	名 チームメイト
□ brief	形 短時間の	□ umpire	名 審判員

✓ 本文内容チェック　「完全試合を達成したと思ったガララーガに起きたこと」

2 打者がガララーガの球を打ち一塁へと走ると，球は一塁へと投げられ，完全試合を達成したとガララーガは思った。しかし次の瞬間，一塁の審判がセーフの判定を出すのが聞こえた。彼はただほほ笑むことしかできなかった。

🔑 読解のカギ

① **Galarraga pitched a ball, and that was a ball (the batter was expecting).**
　　　　　　　　　　　　　　　　　　　 ↑ whitch[that]

　➡ the batter の前に目的格の関係代名詞の which[that] が省略されていて，(which[that]) the batter was expecting が直前の a ball について説明している。

③ **However, the ball was stopped and thrown to first base.**
　　　　　　be 動詞 過去分詞　　　　過去分詞

➡ <be 動詞 + 過去分詞 > の形の受動態の文。過去形の was なので，「〜された」という意味になる。ここでは 2 つの過去分詞が並べられている。thrown は throw「〜を投げる」の過去分詞。

⑥ **Galarraga saw his teammates start to jump and celebrate.**
　　　　　S　　V　　　　O　　　　　　C(原形不定詞)

➡ <S+V+O+C>(第 5 文型) の形の文。saw は知覚動詞 see の過去形で，<see+O+C(原形不定詞)> は「O が C するのを見る」という意味を表す。

➡ start to *do* は「〜し始める」という意味を表す。ここでは *do* に jump と celebrate の 2 つの動詞が入る。

⑧ **In the very next moment, however, everything stopped.**

➡ ここでの very は「まさに」という意味で，形容詞の next を修飾する副詞である。

⑨ **The pitcher heard the first base umpire, Jim Joyce, make the call, "Safe!"**
　　　　S　　　V　　　　　O　　　└──── = ────┘　　C(原形不定詞)

➡ <S+V+O+C>(第 5 文型)の形の文。heard は知覚動詞 hear の過去形で，<hear+O+C(原形不定詞)> は「O が C するのを聞く」という意味を表す。

➡ Jim Joyce は，直前の the first base umpire の具体名を説明している。

➡ call には「判定，判断」という意味があり，make a call で「判定を下す」という意味になる。「判定」の内容は後ろで "Safe!" と特定されているので，call の冠詞は the になっている。

⑩ **He saw Joyce's arms spread out wide (to make the sign).**
　　S　V　　　O　　　　C(過去分詞)　　　　to 不定詞の副詞的用法

➡ <S+V+O+C>(第 5 文型)の形の文。saw は知覚動詞 see の過去形で，<see+O+C(過去分詞)> は「O が C されるのを見る」という意味を表す。

➡ spread out *A* / spread *A* out は「Aを広げる」という意味を表す。spread の過去形・過去分詞は現在形と同形の spread になることに注意。

➡ to make the sign は to 不定詞の副詞的用法で，「その合図を出すために」という意味を表す。

⑪ **"No ..." Galarraga said to himself.**

➡ say *A* to oneself は「ひとりごとでA と言う」という意味を表す。発言内容の A の部分は，引用符 (" ") を付けてこの文のように文頭に置く，または文末に置くこともできる。

⑫ **He could do nothing but smile.**

➡ do nothing but *do* は「ただ〜するだけである」という意味を表す。

Scene ❸

ポイント　ジョイスがロッカールームでリプレイを見た結果どうなったか。

3

① この後 / それでもタイガースは試合に勝った //

② ジョイスが戻ったとき / 審判員たちのロッカールームに / 彼はモニターを見つけた / そしてリプレイを見た //

③ 彼は信じられなかった / 彼が目にしていることを //

④ 打者は明らかにアウトだった //

⑤ ジョイスは打ちひしがれた //

⑥ 彼はいすに倒れるように座り込んだ / そして頭を抱え込んだ //

⑦ 彼は繰り返し言わずにはいられなかった /「信じられない / 私がこんなことをしたと //

⑧ 本当に信じられない / 私がこんなことをしたと」と //

4

⑨ 数十人の記者が待っていた / 向こう側で / ロッカールームのドアの / 話すために / ジョイスと //

⑩ 彼はその状況と向き合うことに決めた / そしてすべての記者に入ってこさせた / その部屋の中へ //

⑪ それから / 彼は自分の間違いを認めた / そして謝罪をした / 彼らの前で //

5

⑫ その後 / 多くの人たちが / 彼のことを心配している / ジョイスに会いに来た //

⑬ 彼らのうちの1人はタイガースのゼネラルマネージャーだった //

⑭「大丈夫ですか」と / 彼は言った / ジョイスに //

⑮「私にできることは何でも / 知らせてください」と //

⑯ ジョイスは顔を上げて答えた /「1つ… / 話してもいいですか / ガララーガと」と //

※教科書の英語本文を参照しながら学習してください。

単語チェック

□ locker	名 ロッカー	□ dozen	名 12個, ダース
□ replay	名 リプレイ	□ admit	動 ～を認める
□ devastated	形 打ちひしがれた	□ apologize	動 謝罪する, 謝る
□ slump	動 落ちる, 倒れる		

本文内容チェック　「ロッカールームでリプレイを確認するジョイス」

3 試合の後ジョイスはロッカールームに戻ると, リプレイを見た。信じられないことに打者は明らかにアウトだとわかり, 彼は打ちひしがれた。

4 ロッカールームのドアの向こうには記者たちがいたが, ジョイスは彼らを中に入れて自分の間違いを認め, 謝罪した。

5 心配して会いに来たタイガースのゼネラルマネージャーに，ジョイスはガララーガ
と話をしてもよいかと聞いた。

読解のカギ

③ **He couldn't believe (what he was seeing).**
→ what は先行詞を含む関係代名詞である (what=the thing(s) that [which])。what
he was seeing は「彼が見ていたこと」という意味で, believe の目的語になっている。
文法詳細 **p.112**

⑥ **He slumped into a chair and dropped his head into his hands.**
→ slump は「落ちる，倒れる」という意味で, slump into a chair は「いすに倒れこむ
ように座る」という意味になる。
→ drop one's head into one's hands は「頭を抱え込む」という意味で, ショックを受
けたときや苦悩しているときの動作を表す。

⑦ **He couldn't stop repeating, "I can't believe I did this.**
→ can't stop *do*ing は「〜せずにはいられない」という意味を表す。
→ repeat は「〜と繰り返し言う」という意味を表す。
→ this はリプレイを見て気づいたことを指していて, アウトであるのにセーフの判定
を出してしまったことを言っている。

⑩ **He decided to face the situation and let all reporters come into the room.**
　S　V₁　　O₁　　　　　V₂　O₂　　C
→ decide to *do* は「〜することに決める」という意味を表す。
→ let は <S+V+O+C> の第5文型をとり，「O に C させる」という意味を表す。

⑫ **After that, lots of people worrying about him came to see Joyce.**
→ worrying about him は people を後ろから修飾している現在分詞句である。「彼の
ことを心配している人たち」という意味になる。
→ come to *do* は「〜しに来る」という意味を表す。to *do* は to 不定詞の副詞的用法。

⑮ **"Anything (I can do), you let me know."**
　　　　witch[that]　S　V　O　C
→ Anything の後ろに目的格の関係代名詞の which[that] が省略されていて,
(which[that]) I can do が Anything について説明している。先行詞が anything の
場合, 関係代名詞は that がよく使われる。
→ let は <S+V+O+C> の第5文型をとり，「O に C させる」という意味を表す。
→ you let me know は命令文である。命令文で主語の you を入れる場合は, より強く
相手に求めるニュアンスになる。

Scene ❹

ポイント　ガララーガは謝罪するジョイスにどのような対応をしたか。

6

① ガララーガがロッカールームに入ったとき / ジョイスは隅に座っていた / ひとりで //

② 彼は打ちひしがれているようだった //

③ 彼がガララーガに気づくと / そのベテラン審判員は言った / 目に涙を浮かべて /「なんてことだ…」と //

④ それから彼は頭を前後に振った / そして言った /「本当に申し訳ない //

⑤ 私にはわからない / 他に何を言うべきか」と //

7

⑥ ガララーガはいすの所へ行った / ジョイスが座っていた / そして彼にハグをした //

⑦「大丈夫です」と / ガララーガは言った //

⑧「ジョイスさん / こういうことは起きるものです」//

⑨「いや，いや，いや //

⑩ こういうことはただ起きるものではない //

⑪ 違うよ…」と / ジョイスは言った //

⑫ そのとき / ガララーガは彼に静かに言った /「完璧な人なんていないですよ」と //

8

⑬ 翌日 / ジョイスは野球場にいた / 主審として //

⑭ 彼が球場に入ったとき / 騒々しさがあった //

⑮ 試合が始まる直前に / チームの監督の代わりに / ガララーガはホームベースまで歩いて行った / そして打順表を交換した //

⑯ 彼らが握手をしたとき / 涙がジョイスのほほを流れた //

⑰ 騒がしさは / 観衆からの / 歓声に変わった / そしてそれは止まらなかった / 長い時間 //

※教科書の英語本文を参照しながら学習してください。

単語チェック

□ veteran	形 老練な，ベテランの	□ calmly	副 冷静に，静かに
□ forth	副 前へ，外へ	□ exchange	動 ～を交換する
□ hug	名 抱擁，ハグ	□ lineup	名 (選手の)陣容
□ stuff	名 (特定のものを指さない)もの	□ crowd	名 群衆

本文内容チェック　「謝罪するジョイスへのガララーガの対応」

6 ガララーガがジョイスに会いに行くと，ジョイスはロッカールームの隅に座っていた。彼は目に涙を浮かべ，ガララーガに「本当に申し訳ない」と言った。

7 ガララーガはジョイスにハグをして，「こういうことは起きるものだ」と言った。「違う」と否定するジョイスに，ガララーガは「完璧な人なんていない」と言った。

8 翌日，ジョイスが主審として球場に入ると，騒がしい声が起こった。ガララーガが試合の直前にホームベースまで打順表を交換しに行き，2人が握手をすると，観衆からの騒ぎ声は歓声に変わり，長く鳴りやまなかった。

📖 読解のカギ

① **When Galarraga entered the locker room, Joyce was sitting in the corner by himself.**
- ➡ in the corner は「(部屋の)隅で」という意味を表す。on the corner とすると，「(道などの) 角で」という意味になる。
- ➡ by oneself は「ひとりで」という意味を表す。

⑤ **I do not know (what else to say)."**
- ➡ else は「他に」という意味で，what を修飾する副詞である。what else は「他に何か」という意味を表す。
- ➡ to say は to 不定詞の副詞的用法で「するべき」という意味を表す。

⑥ **Galarraga went to the chair (where Joyce was sitting) and gave him a hug.**
- ➡ where は関係副詞で，関係副詞節の where Joyce was sitting が the chair を修飾している。where は場所や位置を表す語句を修飾し，「～が…する(場所・位置)」という意味を表す。　文法詳細 **p.114**
- ➡ give A a hug は「A を抱擁する，ハグする」という意味を表す。

⑧ **"Mr. Joyce, this stuff just happens."**
- ➡ stuff は漠然とした物事を特定せずに指すときに用いる。this stuff とは，ジョイスが犯してしまった間違いのようなことを言っている。
- ➡ 動詞の現在形は普遍的な事実を述べるときに使われるので，happens は「起こるものだ，起こるのが一般的だ」という意味になる。

⑮ **(Just before the game started), instead of the team manager, Galarraga walked to home plate and exchanged lineup cards.**
- ➡ just before ～は「～する直前に」という意味を表す。
- ➡ instead of A は「A の代わりに」という意味を表す。

⑰ **The noise from the crowd changed into cheers, and it didn't stop for a long time.**
- ➡ change into A は「A に変わる」という意味を表す。
- ➡ for a long time は「長い時間」という意味を表す。

🐢 TRY1 Overview ❗ヒント

You are writing a story review. Complete the outline.
(あなたは物語のレビューを書いています。概要を完成させなさい。)

Beginning →第1パラグラフ
Middle 　　→第2～7パラグラフ
Ending 　　→第8パラグラフ

ⓐ ジョイスはガララーガと話をしたいと思った。
ⓑ ジョイスは「セーフ！」と叫んだ。
ⓒ ガララーガは「大丈夫です」とジョイスに言った。
ⓓ ガララーガはチームの監督の代わりに打順表を交換した。
ⓔ ガララーガが完全試合を遂げるには，打者があと1人だけだった。
ⓕ ジョイスはその打者がアウトだと判断した。

🐢 TRY2 Main Idea ❗ヒント

Mark the main idea M, the sentence that is too broad B, and the sentence that is too
narrow N. (話の本旨になるものにはMを，広範すぎる文にはBを，限定的すぎる文にはNの印を書きなさい。)

1 ガララーガは審判の間違いのせいで，完全試合の記録を達成できなかった。
2 ガララーガとジョイスは他者を尊重することと，過ちを許すことの重要性を示した。
3 世界をより良い場所にするためには，人々がお互いを尊重することが重要である。

🐢 TRY3 Details ❗ヒント

Answer T (true) or F (false). (正誤を答えなさい。)

1 第1パラグラフに完全試合についての説明がある。
　　→ 教p.68, ℓℓ.5～7
2 第1パラグラフにそれまでに完全試合を達成した投手の数についての記述がある。
　　→ 教p.68, ℓℓ.7～9
3 第2パラグラフにガララーガのチームメイトたちの様子についての記述がある。
　　→ 教p.68, ℓ.15
4 第2パラグラフにジョイスの判定を聞いた後のガララーガについての記述がある。
　　→ 教p.68, ℓℓ.16～19
5 第3パラグラフに試合後にリプレイを見たときのジョイスについての記述がある。
　　→ 教p.68, ℓℓ.20～22
6 第6パラグラフにガララーガに会ってジョイスがしたことについての記述がある。
　　→ 教p.69, ℓℓ.3～4
7 第7パラグラフにガララーガがジョイスにかけたことばについての記述がある。
　　→ 教p.69, ℓℓ.7～8
8 第8パラグラフに2010年6月2日の翌日のことについての記述がある。
　　→ 教p.69, ℓℓ.9～12

🎯 TRY4 Recognizing Tone ❶ヒント

Choose the most suitable answer. (最も適切な答えを選びなさい。)

1 第1パラグラフで描かれている球場内の様子について考える。
→ 教p.68, ℓℓ.1~4

2 ゼネラルマネージャーがジョイスに声をかけたときの状況について考える。
→ 教p.68, ℓℓ.20~24, 29~30

3 2010年6月2日の翌日の試合での観客の態度が変わった瞬間について考える。
→ 教p.69, ℓℓ.12~14

🗣 TRY5 Deeper Understanding ❶ヒント

Discuss the following with your partner.
(次のことについてパートナーと話し合いなさい。)

1 例 A: It was because he wasn't able to understand what was happening.
B: I think it is because he tried to hide his sad feelings.
A: If you were him, what would you do?
B: I would definitely tell the umpire that he was wrong.

2 例 A: I think it was because Joyce realized that Galarraga came to exchange the lineup card by himself to show that he had forgiven Joyce.
B: I think Galarraga didn't want the audience to say bad things about Joyce.
A: He is such a nice person.
B: That's true. He has showed us what sportsmanship is all about.

💻 TRY6 Retelling ❶ヒント

例 Scene 1 On June 2, 2010, baseball fans in Comerica Park were going crazy because they were watching a historic moment in Major League Baseball. A pitcher, Armando Galarraga, was one out away from a perfect game.

Scene 2 Galarraga pitched a ball. The batter hit a ground ball and raced to first base, but the ball was stopped and thrown to first base. The first base umpire, Jim Joyce, called the runner safe.

Scene 3 After the game, Joyce looked at the replay. Then he realized that the batter was clearly out. He was devastated. In front of dozens of reporters, he admitted his mistake and apologized. People were worrying about him. He asked the Tigers' general manager if he could talk to Galarraga.

Scene 4 Galarraga entered the room and Joyce noticed him. Joyce said that he was sorry. Galarraga gave him a hug and told him, "Nobody's perfect." In the next day's game, there was a lot of noise from the crowd, when Joyce entered the field. Galarraga came to Joyce to exchange lineup cards and they shook hands. At that time, the noise changed into cheers.

📖 **Language Function**

1 what = the thing(s) that [which]　関係代名詞の what

関係代名詞の what は, ほかの関係代名詞 (who や which など) と違い, 先行詞を内に含む。そして the thing(s) that [which] に置きかえられる。この what に導かれる節は名詞節として「〜すること [もの]」という意味を表し, 文脈次第で複数・単数のどちらとしても使うことができる。

文の主語になる関係代名詞 what 節

1. **What** is important in life is friendship.
　　└─ = the thing that [which]

　(人生で大切なものは友情だ。)

➡ what 節 (What is important in life) は名詞節で, 文の**主語**になっている。

➡ 関係代名詞の what と疑問代名詞の what の混同に注意する。疑問代名詞の what も名詞節を作り, 文の主語や目的語になる。区別は文脈によるが, 「〜なのか」とすると自然な訳になる場合には疑問代名詞であると考えられ, 「〜こと [もの]」とすると自然な訳になる場合には関係代名詞の what であると考えられる。

　例 I wonder **what** he said yesterday.　(what は**疑問代名詞**)
　　　　　what 節 =「昨日, 彼が何を言ったのか」という疑問

　　What he said yesterday was true.　(what は**関係代名詞**)
　　what 節 =「彼が昨日言ったこと」

2. **What** you see is **what** you believe.
　(あなたに見えるものがあなたが信じるものである。)

➡ 1 の文と同様に, what に導かれる名詞節 What you see の部分が文の**主語**になっていて, 補語も what you believe という what に導かれる名詞節になっている。

文の補語になる関係代名詞 what 節

3. Pitching a perfect game is **what** every pitcher dreams of.
　(完全試合を投げることは, すべての投手が夢見ることである。)

➡ what に導かれる名詞節 what every pitcher dreams of の部分が文の**補語**になっている。

文の目的語になる関係代名詞 what 節

4. He couldn't believe **what** he was seeing.
　(彼は自分の見ているものが信じられなかった。)

➡ what に導かれる名詞節 what he was seeing の部分が動詞 believe の**目的語**になっている。

+ α

文中の前置詞の目的語になる関係代名詞 what 節

He was surprised at **what** his parents did for him.
(彼は両親が彼にしてくれたことに驚いた。)

➡ what に導かれる名詞節 what his parents did for him の部分が前置詞 at の目的語になっている。

Q ヒント　What will you say to these little kids? Use *what*.
(これらの小さい子どもたちに，あなたは何と声をかけますか。what を使いなさい。)

A 男の子は，「チョコレートは食べていない」と言っていながら，口にチョコレートをつけている。「あなたの言っていることは信じない」などの意味の文にする。

B 男の子は，「試験の出来がとても悪かった」と言って悩んでいる様子である。「あなたに必要なことは，もっと勉強することだ」などの意味の文にする。

2 N + when/where/why/how (Relative adverbs)　関係副詞

関係副詞は関係代名詞と同じく，先行詞である名詞を修飾するために使われる。関係代名詞が関係詞節の中で名詞の働きをするのに対し，関係副詞は関係詞節の中で，時・場所・理由・方法などを表す**副詞の働き**をする。

when

1. Do you remember *the day* (**when** we first met)?

(私たちが最初に会った日を覚えていますか。)

➡ **時を表す語**が先行詞の場合は，関係副詞の **when** を使う。
➡ この文の先行詞は *the day*。
➡ この文は Do you remember *the day*? と We first met on *the day*. の2つの文に分解できる。on *the day* という副詞句を when が受けて，2つの文を結んでいる。
➡ 関係代名詞を使って，以下のように言いかえることができる。
Do you remember *the day* **on which** we first met?

where

2. Galarraga went to *the chair* (**where** Joyce was sitting).

(ガララーガはジョイスの座っているいすのところまで行った。)

➡ **場所を表す語**が先行詞の場合は，関係副詞の **where** を使う。

➡ where が導く節の sitting の後ろに on は不要。where は on which と同じ働きをしていて，以下のように言いかえられる。

Galarraga went to *the chair* (**on which** Joyce was sitting).

which は関係代名詞

---

why

3. She wanted to know *the reason* (**why** I was late).

(彼女は私が遅れた理由を知りたがった。)

➡ 関係副詞 why の先行詞は the[a] reason(s) に限られる。

➡ the reason(s) why で「～する理由」という意味を表す。

➡ why が省略されることもある。

　例 She wanted to know *the reason* I was late.

➡ この文は，She wanted to know *the reason*. と I was late for *the reason*. の2つの文に分解できる。for *the reason* という副詞句を why が受けて，2つの文を結んでいる。

---

how

4. This is (**how** she came up with a great idea).

(これが彼女がすばらしいアイディアを思いついた方法だ。)

➡ 関係副詞の how は先行詞が不要で，This[That] is how ～ . などの形で，「これ[それ] が～する方法だ。」という意味の文となる。

➡ how は以下のように the way (that) ～と言いかえることができる。

This is (**the way that** she came up with a great idea).

Qヒント　Describe each picture with the given words and either *when* or *where*.
　　　　　(それぞれの写真を与えられた語句と，when か where を使って説明しなさい。)

A 関係副詞の where を使い，「私たちが泊まったホテルの部屋は～でした」などの意味の文にする。

B 関係副詞の when を使い，「彼女の祖母は彼女の母が生まれた日のことを覚えている」などの意味の文にする。

🗣 Speaking ❶ヒント

Warm-up dialogue: Showing your appreciation

B の最後のことばから，行きたかったコンサートに行けたのは A のおかげだとわかる。
そのことから，1 つ目の空所には A からチケットをもらったことへの感謝のことばが入
ると考えられる。そして，2 つ目の空所には感謝のことばへの返答が入ると考えられる。
A: コンサートはどうでしたか。
B: ああ，とても良かったです。チケット＿＿＿＿＿＿＿＿＿＿＿＿＿＿＿＿。
A: ＿＿＿＿＿＿＿＿＿＿＿＿＿＿＿＿＿＿＿＿＿＿＿＿＿＿＿＿。
B: 長い間行きたかったコンサートだったんです。恩に着ます。
A: 気にしないでください。

Role play

❶

サッカーの試合観戦に関する表現：
　a ticket for a soccer match(サッカーの試合のチケット)，invite *A* to *B*(A を B に招待
　する)，watch a soccer match(サッカーの試合を観戦する)

❷

①感想を聞く表現：How was ～ ?(～はどうでしたか)，How did you like ～ ?(～はどう
　でしたか)，Did you enjoy ～ ?(～を楽しみましたか)
②お礼を言う表現：Thank you for *do*ing.(～してくれてありがとうございます)，I really
　enjoyed it.(本当に楽しかったです)，I owe you one.(恩に着ます)，Let me return the
　favor soon.(近いうちにお返しさせてください)
③相手を誘う表現：Why don't we go to ～ ?(～に行きませんか)，How about going to ～
　together?(～に一緒に行くのはどうですか)，Let me invite you to ～ .(～にお誘いして
　もいいですか)，I'll treat you.(おごりますよ)
④誘いを受ける／断る表現：Sounds nice.(いいですね)，I'd love to.(ぜひ (行きたいです))，
　Sorry, I have some stuff to do.(すみません，ちょっとやることがあるんです)，I have
　plans on that day.(その日は予定があります)，Let me think about it.(ちょっと考えさ
　せてください)

✏ Writing ❶ヒント

❷

励ます表現：
　You did your best.(あなたは全力を尽くしたよ)，Better luck next time.(次はうまくいく
　といいね)，Look on the bright side.(いい面を見よう＝いい方に考えよう)，Everyone
　has their bad days.(誰でも調子の悪い日はあるよ)，Believe in yourself.(自分を信じて)，
　I'm here for you.(私がついています)，Don't think about it too much.(あまり考えすぎ
　ないでね)

📝 定期テスト予想問題　　　　解答 ➡ p.118

1 日本語の意味に合うように，＿＿に適切な語を入れなさい。

(1) その俳優と握手ができたらいいな。

I hope I can ＿＿＿＿＿＿＿＿ ＿＿＿＿＿＿＿ with that actor.

(2) 審判は「アウト！」と判定を下した。

The umpire ＿＿＿＿＿＿＿＿ the ＿＿＿＿＿＿＿ , "Out!"

(3) 彼女は走り去ることしかできなかった。

She could do ＿＿＿＿＿＿＿＿ ＿＿＿＿＿＿＿ run away.

2 日本語に合うように，（　）内の語句を並べかえなさい。

(1) ジョンが興味を持っているものは日本の歴史だ。

(John / is / interested / what / is / in / Japanese history).

＿＿＿＿＿＿＿＿＿＿＿＿＿＿＿＿＿＿＿＿＿＿＿＿＿＿＿.

(2) それが，熊が魚を捕る方法だ。

(how / is / bears / fish / that / catch).

＿＿＿＿＿＿＿＿＿＿＿＿＿＿＿＿＿＿＿＿＿＿＿＿＿＿＿.

(3) この湖の反対側にいい釣り場がある。

There is a good fishing spot (other / lake / on / side / the / this / of).

There is a good fishing spot ＿＿＿＿＿＿＿＿＿＿＿＿＿＿＿＿＿＿＿.

3 次の2つの文を，関係副詞を使って1つの文に書きかえなさい。また，その英語を日本語に訳しなさい。

(1) I want to travel to the town. My mother was born there.

＿＿＿＿＿＿＿＿＿＿＿＿＿＿＿＿＿＿＿＿＿＿＿＿＿＿＿＿＿＿＿

（　　　　　　　　　　　　　　　　　　　　　　　　　　　　　）

(2) I visited the new store on the day. The store opened on the day.

＿＿＿＿＿＿＿＿＿＿＿＿＿＿＿＿＿＿＿＿＿＿＿＿＿＿＿＿＿＿＿

（　　　　　　　　　　　　　　　　　　　　　　　　　　　　　）

(3) This is the reason. He is angry with her for the reason.

＿＿＿＿＿＿＿＿＿＿＿＿＿＿＿＿＿＿＿＿＿＿＿＿＿＿＿＿＿＿＿

（　　　　　　　　　　　　　　　　　　　　　　　　　　　　　）

4 次の英語を日本語に訳しなさい。

(1) Driving a car is what I want to do the best when I grow up.

（　　　　　　　　　　　　　　　　　　　　　　　　　　　　　）

(2) I had to go there instead of him.

（　　　　　　　　　　　　　　　　　　　　　　　　　　　　　）

5 次の英文を読んで，後の問いに答えなさい。

　　After this, the Tigers still won the game. When Joyce got back to the umpire's locker room, he found a monitor and looked at the replay. He couldn't believe ①what he was seeing. The batter was clearly out. Joyce was devastated. ②(his hands / slumped / and / he / into / his head / dropped / a chair / into). ③He couldn't stop repeating, "I can't believe I did this. I just can't believe I did this."

(1) 下線部①が表す内容を具体的に示す部分を本文中から抜き出しなさい。

　_____

(2) 下線部②が「彼はいすに倒れるように座り込み，頭を抱え込んだ」という意味になるように，（　）内の語句を並べかえなさい。

　_____.

(3) 下線部③の英語を日本語に訳しなさい。
　(　　　　　　　　　　　　　　　　　　　　　　　　　　)

6 次の英文を読んで，後の問いに答えなさい。

　　When Galarraga entered the locker room, Joyce was sitting in the corner ①(　　) himself. He seemed devastated. When he noticed Galarraga, the veteran umpire said, with tears in his eyes, ②"My God ..." Then he shook his head back and forth and said, "I am so sorry. I do not know what else to say."

　　③(the / Joyce / was / to / where / went / Galarraga / sitting / chair) and gave him a hug. "It is all right," Galarraga said. "Mr. Joyce, ④this stuff just happens."

　　"No, no, no. This stuff does not just happen. No ..." Joyce said. Then Galarraga told him calmly, "Nobody's perfect."

(1) 下線部①が「ひとりで」という意味になるように，（　）に適切な語を入れなさい。

　_____ himself

(2) 下線部②のせりふにうかがえる感情を表す語を選び，記号で答えなさい。
　a. glad　　b. shocked　　c. fun　　d. excited　　　　　(　　)

(3) 下線部③が「ガララーガはジョイスが座っているいすのところまで行った」という意味になるように，（　）内の語を並べかえなさい。

　_____

(4) 下線部④の英語を日本語に訳しなさい。
　(　　　　　　　　　　　　　　　　　　　　　　　　　　)

Nobody's Perfect: Two Men, One Call, and a Game for Baseball History by Armando Galarraga, Jim Joyce, and Daniel Paisner. Copyright © 2011 by Armando Galarraga, Jim Joyce, and Daniel Paisner. Used by permission of Grove Press, an imprint of Grove/Atlantic, Inc.

定期テスト予想問題　解答　pp.116~117

1 (1) shake hands　(2) made, call　(3) nothing but

2 (1) What John is interested in is Japanese history(.)
(2) That is how bears catch fish(.)
(3) (There is a good fishing spot) on the other side of this lake(.)

3 (1) I want to travel to the town where my mother was born.
　　私は母が生まれた町へ旅行したい。
(2) I visited the new store on the day when it opened.
　　私はその新しい店が開店した日に訪れた。
(3) This is the reason why he is angry with her.
　　これが，彼が彼女に怒っている理由です。

4 (1) 車の運転は，大人になったときに私が最もしてみたいことだ。
(2) 私は彼の代わりに，そこへ行かなければならなかった。

5 (1) The batter was clearly out.
(2) He slumped into a chair and dropped his head into his hands(.)
(3) 彼は「私がこんなことをしたとは信じられない。こんなことをしたとは本当に信じられない」と繰り返し言わずにはいられなかった。

6 (1) by　(2) b
(3) Galarraga went to the chair where Joyce was sitting
(4) こういうことは起きるものです

💡 解説

2 (1) 関係代名詞の what が作る節が主語になる文を作る。
(2)「それが~する方法だ」は関係副詞の how を使い，That is how ~の形にする。　(3)「A の反対側に」は on the other side of A で表す。

3 (1) the town を先行詞として，場所を表す where を使う。　(2) the day を先行詞として，時を表す when を使う。　(3) the reason があるので，理由を表す why を使う。

4 (1) 関係代名詞の what が作る節が文の補語になっている。
(2) instead of A は「A の代わりに」という意味。

5 (1) 下線部は「彼が見ていたこと」という意味で，リプレイ映像の内容を指している。直後の文がリプレイで見た内容を表している。
(3) couldn't stop doing は「~せずにはいられなかった」という意味。

6 (2) 判定の間違いに気づき，He seemed devastated.「彼は打ちひしがれているようだった」とあるので b の shocked「ショックを受けた」が適切。
(3)「~が…しているいす」は，the chair を先行詞として関係副詞の where を使って表す。

Lesson 6 The Power of Words

"Acceptance speech by Eiko Kadono" by Eiko Kadono and translated by Avery Udagawa, from *Presentation of Hans Christian Andersen Award 2018, IBBY*. Copyright © 2018 by Eiko Kadono. English text copyright © 2018 by Avery Udagawa.

単語・熟語チェック
Scene❶

award	名 賞	Mr. Jordan won the Best Actor **Award**. ジョーダン氏は主演男優賞を受賞した。
shortly	副 間もなく, じきに	It started to rain **shortly** after I left school. 私が学校を出た後間もなく, 雨が降りだした。
founder	名 創設者	My grandfather is the **founder** of this company. 私の祖父がこの会社の創設者だ。
literature	名 文学	I want to study English **literature** at university. 私は大学で英文学を勉強したい。
admire	動 ～に感心する, ～を称賛する	I really **admire** your efforts. 私はあなたの努力を本当に称賛します。
in the middle of A	熟 A の最中に	I have to leave **in the middle of** the meeting today. 私は今日, 会議の途中で出ていかなくてはならない。
desperate	形 絶望的な	She never gave up hope even in the **desperate** situation. 彼女は絶望的な状況でも決して希望を捨てなかった。
courage	名 勇気	He didn't have the **courage** to travel alone. 彼には独りで旅行をする勇気がなかった。
author	名 著者	The **author** of this book was born in Japan. この本の著者は日本で生まれた。
childhood	名 子ども時代	I liked to play hide-and-seek in my **childhood**. 子ども時代に私はかくれんぼをするのが好きだった。
onomatopoeia	名 擬音	**Onomatopoeia** is used in comic books very often. 擬音は漫画の中でとてもよく使用される。
calm	動 ～を落ち着かせる	A father was trying to **calm** his crying baby. あるお父さんが泣いているわが子を落ち着かせようとしていた。
begin with A	熟 A で始まる	This movie **begins with** a gun battle. この映画は銃撃戦で始まる。
peach	名 桃	I like **peaches** best of all fruit. 私は果物の中で桃が一番好きだ。
float	動 浮く, 浮かぶ	Some birds are **floating** on the lake. 湖には鳥が何羽か浮いている。

Scene ❷

pleasant	形 楽しい，愉快な	We gained **pleasant** memories during the trip. 私たちはその旅行の中で楽しい思い出を作った。
rhythm	名 リズム	This song has a strange **rhythm**. この曲は奇妙なリズムを持っている。
go well	熟 うまくいく	Everything is **going well** with our business. 私たちの商売は万事うまくいっている。
unconsciously	副 無意識に	Sometimes I touch my smartphone **unconsciously**. ときどき，私は無意識にスマートフォンを触ってしまう。
magic	名 魔法	When I took the medicine, the pain went away as if by **magic**. その薬を飲むと，魔法みたいに痛みが消えた。
spell	名 呪文	The witch put a **spell** on the prince. 魔女は王子様に呪文をかけた。
everyday	形 毎日の	Music makes our **everyday** life enjoyable. 音楽は私たちの毎日の生活を楽しくしてくれる。
imagination	名 想像力	Each child has a strong **imagination**. 子ども一人一人には豊かな想像力がある。
onomatopoeic	形 擬音の	*Shito-shito* is an **onomatopoeic** word for "raining quietly." 「しとしと」は「静かに雨が降ること」を表す擬音語だ。
phrase	名 句，慣用句	What she said is a **phrase** from a famous movie. 彼女が言っていたことばは有名な映画からの一句だ。
ever so ～	熟 実に～，大変～	He is **ever so** nice a man. 彼は実にいい男性だ。
delightful	形 とても楽しい	We had a **delightful** time at dinner last night. 昨夜の夕食で私たちはとても楽しい時間を過ごした。

Scene ❸

Portuguese	名 ポルトガル語	How do you say "hello" in **Portuguese**? ポルトガル語で "hello" はどう言いますか。
become friends with *A*	熟 A と友達になる	I **became friends with** John in junior high school. 私は中学校でジョンと友達になった。
come across	熟 伝わる，理解される	Her point didn't really **come across** at the meeting. 彼女の要点は会議であまり伝わらなかった。
beat	動 打つ，連打する	My heart is **beating** fast. 私の心臓は速く鼓動している。
recall	動 ～を思い出す	I can't **recall** his name. 私は彼の名前を思い出せない。

mystery	名 神秘的なこと，不可解なこと	The human body is full of **mysteries**. 人体は神秘的なことにあふれている。
depth	名 深さ	The **depth** of his stories is a strong point of his books. ストーリーの奥深さが彼の本の強みだ。
vocabulary	名 語彙	I want to increase my **vocabulary**. 私は語彙をもっと増やしたい。

Scene ❹

professor	名 教授	Ms. Keen is a **professor** of economics. キーンさんは経済学の教授だ。
nonfiction	名 ノンフィクション	I like **nonfiction** better than novels. 私は小説よりノンフィクションが好きだ。
Brazilian	形 ブラジルの	Have you ever eaten **Brazilian** food? 今までにブラジルの料理を食べたことがありますか。
combine	動 結合する，結びつく	Oxygen **combines** with iron to form rust. 酸素が鉄と結合してさびが生まれる。
reader	名 読者	Our magazine needs to get more young **readers**. 当雑誌はもっと多くの若い読者を獲得する必要がある。
mood	名 気分	I'm not in the **mood** to do that now. 私は今それをする気分ではない。
inner	形 内の，内部の	She listened to her **inner** voice. 彼女は自身の内なる声に耳を傾けた。
bring together A / bring A together	熟 A を引き合わせる	Common interests **brought** us **together**. 共通の関心事が私たちを引き合わせた。

Scene ①

ポイント 子ども時代の角野栄子にとって，本はどのようなものだったか。

1 ① "I would like to thank you so much / for giving me the Hans Christian
私は大変感謝したい / 国際アンデルセン賞を私に与えて

Andersen Award.// ② Shortly after World War II, / IBBY founder / Jella Lepman /
くれたことに // 第2次世界大戦後間もなくして 国際児童図書評議会の創設者 / イェラ・レップマンは /

worked hard / to create world peace / through children's literature.// ③ I deeply
懸命に取り組んだ 世界平和を成し遂げるために / 児童文学を通して 私は心から

admire her hard work.// ④ I was a 10-year-old girl / in the middle of the war.//
彼女の懸命な働きを称賛する // 私は10歳の女の子だった / 戦争の最中に

⑤ In that desperate time, / books gave me courage / to live.// ⑥ For this reason, /
その絶望的な時期に / 本が私に勇気をくれた / 生きるための // こうした理由から /

this award holds a very special meaning / for me."//
この賞はとても特別な意味を持っている / 私にとって」//

2 ⑦ In 2018, / children's book author / Kadono Eiko / won the IBBY Hans
2018年に / 児童書作家の / 角野栄子は / 国際児童図書評議会国際

Christian Andersen Award, / which is often called the Nobel Prize / for children's
アンデルセン賞を受賞した / しばしばノーベル賞と呼ばれる / 児童文学に

literature.// ⑧ At the ceremony, / she talked / about how books helped her / in her
とっての // 式典で / 彼女は話した / 本がいかに彼女を助けたかについて / 彼女の

childhood.// ⑨ She also shared some onomatopoeia / such as *donburakok-ko-oh*, *suk*,
子ども時代に // 彼女はまたいくつかの擬音のことも話した /「どんぶらこっこーう，すっこっこーう」

kok-ko-oh.// ⑩ When she was a child, / she cried often / because her mother had
などの // 彼女が子どものとき / 彼女はよく泣いた / 彼女の母親が亡くなっていたため

died.// ⑪ To calm her, / her father told a tale / that began with these sounds.//
// 彼女を落ち着かせるため / 彼女の父親は物語を聞かせた / これらの音で始まる //

⑫ "A great peach came *donburakok-ko-oh*, *suk*, *kok-ko-oh* / floating down the river."//
「大きな桃が『どんぶらこっこーう，すっこっこーう』と流れて来た / 川に浮かびながら」//

☑ 単語チェック

□ award	名 賞	□ author	名 著者
□ shortly	副 間もなく，じきに	□ childhood	名 子ども時代
□ founder	名 創設者	□ onomatopoeia	名 擬音
□ literature	名 文学	□ calm	動 ～を落ち着かせる
□ admire	動 ～に感心する，～を称賛する	□ peach	名 桃
□ desperate	形 絶望的な	□ float	動 浮く，浮かぶ
□ courage	名 勇気		

☑ 本文内容チェック 「子ども時代の角野栄子と本との関係」

1 「国際児童図書評議会の創設者のイェラ・レップマンは第2次世界大戦後間もなくし

て児童文学を通して世界平和のため取り組んだ人なので，戦時中の子ども時代に本から勇気をもらった私にとって国際アンデルセン賞は特別なものである」

2 児童書作家の角野栄子は 2018 年に国際アンデルセン賞を受賞し，本がいかに子ども時代の彼女を助けたかや，父親が聞かせてくれた「どんぶらこっこーう，すっこっこーう」のような擬音で始まる物語などのことを式典で話した。

🔑 読解のカギ

② **Shortly ... worked hard (to create world peace through children's literature).**
　　　　　　　　　　　　to 不定詞の副詞的用法

➡ to create ... literature は to 不定詞の副詞的用法で，「児童文学を通して世界平和を成し遂げるために」という意味を表す。

⑤ **In that desperate time, books gave me courage to live.**
　　　　　　　　　　　　　　S　　V　O_1　O_2

➡ give は <S+V+O_1+O_2>（第 4 文型）の形で，「O_1 に O_2 を与える」という意味を表す。
➡ to live は to 不定詞の形容詞用法で，courage を修飾している。

⑦ **In 2018, children's book author Kadono Eiko won the IBBY Hans Christian Andersen Award, (which is often called the Nobel Prize for children's literature).**

➡ children's book author は「児童書作家」という意味の名詞句だが，続く名詞の Kadono Eiko を形容詞的に修飾して「児童書作家の」という意味になっている。
➡ which の前に「,(コンマ)」があることに注目。関係代名詞 which の非限定用法である。先行詞は the IBBY Hans Christian Anderson Award で，which ... literature の部分が先行詞の補足説明をしている。　　　　　文法詳細 **p.132**
➡ call *A B* は「A を B と呼ぶ」という意味を表す。ここでは受動態で *A* is called *B*「A は B と呼ばれる」の形になっている。

⑪ **(To calm her), her father told a tale (that began with these sounds).**
　　to 不定詞の副詞的用法

➡ To calm her は to 不定詞の副詞的用法で，「彼女を落ち着かせるために」という意味を表す。
➡ that は主格の関係代名詞で，that began with these sounds が a tale について説明している。begin with *A* は「A で始まる」という意味を表す。

⑫ **"A great peach came (*donburakok-ko-oh, suk, kok-ko-oh*) (floating down the river)."**

➡ come *doing* は「～しながら来る」という意味を表す。*donburakok-ko-oh, suk, kok-ko-oh* は日本語の擬音だが，副詞句的に came floating の間に挿入されている。

Scene ❷

ポイント　栄子にとって「どんぶらこっこーう, すっこっこーう」はどういうことばだったか。

3 ① In Japan, / different people use different onomatopoeia / for the peach /
日本では / いろいろな人がいろいろな擬音を使う / その桃に対して

floating down the river / when they tell the story.// ② Eiko's father used
川に浮かんで流れている / 彼らがその話を語るとき // 栄子の父親は

donburakok-ko-oh, suk, kok-ko-oh, / which has a pleasant rhythm, / and she liked
「どんぶらこっこーう, すっこっこーう」を使った / 楽しいリズムを持っている / そして彼女は聞くの

listening / to it.// ③ Even now, / those words come back to her.// ④ When her work
が好きだっ
た / それを// 今でも / それらのことばは彼女の心に浮かぶ // 彼女の仕事がうまく

is not going well, / she says *donburakok-ko-oh, suk, kok-ko-oh* unconsciously.//
行っていないときに / 彼女は「どんぶらこっこーう, すっこっこーう」と無意識に言う //

⑤ When she does so, / she can keep writing her story.// ⑥ The words are her magic
彼女がそうすると / 彼女は物語を書き続けることができる // そのことばは彼女の魔法の呪文

spell.//
である //

4 ⑦ In everyday life, / people hear the songs / of birds / and the sounds / of wind, /
日常生活の中で / 人々は鳴き声を聞く / 鳥の / そして音 / 風の

rain, / and human life / such as walking around, / opening doors, / and cooking.//
雨(の) / そして人間の暮ら
し(の) / 歩き回るときなどの / ドアを開けるとき / そして料理を
するとき

⑧ In Japan, / hearing these sounds, / people have used their imaginations / and
日本では / これらの音を聞くと / 人々は想像力を使ってきた /

created many onomatopoeic phrases.// ⑨ Eiko's father was really good at creating /
そしてたくさんの擬音の表現を作り出してきた // 栄子の父親は本当に作り出すのが得意だった

his own onomatopoeia, / which made the stories ever so delightful.// ⑩ Thanks to
彼独自の擬音を / 物語を実に楽しいものにした // 彼女の父親の

her father, / Eiko came to love stories.//
おかげで / 栄子は物語が大好きになった //

☑ 単語チェック

□ **pleasant**	形 楽しい, 愉快な	□ **everyday**	形 毎日の
□ **rhythm**	名 リズム	□ **imagination**	名 想像力
□ **unconsciously**	副 無意識に	□ **onomatopoeic**	形 擬音の
□ **magic**	名 魔法	□ **phrase**	名 句, 慣用句
□ **spell**	名 呪文	□ **delightful**	形 とても楽しい

☑ 本文内容チェック　「『どんぶらこっこーう, すっこっこーう』という擬音の効果」

3 栄子の父親が使った「どんぶらこっこーう, すっこっこーう」という楽しいリズムの
擬音を, 今でも栄子は仕事がうまくいかないときに思い出す。そのことばで彼女は
物語を書き進めることができる。

4 日本人は日常生活の中のいろいろな音から擬音を作り出したが，栄子の父親は物語を楽しくする擬音を作るのが得意で，そのおかげで彼女は物語が大好きになった。

🎵 **読解のカギ**

① In Japan, different people use different onomatopoeia for <u>the peach floating down the river</u> (when they tell the story).

➡ floating down the river の floating は現在分詞で，the peach を後ろから修飾し，「川に浮かんで流れているその桃」という意味になる。

② Eiko's father used *donburakok-ko-oh*, *suk*, *kok-ko-oh*, (<u>which</u> has a pleasant rhythm), and she liked listening to it.

➡ which の前にコンマ(,) があるので，関係代名詞 which の非限定用法である。先行詞は *donburakok-ko-oh, suk, kok-ko-oh* で，which has a pleasant rhythm の部分が先行詞の補足説明をしている。

⑦ In everyday life, people hear <u>the songs of birds</u> and <u>the sounds of wind, rain, and human life</u> (such as walking around, opening doors, and cooking).

➡ ここでの songs は「(鳥の) 鳴き声，さえずり」という意味である。

➡ wind, rain, human life は，それぞれ前の the sounds of につながっている。

➡ such as 〜は「〜といった，〜のような」という意味で，human life「人間の暮らし」の具体的な例を示している。

⑧ In Japan, hearing these sounds, people have used their imaginations and created many onomatopoeic phrases.

➡ 副詞句の hearing these sounds は「付帯状況」を表す分詞構文で，「〜しながら」という意味を表し，主節の内容を補足している。分詞の意味上の主語は文の主語と一致するので，hearing の意味上の主語は people となる。　　　**文法詳細 p.134**

⑨ Eiko's father was really good at creating <u>his own onomatopoeia</u>, (<u>which</u> made the stories ever so delightful).

➡ good at *do*ing は「〜するのが得意である」という意味を表す。

➡ which の前にコンマ(,) があるので，関係代名詞 which の非限定用法である。先行詞は his own onomatopoeia で，which made the stories ever so delightful の部分が先行詞の補足説明をしている。ever so 〜は「実に〜，大変〜」という意味を表す。

⑩ Thanks to her father, Eiko came to love stories.

➡ thanks to A は「A のおかげで」という意味を表す。

➡ come to *do* は「〜するようになる」という意味を表す。

Scene ❸

▶ポイント　栄子はブラジルに引っ越してできた友達を通して何に気づいたか。

5 ① When she was 24, / she moved / to Brazil / with her husband.// ② At first, /
彼女が24歳だったとき　　　彼女は　　　　　/ブラジルへ/　　彼女の夫と　　　//　　最初は /
　　　　　　　　　　　　引っ越した

her life there was hard / because she couldn't speak Portuguese / at all.//
彼女のそこでの生活は苦しかった / 彼女はポルトガル語を話せなかったので / まったく //

③ However, / she was lucky / to become friends with a boy / named Luisinho, /
しかし / 彼女は幸運だった / ある男の子と友達になれて / ルイジンニョという
　　　　　　　　　　　　　　　　　　　　　　　　　　　　　　　　　名前の /

who became her Portuguese teacher.// ④ She enjoyed learning the language / by
彼女のポルトガル語の先生になった // 彼女はその言語を学ぶのを楽しんだ /

listening / to his speaking / because it sounded more like singing.// ⑤ Amazingly, /
聞くことで/ 彼が話すのを / それがむしろ歌っているようだったので // 驚くことに /

the meaning / of words / came across / through his voice / when he spoke / to her.//
意味は / ことばの / 伝わった / 彼の声を通して / 彼が話をするとき / 彼女に //

6 ⑥ One day, / Luisinho invited her / to dance, / but she was too shy to do so.//
ある日 / ルイジンニョは / 踊りに / しかし彼女は恥ずかしくて
　　　　彼女を誘った / / それができなかった //

⑦ He said, / "Eiko, / you have a heart, / and it beats *tokutoku tokutoku*, right?//
彼は言った / 「栄子 / 君には心臓がある / そしてそれは『トクトク，トクトク』と
　　　　　　　　　　　　　　　　　　　　　　　鼓動しているでしょう？

⑧ If you listen / to that, / you can dance.// ⑨ Human beings are made / that way!"//
君が聞けば / それを / 君は踊れるよ // 人間は作られている / そういうふ
　　　　　　　　　　　　　　　　　　　　　　　　　　　　　　　　うに」と //

⑩ Hearing these words, / she was stunned.// ⑪ She recalled feeling that *tokutoku*
これらのことばを聞いたとき / 彼女はひどく驚いた // 彼女はその「トクトク」を感じたことを
　　　　　　　　　　　　　　　　　　　　　　　　　　　　　　　思い出した

when her father told stories / using onomatopoeia.// ⑫ Until meeting Luisinho, / she
彼女の父親が物語を語ったとき / 擬音を使いながら // ルイジンニョに会うまでは / 彼女
　　　　　　　　　　　　　　　　　　　　　　　　　　　　　　　　　　　は

had focused / only on the meaning / of language, / but he helped her to see / the mystery
集中していた / 意味だけに / 言語の / しかし彼は彼女が / 神秘性と
　　　　　　　　　　　　　　　　　　　　　　理解する助けをした

and depth / of it.// ⑬ She realized / that even when we don't know much vocabulary, /
奥深さを /それの// 彼女は気づいた / 私たちがあまり多くの語彙を知らない場合でさえも /

if language has the right rhythm and sounds, / it amazingly reaches the listener.//
言語に正しいリズムと音があれば / それは驚くほど
　　　　　　　　　　　　　　　　　　　　　　聞き手に届くということを //

✓ 単語チェック

□ **Portuguese**	名 ポルトガル語	□ **mystery**	名 神秘的なこと，不可解なこと
□ **beat**	動 打つ，連打する	□ **depth**	名 深さ
□ **recall**	動 ~を思い出す	□ **vocabulary**	名 語彙

✓ 本文内容チェック　「栄子がブラジルでの友達のことばに気づかされたこと」

5 栄子は24歳のときブラジルに引っ越し，そこでルイジンニョという男の子と友達に
なった。彼女のポルトガル語の先生となった彼が話をするとき，なぜか彼女にはそ
のことばの意味が伝わった。

6 ある日ルイジンニョに踊りに誘われた栄子が恥ずかしがっていると，彼は「心臓のト
クトクという鼓動を聞けば踊れるよ」と彼女に言った。彼女は，父親が擬音を使っ
て物語を語ってくれたとき，そのトクトクを感じたことを思い出し，語彙を知らな
くても正しいリズムと音があれば言語を理解することができるのだと気づいた。

🎵 読解のカギ

③ **However, she was lucky to become friends with a boy (named Luisinho),**

(who became her Portuguese teacher).

➡ be lucky to *do* は「幸運なことに～する」という意味を表す。

➡ become friends with *A* は「A と友達になる」という意味を表す。

➡ named Luisinho は過去分詞の限定用法で，「ルイジンニョと名付けられた (＝ルイ
ジンニョという名前の)」という意味で a boy を後ろから修飾している。

➡ who の前にコンマ(,) があるので，関係代名詞 who の非限定用法である。先行詞は
a boy named Luisinho で，who became her Portuguese teacher の部分が先行詞
の補足説明をしている。 文法詳細 p.132

④ **She enjoyed learning the language by listening to his speaking because
it sounded more like singing.**

└ speaking の意味上の主語

➡ speaking は動名詞で to の目的語になっている。speaking の意味上の主語を his
で表している。「彼が話すのを」という意味になる。

➡ more は「(話すというよりは) むしろ」という意味を表している。

⑨ **Human beings are made that way!"**

➡ that way は「そういうふうに」という意味を表す副詞句。in that way と同じ意味。

⑩ **Hearing these words, she was stunned.**

➡ 副詞句の Hearing these words は「時」を表す分詞構文で，「～したとき，～して」
という意味を表し，主節の内容を補足している。分詞の意味上の主語は主節の主語
と一致するので，hearing の意味上の主語は she となる。

⑫ **Until meeting Luisinho, she had focused only on the meaning of language,
but he helped her to see the mystery and depth of it.**

➡ 副詞句の Until meeting Luisinho は「時」を表す分詞構文で，「～したときまで」と
いう意味を表し，主節の内容を補足している。「～まで」の意味をはっきりさせるた
め，接続詞の until が分詞の前に置かれている。分詞の意味上の主語は主節の主語
と一致するので，meeting の意味上の主語は she となる。 文法詳細 p.134

➡ had focused は <had+ 過去分詞>の形で過去完了形になっている。focus on *A* は「A
に重点を置く」という意味。過去のある時点で「それまでは～に重点を置いていた」
という意味を過去完了形で表している。

Scene ❹

ポイント　ブラジルから日本に戻った栄子は何を始め，何を思うようになったか。

7 ① Eiko returned / to Japan / after two years / in Brazil.// ② When she was 34, /
栄子は戻った / 日本へ / ２年の後に / ブラジルでの // 彼女が34歳のときに /

a professor / at the university / from which she graduated / asked her to write some
ある教授が / 大学の / 彼女が卒業した / 彼女にノンフィクションを書く

nonfiction / about Brazilian children.// ③ She had never written a story / and
ように頼んだ / ブラジルの子どもたちについての // 彼女は一度も物語を書いたことがなかった /そして

thought it impossible, / but he wouldn't stop asking her to write.// ④ So, / she
それは不可能だと思った / しかし彼は彼女に書くよう頼むのをやめようとしなかった// そのため / 彼女

thought / she could write / about Luisinho.//
は思った / 彼女は書けると / ルイジンニョについて //

8 ⑤ She worked hard / for several months / and succeeded in writing the story.//
彼女は懸命に取り組んだ / 数か月間 / そしてその物語を書くことに成功した //

⑥ Through this experience, / she realized / that writing was what she loved to do /
この経験を通して / 彼女は気づいた / 書くことが彼女がするのが大好きなことだったと

and decided to do it / the rest of her life.// ⑦ Because of that, / her life began to
そしてそれをすることに決めた / 残りの彼女の人生で // それのおかげで / 彼女の人生はより

seem ever so much more fun!//
ずっと楽しいものに思え始めた！ //

9 ⑧ She believes / words / in stories / combine / with the reader's feelings and
彼女は信じている /ことばは / 物語の中の / 結びつくと / 読者の感情や気分と

mood / at the moment they are read.// ⑨ The words combine with the reader's
/ それらが読まれる瞬間の // そのことばは読者の想像力と結びつく

imagination / and become part / of their inner dictionary.// ⑩ This dictionary gives
/ そして一部になる / 彼らの内なる辞書の // この辞書は大きな力を

great power / to imagine and create, / which supports people / even in hard times.//
くれる / 想像や創作をするための / 人々の支えになる / つらい時期にさえ //

⑪ Eiko also believes / stories have the power / to bring people together.// ⑫ Believing
栄子はまた信じてもいる/ 物語は力を持っていると / 人々を引き合わせる // このことを

this, / she will continue to write.//
信じているので 彼女は書くことを続けるだろう//

✓ 単語チェック

□ **professor**	名 教授	□ **reader**	名 読者
□ **nonfiction**	名 ノンフィクション	□ **mood**	名 気分
□ **Brazilian**	形 ブラジルの	□ **inner**	形 内の，内部の
□ **combine**	動 結合する，結びつく		

✓ 本文内容チェック　「ブラジルから戻った栄子が始めたことと信じるようになったこと」

7 ブラジルから日本に戻った栄子は，34 歳のときに母校の大学教授からブラジルの子ど
もについてノンフィクションを書くよう頼まれ，ルイジンニョについて書くことにした。

8 彼女は数か月かけてその物語を書き上げた経験を通して，書くことが自分のしたい
ことだと気づいた。それから彼女の人生はずっと楽しく思えるものになった。

9 彼女は，物語の中のことばは読者の気持ちや想像力と結びつき，心の辞書の一部に
なると信じている。そしてこの辞書は，つらいときの支えとなり，人と人とを引き
合わせる力を持つとも信じている。それゆえに彼女は物語を書き続けるだろう。

🔑 読解のカギ

② When she was 34, a professor at <u>the university</u> (<u>from which</u> she graduated)

asked her to write some nonfiction about Brazilian children.

　➡ which は関係代名詞で，from の目的語の役割をしている。from which she
graduated の部分が先行詞の the university を修飾している。She graduated from
the university. の from the university を関係代名詞で受けている形である。

　➡ ask *A* to *do* は「A に～するよう頼む」という意味を表す。

⑥ Through this experience, she realized (that writing was {<u>what</u> she loved to
do}) and decided to do it the rest of her life.　　　　　　　　関係代名詞

　➡ what は先行詞を含む関係代名詞である (what=the thing(s) that [which])。what
she loved to do は「彼女がするのが大好きなこと」という意味で，that 節内の補語
になっている。

　➡ decide to *do* は「～することに決める」という意味を表す。

　➡ it は writing を指している。

　➡ the rest of her life は「残りの人生，一生」という意味で，for the rest of her life の
for「～の間 (ずっと)」が省略された形である。

⑩ This dictionary gives <u>great power to imagine and create</u>, (<u>which</u> supports
people even in hard times).

　➡ to imagine and create は to 不定詞の形容詞的用法。「想像や創作をするための」と
いう意味で，great power を修飾している。

　➡ which の前にコンマ(,) があるので，関係代名詞 which の非限定用法である。先行
詞は great power to imagine and create で，which supports people even in hard
times の部分が先行詞の補足説明をしている。　　　　　　　　文法詳細 p.132

⑫ Believing this, she will continue to write.

　➡ 副詞句の Believing this は分詞構文で，主節の内容を補足している。「～するので」
または「～しながら」という意味で解釈できる。分詞の意味上の主語は主節の主語
と一致するので，Believing の意味上の主語は she となる。

　➡ continue to *do* は「～し続ける」という意味を表す。

🐢 TRY1 Overview ①ヒント

You are writing a speech review. Reorder the following to complete the review.

(あなたはスピーチのレビューを書いています。レビューを完成させるために以下を並べかえなさい。)

ⓐ ルイジンニョは栄子が言語の神秘性と奥深さを理解する助けをした。

ⓑ 栄子の父親の擬音のおかげで，彼女は物語を好きになった。

ⓒ 栄子の教授は，ブラジルの子どもたちに関するノンフィクションの話を書くように彼女に依頼した。

ⓓ ブラジルで，ある男の子が歌っているかのように栄子にポルトガル語を教えた。

ⓔ 栄子は本が彼女を大いに助けてくれたと述べ，子ども時代の擬音についての話をした。

📖 TRY2 Main Idea ①ヒント

Mark the main idea M, the sentence that is too broad B, and the sentence that is too narrow N.

(話の本旨になるものには M を，広範すぎる文には B を，限定的すぎる文には N の印を書きなさい。)

1 角野栄子は世界的に有名な賞を受賞した。

2 ことばや物語を読んだり聞いたりすることは面白い。

3 栄子は，言語は人々が人生を歩んでいく助けになる神秘性や奥深さを持っていると考えている。

📖 TRY3 Details ①ヒント

Choose the three correct statements. (正しい記述を3つ選びなさい。)

ⓐ 角野栄子は国際アンデルセン賞をいつ受賞したか。→ 教p.78, ℓℓ.7-9

ⓑ 栄子の父親は彼女が子どもの頃どのようなことをしてくれたか。→ 教p.78, ℓℓ.10-12

ⓒ お話の中での桃が川を流れてくるときの擬音の使われ方はどのようなものか。
　　→ 教p.78, ℓℓ.14-15

ⓓ 日本での擬音の使用はどのようになっているか。→ 教p.78, ℓℓ.20-23

ⓔ ブラジルに移住した後，栄子は誰にポルトガル語を習ったか。→ 教p.78, ℓℓ.26-29

ⓕ「トクトク」という擬音は誰がいつ使ったものか。→ 教p.78, ℓℓ.32-33

ⓖ 栄子はいくつのときにブラジルへ行き，何年後に日本へ戻ったか。
　　→ 教p.78, ℓ.26, p.79, ℓ.7

ⓗ 栄子は物語を書くことについてどう思っていたか。→ 教 p.79, ℓℓ.13-14

💬 TRY4 Facts and Opinions ①ヒント

Write FACT for a factual statement and OPINION for an opinion.

(事実に基づく記述には FACT，個人的見解には OPINION と書きなさい。)

1 国際児童図書評議会国際アンデルセン賞は，しばしば児童文学にとってのノーベル賞と呼ばれる。

2 栄子の父親は，彼が語る物語の中で擬音を使った。

3 心臓の鼓動を聞けば，踊ることができる。

4 物語の中のことばは，読者の感情や気分とつながることができる。

🔵 TRY5 Deeper Understanding ①ヒント

Discuss the following with your partner.
(次のことについてパートナーと話し合いなさい。)

1 例 A: I remember the phrase, "Always do your best, there is someone watching you," from a book by my favorite author.

B: Wow, that's nice. I came up with some words used in Miyazawa Kenji's books, such as *Kuramubon* and *Ihatov*.

A: I remember them, too. He created words and used them in his books, right?

B: Yes. They sound strange, but leave strong impressions on us.

2 例 A: I agree, because we can share experiences through stories.

B: I agree, too. I like to share my thoughts with my friends about manga stories.

A: Me, too. It is also fun to listen to opinions different from mine.

B: I think it is the best way to understand what kind of person someone else is.

🔲 TRY6 Retelling ①ヒント

例 Scene 1 Kadono Eiko, a children's book author, won the Hans Christian Andersen Award in 2018. At the ceremony, she said that she admired Jella Lepman, who worked hard to create world peace through children's literature. She also said that books gave her the courage to live when she had a hard time during the war. She shared some onomatopoeia her father used to tell one tale. He expressed the sound of a peach floating down a river as *donburakok-ko-oh, suk, kok-ko-oh.*

Scene 2 Japanese people use different onomatopoeia for the floating peach. Eiko liked her father's *donburakok-ko-oh, suk, kok-ko-oh.* Even now, when her work is not going well, she says that phrase. By doing so, she can keep working. The phrase is her magic spell. Hearing the sounds of everyday life, Japanese people have created a lot of onomatopoeic phrases.

Scene 3 When she was 24, she and her husband moved to Brazil. She met a boy named Luisinho there. He became her Portuguese teacher. One day, she was invited to dance by him, but she was too shy to dance. He said that she could dance if she listened to her heart beating *tokutoku.* Then she realized that she had focused only on the meaning of language, and that rhythm and sounds can help people understand language.

Scene 4 When she was 34, after returning to Japan, a professor asked her to write a story about Brazilian children. She worked hard for several months to finish it. While doing the work, she realized she loved writing. She thinks words in stories can become part of the reader's inner dictionary, because they connect with the reader's imagination. The dictionary gives great power to people in hard times.

📖 **Language Function**

1 a comma [,] + which/who　関係代名詞の非限定用法

関係代名詞の which や who，whom の前に「**,(コンマ)**」を置き，先行詞の**補足的な説明をする**用法を，**非限定用法**という。非限定用法は継続用法，非制限用法ともいう。

which を使った非限定用法

1. She gave me *a beautiful umbrella,* (**which** I showed to my mother later).

   (= ..., and I showed it to my mother later.)

   (彼女は私にきれいな傘をくれ，私はそれを後で母に見せた。)

➡, which 以降は and でつながるようなイメージである。「,」により，文の内容はいったん完結し，それに続く関係詞節は先行する名詞句 a beautiful umbrella について補足の説明を加えている。非限定用法の先行詞は名詞句になることもある。

➡関係代名詞の前に「,」を置かない用法を限定用法という。関係代名詞節により，**先行詞の意味が限定される。**

例 She gave me *a beautiful umbrella* (**which** she had bought abroad).

which 節が a beautiful umbrella の情報を限定する

(彼女は私に，彼女が海外で買ってきたきれいな傘をくれた。)

2. Kadono Eiko won *the IBBY Hans Christian Andersen Award,* (**which** is often called the Nobel Prize for children's literature).

(角野栄子は国際児童図書評議会の国際アンデルセン賞を受賞したが，それはしばしば児童文学にとってのノーベル賞と呼ばれるものだ。)

➡先行詞 the IBBY Hans Christian Andersen Award について，which 節で補足の説明を加えている。

3. This dictionary gives *great power to imagine and create,* (**which** supports people even in hard times).

(この辞書は想像や創作をするための大きな力をくれ，それはつらい時期にさえ，人々の支えになる。)

➡先行詞 great power to imagine and create について，which 節で補足の説明を加えている。

who を使った非限定用法

4. She became friends with *Luisinho,* (**who** became her Portuguese teacher).

(彼女はルイジンニョと友達になったのだが，彼は彼女のポルトガル語の先生になった。)

➡先行詞 Luisinho について，who 節で補足の説明を加えている。

先行詞が節全体になる場合

5. *He is often late for meetings,* (which is the reason why he was not chosen as the

team captain).
(彼はよくミーティングに遅刻するのだが，それが彼がチームのキャプテンに選ばれなかった理由だ。)

➡ ここでの先行詞は He is often late for meetings の**節全体**である。このように，非限定用法の先行詞は，節全体になることもある。which 節が「,」の前の節全体について補足説明をしている。

＋α

限定用法と非限定用法とでは表される意味が異なる

(1) She has two sons, (who are high school students).
(= ..., and they are high school students.)
(彼女には 2 人の息子がいるが，彼らは高校生だ。)

(2) She has two sons (who are high school students) and another (who goes to college).
(彼女には 2 人の高校生の息子と，大学に通っているもう 1 人の息子がいる。)

➡ (1)は関係代名詞の非限定用法，(2)は関係代名詞の限定用法の文である。
➡ 非限定用法の(1)が「2 人の息子がいる(= 息子は 2 人である)。彼らは高校生である」と，息子は 2 人だけであることを意味するのに対し，限定用法の(2)は「高校生である 2 人の息子がいる」と，その他にも(高校生ではない)息子がいる可能性を残している。そのため，(2)には例えば and another ... といった表現を付け加えることができる。(1)はコンマ(,)で区切られているため，息子は 2 人と断定している。

Qヒント　Complete the following sentences by giving extra information with *which* or *who*.
（which または who を使い，次の文に補足情報を加えて，文を完成させなさい。）

ⓐ 将来，自分が訪れたい場所を先行詞として，非限定用法の関係代名詞 which を使い，その場所の補足情報を加えた文にする。
ⓑ 自分が読んだ本に書かれていた人物を先行詞として，非限定用法の関係代名詞 who を使い，その人物の補足情報を加えた文にする。

❷ -ing/-ed clauses without a subject　分詞構文

分詞が導く句が副詞の働きをして，主節の内容を補足的に説明するものを**分詞構文**とい
う。分詞句は「**〜なので**」(理由)，「**〜するときに**」(時)，「**〜しながら**」(付帯状況)などの
意味を表す。分詞の意味上の主語は文の主語と一致するのが原則。

現在分詞を使った分詞構文

1. **Feeling** so surprised, she couldn't say a word.
   (= Since *she* felt so surprised, she couldn't say a word.)
   (とても驚いたので，彼女はひと言も話すことができなかった。)
   ➡「理由」を表す分詞構文で，「〜なので」という意味になる。
   ➡ since を使って書きかえるとき，その since 節の中の主語は，元の文の主語と同じ
   she になる。

2. **Hearing** these sounds, people have used their imaginations.
   (これらの音を聞くと，人々は想像力を使ってきた。)
   ➡「付帯状況」を表す分詞構文で，「〜しながら」という意味になる。

過去分詞を使った分詞構文

3. **(Being) Spoken** in so many countries, English is becoming a world language.
   　　受動態　　　　　　　　　(英語はとても多くの国で話されていて，国際語になりつつある。)
   ➡ 受動態の <be+過去分詞> を分詞構文にすると，<being+過去分詞> の形になる。この
   being はしばしば省略される。

接続詞を伴った分詞構文

4. **While waiting**, she sent two email messages.
   (待っている間に，彼女はメールを2通送った。)
   ➡ 分詞構文の表す意味をはっきりさせるため，ここでの while のように接続詞を分詞の
   前に置くことがある。

5. **Until meeting** Luisinho, she had focused only on the meaning of language.
   (ルイジンニョに会うまでは，彼女は言語の意味だけに集中していた。)
   ➡ 分詞構文の意味をはっきりさせるため，接続詞の until が分詞の前に置かれている。

Qヒント　Describe each picture with the given words and *-ing/-ed* clauses.
　　　　　(それぞれの絵を与えられた語句と，-ing 節または -ed 節を使って説明しなさい。)
A 語句に feel, excited とあるので，「わくわくしながら〜した」などの意味の文を，分
　詞構文で作る。
B 語句に while があり，絵の男性はスキーをする格好をしているので，「スキーをしてい
　る最中に〜した」などの意味の文を，分詞構文で作る。

🗣 Speaking ❶ヒント

Warm-up dialogue: Showing your interest

1つ目の空所は, 後に「でも, 私は『君の名は。』が一番好きなんだ」と続いていることから, 相手の発言に同調する表現が入ると考えられる。2つ目の空所を含む文は, It's で始まってクエスチョンマーク (?) で終わっているので, 付加疑問文の形になっていると考えられる。

A: 昨日の夜, 『魔女の宅急便』の映画を見たんだ。

B: ああ, そうなの?　どうだった?

A: とても良かったよ。

B: 私＿＿＿＿＿＿＿＿。でも, 私は『君の名は。』が一番好きなんだ。

A: それはすごくいい＿＿＿＿＿＿＿＿。

Conversation

❶

好きな作品を紹介する表現:

My favorite ～ is ... . (私のお気に入りの～は…です),

I like ～ best.(私は～が一番好きです),

It's the best animation [manga] I've ever watched [read].

(それは私が今までに見た [読んだ] 中で一番のアニメ [漫画] です)

❸

TOOL BOX の表現の意味:

It's great [awesome]!(すごくいいですね!),　Me, too.(私もです),　I agree.(同意します),　Really?(本当ですか) ,　No kidding!(冗談でしょ!),　It's ..., isn't it?(それは…ですよね)

✏ Writing ❶ヒント

❷

例の訳

　　色は人の感情に影響を及ぼすとよく言われる。色には私たちに良いように影響を及ぼすものがある。例えば, 赤は刺激を与える色であることが知られている。それは私たちの感情を刺激して, より速く心臓を鼓動させる。青もまた私たちに精神的に影響を及ぼす色である。淡い青は私たちを落ち着かせ, よりよく思考するのに役立つ。濃い青は私たちの精神を刺激して, より明瞭に思考する助けになる。青色を見ることは血圧を下げる助けになり得る。もう一つの例は緑で, ちょうど森の中を散歩した後に私たちがリフレッシュしたと感じるように, 緑は私たちをリフレッシュさせる。それが, 病院が患者を落ち着かせるのに役立たせるためにときどき緑を使う理由だ。

📝 **定期テスト予想問題**　　　解答 ➡ **p.138**

1 日本語の意味に合うように，＿＿に適切な語を入れなさい。

(1) あなたの仕事がうまくいくことを願っています。

I hope your work will ＿＿＿＿＿＿＿＿ ＿＿＿＿＿＿＿.

(2) その問題が彼らを引き合わせた。

The problem ＿＿＿＿＿＿＿ them ＿＿＿＿＿＿.

(3) その週末は雨の日で始まった。

The weekend ＿＿＿＿＿＿＿ ＿＿＿＿＿＿＿ a rainy day.

2 日本語に合うように，（　）内の語句を並べかえなさい。

(1) 本を読みながら，私は彼を待っていた。

(was / reading / I / waiting / a book / for / ,) him.

＿＿＿＿＿＿＿＿＿＿＿＿＿＿＿＿＿＿＿＿＿＿＿＿＿ him.

(2) ジョンはきれいな女性と話しているが，彼女は彼の姉だ。

(with / woman / his sister / John / is / is / who / pretty / a / talking / ,).

＿＿＿＿＿＿＿＿＿＿＿＿＿＿＿＿＿＿＿＿＿＿＿＿＿＿.

(3) この市に住んでいるので，私たちは市立図書館を無料で利用できる。

(in / can / use / living / city / the city library / we / this / ,) for free.

＿＿＿＿＿＿＿＿＿＿＿＿＿＿＿＿＿＿＿＿＿＿＿＿ for free.

3 次の英語の下線部を書きかえて，分詞構文を使った文にしなさい。また，その英語を
日本語に訳しなさい。

(1) Since she had much homework, she couldn't go out.

→ ＿＿＿＿＿＿＿＿＿＿＿＿＿＿ she couldn't go out.

(　　　　　　　　　　　　　　　　　　　　　　　　　)

(2) When I was studying in the library, I found a very interesting book.

→ ＿＿＿＿＿＿＿＿＿＿＿＿＿＿＿ I found a very interesting book.

(　　　　　　　　　　　　　　　　　　　　　　　　　)

4 次の2つの文を，下線部を先行詞にした関係代名詞の非限定用法を使って1つの文に
書きかえなさい。また，その英語を日本語に訳しなさい。

(1) I like this story. It is read around the world.

＿＿＿＿＿＿＿＿＿＿＿＿＿＿＿＿＿＿＿＿＿＿＿＿＿＿＿＿＿

(　　　　　　　　　　　　　　　　　　　　　　　　　)

(2) My brother is an English teacher. He started working this year.

＿＿＿＿＿＿＿＿＿＿＿＿＿＿＿＿＿＿＿＿＿＿＿＿＿＿＿＿＿

(　　　　　　　　　　　　　　　　　　　　　　　　　)

5 次の英文を読んで，後の問いに答えなさい。

　　When she was 24, she moved to Brazil with her husband. At first, her life there was hard because she couldn't speak Portuguese at all. However, ①she was lucky to become friends with a boy named Luisinho, who became her Portuguese teacher. She enjoyed learning the language by listening to ②(　　　　　) because it sounded more like singing. Amazingly, ③(his / of / voice / words / across / through / the meaning / came) when he spoke to her.

(1) 下線部①の英語を日本語に訳しなさい。
　　(　　　　　　　　　　　　　　　　　　　　　　　　　　　　　)
(2) 下線部②の空所に入る語句を下から選び記号で答えなさい。
　　a. he speaks　b. him spoke　c. his speaking　　　　　　(　　)
(3) 下線部③が「ことばの意味は彼の声を通して伝わった」という意味になるように，(　)内の語句を並べかえなさい。

---

6 次の英文を読んで，後の問いに答えなさい。

　　One day, Luisinho invited her to dance, but she was too shy to ①do so. He said, "Eiko, you have a heart, and it beats *tokutoku tokutoku*, right? If you listen to that, you can dance. Human beings are ア(make) ②that way!" イ(Hear) these words, she was stunned. She recalled feeling that *tokutoku* when her father told stories ウ(use) onomatopoeia. Until エ(meet) Luisinho, she had オ(focus) only on the meaning of language, but ③he helped her to see the mystery and depth of it. She realized that even when we don't know much vocabulary, if language has the right rhythm and sounds, it amazingly reaches the listener.

(1) 下線部①を具体的に表す1語を本文から抜き出しなさい。
　　_____
(2) ア〜オの(　)内の語を適切な形にしなさい。
　　ア_____　イ_____　ウ_____
　　エ_____　オ_____
(3) 下線部②が具体的に指す内容を日本語で答えなさい。
　　(　　　　　　　　　　　　　　　　　　　　　　　　　　　　　)
(4) 下線部③の英語を日本語に訳しなさい。
　　(　　　　　　　　　　　　　　　　　　　　　　　　　　　　　)

"Acceptance speech by Eiko Kadono" by Eiko Kadono and translated by Avery Udagawa, from *Presentation of Hans Christian Andersen Award 2018, IBBY*. Copyright © 2018 by Eiko Kadono. English text copyright © 2018 by Avery Udagawa.

定期テスト予想問題　解答　pp.136~137

1 (1) go well　(2) brought, together　(3) began [started] with
2 (1) Reading a book, I was waiting for (him.)
　(2) John is talking with a pretty woman, who is his sister(.)
　(3) Living in this city, we can use the city library (for free.)
3 (1) Having much homework, (she couldn't go out.)
　　たくさん宿題があったので，彼女は出かけられなかった。
　(2) Studying in the library, (I found a very interesting book.)
　　図書館で勉強していたときに，私はとても面白い本を見つけた。
4 (1) I like this story, which is read around the world.
　　私はこの物語が好きで，それは世界中で読まれている。
　(2) My brother, who started working this year, is an English teacher.
　　私の兄 [弟] は，今年から働き始めたのだが，英語の先生だ。
5 (1) 彼女は幸運にもルイジンニョという名前の男の子と友達になり，彼は彼女
　　のポルトガル語の先生になった。　　(2) c
　(3) the meaning of words came across through his voice
6 (1) dance
　(2) ア made　イ Hearing　ウ using　エ meeting　オ focused
　(3) 例 心臓がトクトクと鼓動するのを聞けば踊ることができる。
　(4) 彼は彼女がそれの神秘性と奥深さを理解する助けをした。

解説

2 (1)「~しながら」は分詞構文で表す。　(2) a pretty woman を先行詞とする，関係代名詞の非限定用法の文にする。　(3)「~するので」は分詞構文で表す。
3 (1) since は「~なので」と「理由」を表す接続詞。「理由」を表す分詞構文にする。　(2)「~していたときに」という「時」を表す分詞構文にする。
4 (1) 先行詞が人以外なので関係代名詞の which を使う。that は非限定用法では使わない。　(2) 先行詞が人なので，who を使う。
5 (1) named Luisinho は直前の a boy を後置修飾する分詞句。who 以下は関係代名詞節で，前に「,(コンマ)」があるので非限定用法。　(2) 前置詞 to の目的語の位置なので，名詞の働きをする動名詞の c が正解。動名詞の主語が his で示されている。　(3)「伝わった」は came across で表す。
6 (1) do so は「そうする」という意味で，前にある dance のことを受けている。　(2) ア 受動態 <be 動詞 + 過去分詞> の形にする。　イ，ウ，エ 分詞構文と考え，現在分詞にする。　オ 過去完了形 <had+ 過去分詞> の形にする。　(3) that way は「そういうふうに」という意味で，直前のことばを受けている。　(4) help A to do は「A が~する助けをする」という意味。

Pictures without Shadows

Capturing Joy: The Story of Maud Lewis by Jo Ellen Bogart and illustrated by Mark Lang. Text copyright © 2002 by Jo Ellen Bogart. Illustrations copyright © 2002 by Mark Lang. Maud Lewis art copyright © 2002 by the Art Gallery of Nova Scotia. Reprinted by permission of Tundra Books, a division of Penguin Random House Canada Limited.

単語・熟語チェック

shadow	名 影	Let's walk in the **shadows** of the buildings. ビルの影の中を歩きましょう。

1 ~ 2

crisp	形 パリパリした	We walked on the **crisp** leaves. 私たちはパリッとした木の葉の上を歩いた。
tiny	形 とても小さい	They saw a **tiny** little baby. 彼らはとても小さい赤ちゃんを見た。
make a living	熟 生計を立てる	She **makes a living** as a pianist. 彼女はピアニストとして生計を立てている。
advertise	動 広告を出す	Our company doesn't **advertise** on TV. 私たちの会社はテレビで広告を出していない。
housekeeper	名 家政婦, ハウスキーパー	He decided to employ a **housekeeper**. 彼はハウスキーパーを雇うことに決めた。
it is not long before ~	熟 ほどなくして~	**It was not long before** Alex appeared. ほどなくしてアレックスが現れた。
marry	動 ~と結婚する	She **married** Tom in 2015. 彼女は2015年にトムと結婚した。
move in	熟 引っ越してくる	When are they **moving in**? 彼らはいつ引っ越してくる予定なのですか。
comfortable	形 快適な	I want to buy a **comfortable** bed. 私は快適なベッドを買いたい。
hardly	副 ほとんど~ない	There is **hardly** any difference between the two smartphones. その2つのスマートフォンにほとんど違いはない。
turn around	熟 振り向く	He **turned around** and waved to us. 彼は振り向いて私たちに手を振った。
housework	名 家事	I have to do some **housework** this afternoon. 私は今日の午後は家事をしなければならない。
arthritis	名 関節炎	He can't walk fast because he has **arthritis**. 彼は関節炎のせいで速く歩けない。

3

keep *A* from *doing*	熟 A が〜する のを妨げる	Heavy snow **kept** us **from going** out. 大雪が私たちが外出する妨げになった。
carry on with *A*	熟 A を続ける	She wants to **carry on with** her job. 彼女は自分の仕事を続けたいと思っている。
creative	形 創造力を 使った	**Creative** thinking is important for doing this task. この課題をこなすには創造的な思考が重要だ。
frozen	形 凍った	I bought a **frozen** pizza for lunch. 私は昼食に冷凍のピザを買った。
snowfall	名 降雪	The first **snowfall** of the season was observed yesterday. 昨日，シーズン初の降雪が観測された。
sleigh	名 そり	They traveled in a **sleigh** pulled by dogs. 彼らは犬に引かれたそりに乗って移動した。

4 ~ 5

move on to *A*	熟 A に移る	Let's **move on to** the next question. 次の質問に移りましょう。
cut out *A* from *B* / cut *A* out from *B*	熟 B から A を 切り抜く	He **cut out** a picture **from** the newspaper. 彼は新聞から 1 枚の写真を切り抜いた。
scrap	名 切れ端	I wrote my phone number on a **scrap** of paper. 私は紙切れに自分の電話番号を書いた。
metal	名 金属	This plate is made of **metal**. この皿は金属でできている。
tray	名 盆，トレー	The **tray** was heavy with glasses. お盆はグラスが載っていて重かった。
easel	名 画架，イー ゼル	I set up an **easel** by the lake in the park. 私は公園の湖の近くに画架を設置した。
squeeze	動 〜を絞る	**Squeeze** the juice from a lemon into the water. その水の中にレモンの果汁を絞りなさい。
schoolyard	名 校庭	There is a group of students in the **schoolyard**. 校庭には生徒たちの集団がいる。
stretch	動 〜を伸ばす	**Stretch** your legs before you go running. 走りに行く前に脚を伸ばしなさい。
A is stretched out	熟 A(手足など) が広げられる	His arms and legs **were stretched out** like a teddy bear's. 彼の手足はテディベアのように広げられていた。
tell of *A*	熟 A について 物語る	This song **tells of** true love. この歌は真実の愛について物語っている。
sunlight	名 太陽光	The color of that dress looks great in the **sunlight**. そのドレスの色は太陽光だとすてきに見える。

| horizon | 名 水平線 | The moon rose above the **horizon**.
月が水平線の上に昇った。 |

6 ～ 7

rarely	副 めったに〜ない	This kind of bird is **rarely** found around here. この種の鳥はこの辺りでめったに見られない。
brightly	副 明るく	The stars were shining **brightly**. 星が明るく輝いていた。
autumn	名 秋	I was born in **autumn**. 私は秋に生まれた。
evergreen	形 常緑の	This forest has a lot of **evergreen** trees. この森には多くの常緑樹が生えている。
landscape	名 景色	The **landscape** in this area is fantastic. この地域の景色はとてもきれいだ。
foreground	名 前景	The man in the **foreground** is the artist himself. 前景にいる男性は画家自身である。
realistic	形 写実的な	This artist is famous for his **realistic** paintings. この画家は写実的な絵で有名だ。
valley	名 谷	She is from a small town in a **valley**. 彼女は谷あいにある小さな町の出身だ。
fascinating	形 魅力的な	The diary of her trip to Italy was really **fascinating**. 彼女のイタリア旅行日記は本当に魅力的だった。
make a point of *doing*	熟 決まって〜する	I **made a point of drinking** hot milk before going to bed. 私は寝る前には決まって温かいミルクを飲んだ。
make a trip to *A*	熟 Aへ旅行する,買い物に行く	I'm going to **make a trip to** the convenience store. 私はコンビニに買い物に行く予定だ。

8 ～ 9

attract	動 〜を引きつける	The new product **attracted** attention with its unique design. その新製品はその独特なデザインで注目を集めた。
article	名 記事	I read an interesting **article** in today's newspaper. 私は今日の新聞で興味深い記事を読んだ。
have trouble (in) *doing*	熟 〜するのに苦労する	We **had trouble finding** a hotel to stay at. 私たちは宿泊するホテルを探すのに苦労した。
regular	形 定期の,定期的な	**Regular** exercise is good for your health. 定期的な運動は健康に良い。
woodstove	名 薪ストーブ	That room was warmed by a **woodstove**. その部屋は薪ストーブで温められていた。
fume	名 煙霧, 霧	The **fumes** from cars make me sick. 車からの煙で私は具合が悪くなる。

cigarette	名 たばこ	He was smoking a **cigarette**. 彼はたばこを吸っていた。
slow down *A* / slow *A* down	熟 *A* を遅らせ る	The bad road conditions **slowed** us **down**. 道路の悪状況が私たちを遅らせた。
cemetery	名 共同墓地	She was buried in a local **cemetery**. 彼女は地元の共同墓地に埋葬された。
delight	名 喜び	The children are jumping with **delight**. 子どもたちは喜びで飛び跳ねている。
capture	動 ～をとらえる, うまく表す	This accident was **captured** on several video cameras. この事故は複数のビデオカメラにとらえられていた。

1 ～ 2

★ポイント モードとエヴェレットはどのような関係で，どのような生活をしていたか。

1 ① A small woman was walking / through the crisp snow / of a January evening.//
1人の小柄な女性が歩いていた　/　バリバリとした雪を通って　/　1月のある日の夕方の

② She knocked / on the door / of the tiny house / where Everett Lewis lived.//
彼女はノックした　/　ドアを　/　とても小さい家の　/　エヴェレット・ルイスが住んでいた

③ He made a living / by selling fish / from house to house.//　④ Everett had
彼は生計を立てていた　/　魚を売ることで　/　家から家へ　//　エヴェレットは広告

advertised / for a housekeeper, / but Maud Dowley knew / that the lonely man
を出していた　/　家政婦を求めて　/　しかしモード・ダウリーは わかっていた　/　その孤独な男性が

needed a wife and friend.//　⑤ She knew / that she should be that wife.//
妻と友人を必要としていると　//　彼女はわかっていた　/　彼女がその妻になるであろうと

2 ⑥ It was not long before Maud married Everett / and moved in / to share his
ほどなくしてモードはエヴェレットと結婚した　/　そして引っ越した　/　彼と生活を共にするために

life.//　⑦ She accepted / that it would not be a comfortable life.//　⑧ The house had
//　彼女は受け入れた　/　それは快適な生活にはならないだろうということを　//　その家にはただ一室

just one small room, / with a sleeping space above.//　⑨ There was no water or
だけ小さい部屋があった　/　上に寝る空間のある　//　水道も電気もなかった

electricity / in the house, / and hardly room / to turn around.//　⑩ Maud began to do
/　その家には　/　そして空間もほとんど（なかった）　/　振り返るための　//　モードは

the cooking and housework, / but it was hard / for her.//　⑪ She was not strong /
料理や家事をし始めた　/　しかしそれは難しかった　/　彼女にとって　//　彼女は体が強くなかった

because she was suffering / from arthritis / and could not move quickly or carry /
彼女は患っていたので　/　関節炎を　/　そして素早く動いたり運んだりできなかった　/

heavy things.//
重い物を　//

単語チェック

□ **crisp** 形 パリパリした | □ **comfortable** 形 快適な
□ **tiny** 形 とても小さい | □ **hardly** 副 ほとんど～ない
□ **advertise** 動 広告を出す | □ **housework** 名 家事
□ **housekeeper** 名 家政婦 | □ **arthritis** 名 関節炎
□ **marry** 動 ～と結婚する

本文内容チェック　「モードとエヴェレットの関係と，彼らの生活」

1 1月のある日の夕方，モード・ダウリーは家政婦募集の広告を出していたエヴェレット・ルイスの家のドアをノックした。彼女は彼が妻や友人を必要としていて，自分がその妻になるであろうと感じていた。

2 2人は結婚して生活を共にし始めた。その家は小さい部屋が一室あるのみで，水道も電気もなかった。モードは関節炎を患っていたため，家事をこなすのが困難だった。

🎵 **読解のカギ**

① **A small woman was walking through the crisp snow of a January evening.**
　　　　　　　　　<u>過去進行形</u>　　　　　　　　　　　　　　<u>January evening</u>

　➡ <was[were]+ 現在分詞 > の形の過去進行形の文。
　➡ January は名詞だが形容詞的に「1 月の」という意味で evening を修飾している。
　　このように，名詞は直後の名詞を修飾することもある。

② **She knocked on the door of <u>the tiny house</u> (where Everett Lewis lived).**

　➡ knock on A は「A(ドアなど) をノックする，叩く」という意味を表す。
　➡ where は関係副詞で，関係副詞節の where Everett Lewis lived が the tiny house
　　を修飾している。where 節は場所や位置を表す語句を修飾し，「～が…する (場所・
　　位置)」という意味を表す。

　🎵 **問1. 並べかえなさい。**
　私は祖父が生まれた町を訪ねた。
　(town / where / I / my / the / was / visited / grandfather / born).
　_____.

③ **He made a living by <u>selling</u> fish from house to house.**
　　　　　　　　　　　　　<u>動名詞</u>

　➡ make a living は「生計を立てる」という意味を表す。
　➡ selling は動名詞で，by selling fish は「魚を売ることで」という意味を表す。
　➡ from house to house は「家から家へ，家々を回って」という意味を表す。

④ **Everett had advertised for a housekeeper, but Maud Dowley knew (that the lonely man needed a wife and friend).**
　➡ had advertised は <had+ 過去分詞 > の形で過去完了形になっている。過去のある
　　時点 (= モードがエヴェレットの家を訪ねた日) で完了していたことを表している。
　➡ the lonely man とは Everett のことを指している。

　🎵 **問2. 日本語にしなさい。**
　It had stopped raining when I left school.
　(　　　　　　　　　　　　　　　　　　　　　　　　　　　　　　　　)

⑤ **She knew (that she should be that wife).**
　➡ should は「～するだろう」という意味を表す助動詞 shall の過去形である。
　➡ that wife は，前文④の a wife を指している。

⑥ **It was not long before (<u>Maud</u> <u>married</u> Everett and <u>moved</u> in {to share his life}).**
　　　　　　　　　　　　　(S')　　(V'₁)　　　　　　　(V'₂)　to 不定詞の副詞的用法

➡ it is not long before 〜は「ほどなくして〜」という意味を表す。

➡ to share his life は to 不定詞の副詞的用法で, 「生活を共にするために」という意味。

⑦ **She accepted (that it would not be a comfortable life).**

➡ <accept+that 節 > は「〜ということを受け入れる」という意味を表す。

➡ that 節内では時制の一致で will が過去形の would になっている。

⑧ **The house had just one small room, (with a sleeping space above).**

(付帯状況)<with+ 名詞 + 副詞 >

➡ with は付帯状況を表し, <with+ 名詞 + 副詞 [形容詞]> の形で「(名詞) が〜の状態で伴って」という意味を表す。with a sleeping space above は「寝る空間が上に伴っていて」という説明を追加する働きをしている。この用法では文の区切れ目をわかりやすくするためにwithの前にコンマ(,)を置くことがあるが, 置かない場合もある。

⑨ **There was no water or electricity in the house, and hardly room (to turn around).**
there was

➡ no A or B は「A も B もまったく〜ない」という意味を表す。

➡ hardly の前には there was が省略されている。hardly は「ほとんど〜ない」という準否定の意味を表すので, there was hardly 〜は「〜がほとんどなかった」という意味になる。

➡ to turn around は to 不定詞の形容詞的用法で, 「振り返るための」という意味。room を修飾している。

⑩ **Maud began to do the cooking and housework, but it was hard for her.**

➡ begin to *do* は「〜し始める」という意味を表す。

➡ do の目的語は the cooking と housework の 2 つ。

➡ do the cooking は「料理をする, 炊事をする」, do housework は「家事をする」という意味を表す。

➡ it は to do the cooking and housework を指している。

⑪ **She was not strong (because she was suffering from arthritis and could not**
(S')　　　(V₁')　　　　　　　　　　　　(V₂')

move quickly or carry heavy things).
(V₃')　　(O')

➡ suffer from A は「A を患う」という意味を表す。進行形で用いられることが多い。ここでは過去進行形になっている。

➡ not A or B は「A も B も〜ない」という意味を表す。

➡ carry は move 同様, could not を受けている。

🔸問の解答　**問1.** I visited the town where my grandfather was born(.)　**問2.** 私が学校を出るときには雨はやんでいた。

3

┌ポイント┐　エヴェレットが家事をするようになり，モードは何を再び始めたか。

3 ① As time passed, / Everett went back to doing / most of the housework, / as he
時が経つにつれて / エヴェレットはまたするようになった / 家事のほとんどを / 彼が

had done / for years.//　② Maud went back to an activity / she loved /
してきたように / 何年も // モードはまた活動を始めた / 彼女が大好きだった /

—painting.//　③ Her disease didn't keep her from carrying on / with her creative
絵を描くこと // 彼女の病気は彼女が続けることを妨げなかった / 彼女の創作

activity.//　④ In her new home, / Maud began to paint Christmas cards, / selling
活動を // 彼女の新しい家で / モードはクリスマスカードを描き始めた / そしてそれらを

them / for a small amount of money, / often to Everett's customers.//　⑤ The
売った / 少額のお金と引き換えに / よくエヴェレットの顧客を相手に // その

Christmas cards had scenes / of sleepy villages / under falling snow, / people /
クリスマスカードには光景が描かれていた / 静かな村々の / 降っている雪の下の / 人々 /

skating on frozen lakes, / little blue birds / surprised by an early snowfall, / and a
凍った湖の上でスケートをしている / 小さい青い鳥たち / 早雪に驚く / そして

single horse / pulling a sleigh.//
1頭の馬 / そりを引いている //

✓ 単語チェック

| □ creative | 形 創造力を使った | □ snowfall | 名 降雪 |
| □ frozen | 形 凍った | □ sleigh | 名 そり |

✓ 本文内容チェック　「モードが再びするようになった活動」

3 エヴェレットが再び家事のほとんどをするようになると，モードは大好きだった絵をまた描き始め，描いたクリスマスカードをエヴェレットの顧客などに売った。カードには雪の降り積もった静かな村々の光景が描かれていた。

🔑 読解のカギ

① **(As time passed), Everett went back to doing most of the housework, (as he had done for years).**

➡ 文頭の As は「〜するにつれて」という意味を表し，2つ目の as は「〜するように」という意味を表す。

➡ go back to A は「また元の A(習慣・行動など)に戻る」という意味を表す。ここでは A に動名詞の doing が置かれていて，「また〜をするようになった」という意味になる。

➡ most of A は「A のほとんど」という意味を表す。この most は代名詞。

➡ had done は <had+過去分詞> の形で過去完了形になっている。過去のある時点において，「それまでしていた」ということを表している。

② **Maud went back to an activity (she loved)—painting.**
(which[that])

➡ she の前には目的格の関係代名詞 which または that が省略されている。(which[that]) she loved の節が an activity を修飾している。

➡ ダッシュ (—) の後の painting は，an activity she loved を具体的に言いかえたことばである。

③ **Her disease didn't keep her from carrying on with her creative activity.**

➡ Her disease は前のパラグラフで述べられた arthritis を指している。

➡ keep *A* from *doing* は「Aが～するのを妨げる」という意味を表す。

➡ carry on with *A* は「Aを続ける」という意味を表す。

④ **In her new home, Maud began to paint Christmas cards, (selling them for a small amount of money, often to Everett's customers).**

➡ begin to *do* は「～し始める」という意味を表す。

➡ selling は分詞構文で，「(～して) そして～した」という意味を表す。この分詞構文は，主節→分詞句と出来事が起こった順番で並べている。

➡ sell *A* to *B* は「AをBに売る」という意味を表す。to Everett's customers は「エヴェレットの顧客に」という意味で，often がこの前置詞句を修飾している。

➡ them は Christmas cards を指している。

➡ ここでの for は「～と引き換えに」という意味で，「対価」を表している。

⑤ **The Christmas cards had scenes of sleepy villages (under falling snow), people skating on frozen lakes, little blue birds surprised by an early snowfall, and a single horse pulling a sleigh.**

➡ sleepy は「静かな，活気のない」という意味を表す。人について言う場合は「眠そうな」という意味になる。

➡ under falling snow は sleepy villages を修飾している。

➡ falling は現在分詞で，snow を修飾している。falling snow で「降っている雪」という意味になる。

➡ skating on frozen lakes は people を修飾する現在分詞句。「凍った湖の上でスケートをしている」という意味を表す。

➡ surprised by an early snowfall は little blue birds を修飾する過去分詞句。「早雪に驚かされた [驚いた]」という意味を表す。

➡ pulling a sleigh は a single horse を修飾する現在分詞句。「そりを引いている」という意味を表す。

4 ~ 5

ポイント　モードの絵にはどのような場面がよく描かれていたか。

4　① When she moved on / to larger paintings, / Everett cut out boards / from
　　　　　彼女が移ると / より大きな絵に / エヴェレットは板を切り出した / 切れ端

scraps / of wood / for her to paint on.// ② She used a metal TV tray / as her easel /
から / 木材の / 彼女が絵を描くために // 彼女は金属のテレビトレーを使った / 画架として /

and old cans / to squeeze her paints into.// ③ Maud painted / for hours straight, /
そして古い缶を / 絵の具を絞って入れるのに // モードは描いた / 連続で何時間も /

supporting her painting hand / with the other.// ④ Sitting in the corner / by the
絵を描く手を支えながら / もう片方で // すみに座りながら / その

house's one window, / Maud began to create scenes / from the early years / of her
家の1つの窓の近くの / モードは場面を創作し始めた / 幼年の / 彼女の

life.// ⑤ Though she could not go / to school / like other healthy children, / Maud's
人生の // 彼女は行けなかったが / 学校へ / ほかの健康な子どもたちのようには /

paintings often showed children / heading to school / or on the schoolyard.//
モードの絵にはよく子どもが登場した / 学校へ向かう / または校庭にいる //

⑥ Bright colors and arms stretched out told / of active, happy children.//
明るい色や広げられた両腕は物語っていた / 活発で幸せな子どもたちを //

5　⑦ Maud had her own way / of drawing the world.// ⑧ She never painted
モードには彼女なりのやり方があった / 世界を描写する // 彼女は決して影を描か

shadows / on the ground / in scenes / of summer or fall.// ⑨ The place / where Maud
なかった / 地面に / 風景の / 夏や秋の // 場所は / モードが

created depth / with soft blue shadows / was on the snow.// ⑩ Also, / in her water
奥ゆきを出す / 淡い青色の影で / 雪の上だった // また / 水辺の

scenes, / Maud showed a wonderful sense / of light and dark.// ⑪ Sunlight shone /
場面で / モードはすばらしいセンスを見せた / 明暗の // 日光は光り輝いた /

on the sea's blue horizon / and the hills threw dark shadows / on the water.//
海の青い水平線で / そして丘は暗い影を落とした / 水面に //

⑫ Boats flashed bright reflections / of their sides.//
ボートはまばゆく反射する光を放った / それらの側面の //

単語チェック

□ scrap	名 切れ端	□ schoolyard	名 校庭
□ metal	名 金属	□ stretch	動 ~を伸ばす
□ tray	名 盆，トレー	□ sunlight	名 太陽光
□ easel	名 画架，イーゼル	□ horizon	名 水平線
□ squeeze	動 ~を絞る		

本文内容チェック　「モードが絵に描いた場面」

4　モードは彼女の幼い頃の場面を絵にし始めた。彼女はほかの健康な子のように学校

へは行けなかったが，学校へ向かう子どもや校庭にいる子どもをよく描いた。

5 モードは決して地面に影を描かなかった。彼女は水辺の場面ですばらしい明暗のセンスを見せ，水平線に輝く光，水面に影を落とす丘，反射に光るボートを描いた。

🔑 読解のカギ

① **(When she moved on to larger paintings), Everett cut out boards from scraps of wood for her (to paint on).**

➡ move on to *A* は「A に移る」という意味を表す。

➡ cut out *A* from *B* は「B から A を切り抜く」という意味を表す。

➡ to paint は to 不定詞の副詞的用法で，to paint on は「(その上に) 絵を描くために」という意味になる。for her が to 不定詞の意味上の主語を示している。

③ **Maud painted for hours straight, (supporting her painting hand with the other).**
                                                             分詞構文

➡ straight は「連続して」という意味の副詞として用いられている。

➡ supporting ... other は分詞構文で，「～しながら」という意味を表す。

➡ the other は「もう片方」という意味で，「もう片方の手」を表している。

④ **(Sitting in the corner by the house's one window), Maud began to create ...**
    分詞構文

➡ Sitting ... window は分詞構文で，「～しながら」という意味を表す。

⑤ **(Though she could not go to school {like other healthy children}), Maud's paintings often showed children heading to school or on the schoolyard.**

➡ like は「～のように」という意味の前置詞として用いられている。

➡ heading は head「向かう」の現在分詞で，heading to school という現在分詞句が，children を後ろから修飾している。or を挟んで続く on the schoolyard も children を修飾している。

⑥ **Bright colors and arms stretched out told of active, happy children.**

➡ stretched out は arms を後ろから修飾する過去分詞句。stretch out *A* は「A(手足など) を広げる，伸ばす」という意味なので，「広げられた腕」という意味になる。

➡ tell of *A* は「A について物語る」という意味を表す。

⑨ **The place (where Maud created depth with soft blue shadows) was on the snow.**

➡ where は関係副詞で，関係副詞節の where Maud created depth with soft blue shadows が The place を修飾している。where 節は場所や位置を表す語句を修飾し，「～が…する (場所・位置)」という意味を表す。

6 ～ 7

ポイント モードが描いた絵への人々の反応はどのようなものだったか。

6 ① Some / of Maud's paintings / show scenes / that very rarely, / or never, / really
いくつかは　　モードの絵の　　場面を見せる　　めったに　　または決　　現実に
　　　　　　　　　　　　　　　　　　　　　　　　　　　　　して　　は

happen.// ② Brightly colored autumn leaves / in snow / can be explained / as a very
起きない //　鮮やかに色付けされた紅葉は　　雪の中の　　説明がつく　　　/ とても早い

early snowfall.// ③ But how can you explain pink blossoms / on evergreen trees?//
降雪として　　//　　しかしピンクの花はどう説明できるだろうか　　常緑樹に咲く　　//

④ Maud had her own view / of beauty.// ⑤ Many / of Maud's winter landscapes /
モードは彼女自身の視点を / 美に対する //　多くでは /　　モードの冬景色の
持っていた

show snow / in the foreground, / while mountains far behind are painted green.//
雪が見える /　　前景に　　/　　遠く後方の山々は緑に塗られている一方で　　　//

⑥ In more realistic paintings, / the mountains are snow-covered / high above a
より写実的な絵画では　　/　　山々は雪で覆われている　　/　　より暖かい

warmer valley, / but the effect is lovely and fascinating.//
谷間の上で　　/　　しかしその効果は美しく魅力的である　　//

7 ⑦ Maud Lewis did not want to be famous, / but word / of her pretty paintings /
モード・ルイスは有名になりたいとは思って　　しかしうわさ　　彼女のかわいらしい絵の
いなかった　　　　　　　　　　　　　　　　　　　　は

spread far / from her Nova Scotia home.//　⑧ People began to stop and buy
遠くへと広 /　　ノバスコシアの家から　　//　　　人々は立ち止まり絵を買い始めた
まった

paintings / from the friendly, but very shy, artist.//　⑨ So many people wanted
　　/　その人懐こいがひどく恥ずかしがりやの芸術家から //　　とても多くの人たちが絵を欲し

paintings / that they often bought works / that were hardly finished / and still wet.//
がったので / 彼らはしばしば作品を買うほどだった / ろくに完成していない / そしてまだ乾いて
　　　　　　　　　　　　　　　　　　　　　　　　　　　　　　　　　　いない //

⑩ After a while, / visitors / to the area / made a point of going / to Marshalltown / to
しばらくして / 訪問者は / この地域への / 決まって行くようになった / マーシャルタウンに /

see Maud and buy her paintings.//　⑪ Neighbors were surprised / to see famous
モードに会って彼女の絵を買うために　//　　隣人たちは驚いた　　/　有名な人たち

people making the trip / to the little painted house.//
がやって来るのを見て　/　絵の具で塗られたその小さな家に　//

✓ 単語チェック

□ **rarely**	副 めったに～ない	□ **foreground**	名 前景
□ **brightly**	副 明るく	□ **realistic**	形 写実的な
□ **autumn**	名 秋	□ **valley**	名 谷
□ **evergreen**	形 常緑の	□ **fascinating**	形 魅力的な
□ **landscape**	名 景色		

✓ 本文内容チェック　「モードの絵への人々の反応」

6 モードの絵には，実際には起きないような場面を描いているものもあるが，それは

美しく，魅力的である。

7 モードのかわいらしい絵のうわさは広まり，多くの人が彼女の絵を買いに立ち寄るようになった。

🔑 読解のカギ

① Some of Maud's paintings show scenes (that very rarely, or never, really happen).

→ that は主格の関係代名詞で，先行詞の scenes を修飾している。

→ or でつながれた very rarely「めったに〜ない」と never「決して〜ない」という副詞 (句) が really happen を修飾している。

⑤ Many of Maud's winter landscapes show snow in the foreground, (while mountains far behind are painted green).

→ many of A は「A の多く」という意味を表す。

→ while は「〜である一方で，〜だが」という意味を表す接続詞である。

→ far behind は「遠く後方の」という意味で，mountains を修飾している。

→ paint は <paint+O(目的語)+C(補語)> の第 5 文型で，「O を C(色) に塗る」という意味を表す。ここでは受動態で用いられている。

⑨ So many people wanted paintings (that they often bought works {that were hardly finished and still wet}).

→ so 〜 that ... は「とても〜なので…」という意味を表す。

→ works の直後の that は主格の関係代名詞で，works を修飾している。

⑩ (After a while), visitors to the area made a point of going to Marshalltown (to see Maud and buy her paintings).

→ after a while は「しばらくして」という意味を表す。

→ make a point of doing は「決まって〜する」という意味を表す。

→ to see は to 不定詞の副詞的用法で，to see Maud and buy her paintings は「モードに会って彼女の絵を買うために」という意味になる。

⑪ Neighbors were surprised to see famous people making the trip to the little painted house.　<see+O+C(現在分詞)>

→ be surprised to do は「〜して驚く」という意味を表す。

→ 知覚動詞の see は <see+O+C(現在分詞)> の第 5 文型で，「O が〜しているのを目にする」という意味を表す。

→ make a trip to A は「A へ旅行する，買い物に行く」という意味を表す。

8 ～ 9

ポイント　晩年のモードはどのような様子だったか。

8　① Maud attracted much attention / with newspaper and magazine articles /
モードは大きな注目を引いた　/　　　新聞や雑誌の記事によって　/

written about her.// ② The number / of orders / for paintings / got larger and larger, /
彼女について書かれた //　　数は　/　注文の　/　絵の　/　だんだん多くなった　/

until Maud had trouble keeping up.//　③ Regular headaches, / which were made
モードがついていくのが困難になるまで　//　　頻繁な頭痛が　/　　悪化させられた

worse / by paint and woodstove fumes / and perhaps by her own cigarette smoking, /
/　塗料と薪ストーブの煙によって　/　それにおそらく彼女自身の喫煙によって　/

slowed her down, / and Everett sometimes picked up a brush / to help.//　④ When
彼女の作業を遅らせた /　そしてエヴェレットは時々絵筆を拾い上げた　/ 助けるために // モードが

Maud was 67, / her health condition became very serious.//　⑤ She died in 1970.//
67歳のときに　/　彼女の健康状態はとても深刻になった　// 彼女は1970年に亡くなった //

9　⑥ Maud Lewis was buried / in a cemetery / near her home.//　⑦ Many people
モード・ルイスは埋葬された　/　共同墓地に　/　家の近くの　//　多くの人たちが

came / to say goodbye / to the tiny woman / whose paintings had brought them / so
来た　/　お別れを言いに　/　その小さな女性に　/　その絵が彼らにもたらしてくれた　/ とても

much delight.//　⑧ Since then, / she has become one of Canada's best-known and
多くの喜びを　//　それ以降　/　彼女はカナダで最も知られ最も愛される芸術家の1人

best-loved artists.//　⑨ The joy / that she captured in every painting / lives on.//
となった　//　喜びは　/　彼女がすべての絵の中で表現した　/ 生き続けている //

単語チェック

□ attract	動 ~を引きつける	□ cigarette	名 たばこ
□ article	名 記事	□ cemetery	名 共同墓地
□ regular	形 定期的な	□ delight	名 喜び
□ woodstove	名 薪ストーブ	□ capture	動 ~をとらえる, うまく表す
□ fume	名 煙霧, 霧		

本文内容チェック　「晩年のモードの様子」

8　モードは注目を集め，絵の注文はだんだん増えた。彼女の健康状態は悪化し，1970
年に亡くなった。

9　彼女のもとへ多くの人が別れを言いに訪れた。カナダで最も知られ，愛される作家
となった彼女の絵に表された喜びは，今も生き続けている。

読解のカギ

① Maud attracted much attention with newspaper and magazine articles

(written about her).

➡ attract attention は「注目を引く」という意味を表す。

➡ written は過去分詞で, newspaper and magazine articles を後ろから修飾している。
written about her で「彼女について書かれた」という意味になる。

② **The number of orders for paintings got larger and larger, (until Maud had trouble keeping up).**

➡ <get+ 比較級 +and+ 比較級 > は「だんだん〜になる」という意味を表す。

➡ have trouble *do*ing は「〜するのに苦労する」という意味を表す。

➡ keep up は「(遅れずに) ついていく」という意味を表す。

③ **Regular headaches, (which were made worse by paint and woodstove fumes and perhaps by her own cigarette smoking), slowed her down, and Everett sometimes picked up a brush (to help).**

➡ which は主格の関係代名詞。先行詞との間にコンマ (,) があるので, 非限定用法である。which ... smoking が Regular headaches に説明を加えている。

➡ slow *A* down は「A を遅らせる」という意味を表す。

➡ to help は to 不定詞の副詞的用法で, 「助けるために」という意味になる。

⑦ **Many people came (to say goodbye to the tiny woman {whose paintings had brought them so much delight}).**

➡ to say は to 不定詞の副詞的用法で, 「〜を言うために」という意味になる。

➡ whose は所有格の関係代名詞。「それの〜が…する」という意味で, 先行詞を修飾する。

➡ 関係代名詞節内の had brought は過去完了形で, 主節の時制 (過去) より前の時制 (大過去) を示している。

➡ <bring+O_1+O_2> は「O_1 に O_2 をもたらす」という意味を表す。

⑧ **Since then, she has become one of Canada's best-known and best-loved artists.**

➡ has become は <has+ 過去分詞 > の形で, 現在完了形の完了用法である。

⑨ **The joy (that she captured in every painting) lives on.**

➡ that は目的格の関係代名詞で, 先行詞の The joy を修飾している。

➡ live on は「生き続ける」という意味を表す。

🕒 Comprehension ①ヒント

A Choose the correct answer. （正しい答えを選びなさい。）

1. モードが最初にエヴェレットの家を訪ねた理由について考える。
   → 🍎p.85, ℓℓ.2〜5
2. エヴェレットが，モードと一緒に住むようになった後もほとんどの家事を行った理由
   について考える。
   → 🍎p.85, ℓℓ.9〜11, p.86, ℓℓ.1〜3
3. モードが例外的に影を描いたのはどういった部分だったかについて考える。
   → 🍎p.87, ℓℓ.1〜5
4. モードの絵は人気だったため，人々が絵を買うときにどのような行動に出たかについ
   て考える。
   → 🍎p.88, ℓℓ.3〜4

B Answer T (true) or F (false). （正誤を答えなさい。）

1. 第1パラグラフにモードがエヴェレットと出会った経緯についての記述がある。
   → 🍎p.85, ℓℓ.2〜5
2. 第2パラグラフにエヴェレットの家での生活についての記述がある。
   → 🍎p.85, ℓℓ.7〜9
3. 第3パラグラフに誰が家事をすることになったかについての記述がある。
   → 🍎p.86, ℓℓ.1〜3
4. 第4パラグラフにモードが絵に描いた場面についての記述がある。
   → 🍎p.86, ℓℓ.25〜29
5. 第6パラグラフにモードが描く景色と現実の景色との関係についての記述がある。
   → 🍎p.87, ℓℓ.7〜9
6. 第7パラグラフにモードの絵がよく売れたときの様子についての記述がある。
   → 🍎p.88, ℓℓ.1〜7
7. 第8パラグラフにモードに関する新聞や雑誌の記事についての記述がある。
   → 🍎p.88, ℓℓ.8〜9
8. 第9パラグラフにモードの死後の彼女の評価についての記述がある。
   → 🍎p.88, ℓℓ.16〜17

定期テスト予想問題　　解答 ➡ p.156

1 次の英文を読んで，後の問いに答えなさい。

①(was / Everett / married / before / it / Maud / long / not) and moved
ア(　　) to share his life. She accepted that it would not be a comfortable life.
②The house had just one small room, with a sleeping space above. There was
no water or electricity in the house, and hardly room イ(　　) turn around.
Maud began to do the cooking and housework, but it was hard ウ(　　) her.
She was not strong because she was suffering エ(　　) arthritis and could not
move quickly or carry heavy things.

(1) 下線部①が「ほどなくしてモードはエヴェレットと結婚した」という意味に
なるように，（　）内の語を並べかえなさい。

_____

(2) ア～エの（　）内に入れるのに適切な前置詞を下から選んで記号で答えなさい。

a. from	b. to	c. for	d. in

ア＿＿＿＿＿　イ＿＿＿＿＿　ウ＿＿＿＿＿　エ＿＿＿＿＿

(3) 下線部②の英語を日本語に訳しなさい。

(　　　　　　　　　　　　　　　　　　　　　　　　　　　)

2 次の英文を読んで，後の問いに答えなさい。

As time passed, Everett went back to doing most of the housework, as he
had ア(do) for years. Maud went back to an activity she loved—painting. ①Her
disease didn't keep her from carrying on with her creative activity. In her new
home, Maud began to paint Christmas cards, イ(sell) them for a small amount of
money, often to Everett's customers. The Christmas cards had scenes of sleepy
villages under falling snow, people ウ(skate) on frozen lakes, little blue birds
エ(surprise) by an early snowfall, and a single horse オ(pull) a sleigh.

(1) ア～オの（　）内の語を適切な形にしなさい。

ア＿＿＿＿＿　イ＿＿＿＿＿　ウ＿＿＿＿＿
エ＿＿＿＿＿　オ＿＿＿＿＿

(2) 下線部①の英語を日本語に訳しなさい。

(　　　　　　　　　　　　　　　　　　　　　　　　　　　)

(3) 次の質問に英語で答えなさい。
What activity did Maud love?

_____

Capturing Joy: The Story of Maud Lewis by Jo Ellen Bogart and illustrated by Mark Lang. Text copyright © 2002 by
Jo Ellen Bogart. Illustrations copyright © 2002 by Mark Lang. Maud Lewis art copyright © 2002 by the Art Gallery of
Nova Scotia. Reprinted by permission of Tundra Books, a division of Penguin Random House Canada Limited.

定期テスト予想問題 解答 p.155

1 (1) It was not long before Maud married Everett
   (2) ア d　　イ b　　ウ c　　エ a
   (3) その家にはただ一室だけ上に寝る空間のある小さい部屋があった。

2 (1) ア done　　イ selling　　ウ skating　　エ surprised　　オ pulling
   (2) 彼女の病気は彼女が創作活動を続けることを妨げなかった。
   (3) (She loved) painting.

解説

1 (1)「ほどなくして〜」は it is not long before で表す。「〜した」なので is は過去形の was になっている。marry は他動詞で,「〜と結婚する」という意味を表す。

(2) ア moved in で「引っ越してきた」という意味にすると, 文意が通る。イ 後ろに続く turn around は動詞句で, to turn around「振り返るための」と to 不定詞句にすることで前の room を修飾でき, 文意が通る。　ウ「〜にとって」という意味の for を入れると文意が通る。　エ suffer from A で「A を患う」という意味になる。

(3) with a sleeping space above は付帯状況を表す <with+ 名詞 + 副詞 > の形になっていて,「寝る空間が上にある」という説明を one small room に加える働きをしている。ここでの just は「ただ〜だけ」という意味を表す。

2 (1) ア 空所の前の had は助動詞と考え, <had+ 過去分詞 > の過去完了形にする。　イ 現在分詞を使った分詞構文にする。　ウ 現在分詞で people を後ろから修飾する形にすると文意が通る。　エ little blue birds を分詞が後ろから修飾していると考える。surprise は「〜を驚かす」という意味で, 後ろに by があり受動態になるので過去分詞にする。　オ 現在分詞で a single horse を後ろから修飾する形にすると文意が通る。

(2) keep A from doing は「A が〜するのを妨げる」という意味, carry on with A は「A を続ける」という意味を表す。

(3) 質問は「モードはどんな活動が大好きでしたか」という意味。本文 2 文目でモードが大好きだった活動について述べられている。painting は an activity she loved を具体的に言いかえたことば。

Serendipity

Serendipity: Accidental Discoveries in Science by Royston M. Roberts.
Copyright © 1989 by John Wiley & Sons, Inc. Reprinted by permission of John Wiley & Sons, Inc.

単語・熟語チェック

serendipity	名 セレンディピティ, 思わぬ偶然の発見	He said, "That was **serendipity**." 彼は,「それはセレンディピティだった」と言った。

Scene ❶

have *A* in common	熟 共通してAを有している	Do they **have** anything **in common**? 彼らには何か共通点がありますか。
by accident	熟 偶然に	We met him **by accident** in the library. 私たちは偶然, 図書館で彼に出会った。
unexpected	形 予期しない, 意外な	This is an **unexpected** result. これは予期しない結果だ。
discovery	名 発見	She made an important **discovery** in the field of math. 彼女は数学の分野で重要な発見をした。
Persian	形 ペルシアの	I have some pieces of **Persian** furniture in my house. 私の家にはいくつかペルシアの家具があります。
prince	名 王子	This story is about a **prince** who turned into a frog. このお話はカエルに姿を変えた王子様についてのものだ。
in quest of *A*	熟 Aを探し求めて	They went west **in quest of** gold. 彼らは金を探し求めて西へ行った。
quest	名 探求	They will continue the **quest** for the truth. 彼らは真理の探究を続けるだろう。
describe	動 ～を述べる, ～を表す	Can you try to **describe** his character? 彼の性格を言い表してみてくれますか。
ability	名 能力	This bird doesn't have the **ability** to fly. この鳥には飛ぶ能力がない。
innovation	名 革新, 発明	That was an **innovation** in teaching English. それは英語教授法における革新だった。

Scene ❷

inspiration	名 思いつき, 着想	He got much of his **inspiration** from old books. 彼は自身の着想の多くを古い本から得た。
failure	名 失敗	**Failure** teaches success. 失敗は成功のもと。（ことわざ）

give birth to *A*	熟 *A* を生み出す	They have **given birth to** a lot of new products. 彼らはたくさんの新商品を生み出してきた。
self-sticky	形 自己粘着性がある	He invented **self-sticky** notes. 彼は自己粘着性のあるメモ用紙を考案した。
slip	名 紙片	She wrote it down on a **slip** of paper. 彼女はそれを紙の切れ端に書き留めた。
folder	名 フォルダー	Could you pass me the **folder** on my desk? 私の机の上のフォルダーをとってもらえますか。
refrigerator	名 冷蔵庫	Let me look in the **refrigerator** before going shopping. 買い物に行く前に冷蔵庫の中を見させてください。
choir	名 聖歌隊	He belongs to a **choir**. 彼は聖歌隊に所属している。
mark *A* with *B*	熟 *B* で *A* に印を付ける	I **marked** my name on the list **with** a circle. 私は名簿の中の自分の名前に丸で印を付けた。
in a hurry	熟 急いで	We have to leave **in a hurry**. 私たちは急いで出発しなければならない。
go round [around]	熟 ぐるぐる回る	Various thoughts are **going round** in my head. 様々な考えが私の頭の中をぐるぐる回っている。
adhesive	名 接着剤	This **adhesive** can be used even in water. この接着剤は水中でも使える。
give up on *A*	熟 *A* を諦める	She finally **gave up on** her dream. 彼女はついに夢を諦めた。
bond	動 接着する	This type of adhesive **bonds** strongly with metal. この種類の接着剤は金属と強力に接着する。
permanently	副 永久に，永続的に	This room is kept **permanently** locked. この部屋は永久に施錠されたままだ。
marker	名 印，目印になるもの	She placed a **marker** where I should stand on the stage. 彼女は私が舞台上で立つべきところに印を置いた。
attach	動 ～をくっつける	**Attach** your photograph to this wall. この壁にあなたの写真を貼り付けてください。
temporarily	副 一時的に	Our store will be closed **temporarily**. 当店は一時的に休業する。
bookmark	名 しおり	The **bookmark** has fallen from the book. しおりが本から落ちてしまっている。
attachment	名 取り付け，付着	Check the battery **attachment**. 電池の取り付けを確認してください。
removal	名 除去，取り除き	The snow **removal** took all day. 雪の除去に丸一日かかった。
setback	名 挫折	They met with a serious **setback** in their business. 彼らは事業で大きな挫折を味わった。

experiment	名 実験	I will do some **experiments** with that machine. 私はその機械を使っていくつか実験をするつもりだ。
temporary	形 一時的な	We built a **temporary** shelter. 私たちは一時的な避難所を建てた。
permanent	形 永続的な	She wants a **permanent** job. 彼女は永続的な仕事を求めている。
sticky	形 粘着性の	This **sticky** bandage is easy to apply. この粘着性のある包帯は巻くのが簡単だ。
be on sale	熟 発売される	His new book will **be on sale** soon. 彼の新しい本がもうすぐ発売される。
commonly	副 一般に	"Personal computer" is **commonly** called "PC." personal computer は一般に PC と呼ばれる。

Scene ❸

take place	熟 起こる，行われる	A major change **took place** in the education system. 教育制度に大きな変化が起きた。
take care of A	熟 A の世話をする	She likes to **take care of** her younger brother. 彼女は弟の世話をするのが好きだ。
wounded	形 負傷した	He carried **wounded** soldiers to the base. 彼は負傷した兵士たちを基地に運んだ。
antiseptic	名 消毒薬，防腐剤	We can get a natural **antiseptic** from this plant. この植物からは自然の消毒薬がとれる。
cure	動 ～を治療する	The doctor **cured** the sick child. 医師はその病気の子どもを治療した。
observe	動 ～を観察する	Mike likes to **observe** ants. マイクはアリを観察するのが好きだ。
do more harm than good	熟 益より害を多くもたらす	Sometimes those foods **do more harm than good**. 時に，それらの食品は益より害を多くもたらす。
harm	名 害，障害	There is no **harm** in holding the baby kitten. その子猫を抱くことに何の害もない。
bacteria	名 細菌，バクテリア	Some **bacteria** are good for our health. 細菌の中には私たちの健康に良いものもある。
defender	名 防御するもの	White blood cells are the **defenders** of our bodies. 白血球は私たちの体を防御するものだ。
liquid	名 液体	This **liquid** has a strong smell. この液体は強い匂いがする。
examine	動 ～を調査する	**Examine** the effects of water pollution. 水質汚染の影響を調査しなさい。
A is filled with B	熟 A は B で満たされている	All the glasses **were filled with** water. すべてのグラスは水で満たされていた。

it comes as a surprise that ~	熟 ~は驚きである	**It came as a surprise that** she became an actress. 彼女が女優になったのは驚きだった。
observation	名 観察	My study is based on years of **observation**. 私の研究は長年の観察に基づいている。
conclusion	名 結論	He arrived at a different **conclusion** from mine. 彼は私とは別の結論にたどり着いた。
substance	名 物質	What is the name of that chemical **substance**? その化学物質の名前は何ですか。
harmless	形 無害な	Is this fruit **harmless** to dogs? この果物は犬にとって無害ですか。
do research on A	熟 A に関する調査を行う	We'll **do research on** our town's history. 私たちは町の歴史に関する調査を行うつもりです。
influenza	名 インフルエンザ	A lot of people are getting **influenza** this year. 今年は多くの人がインフルエンザにかかっている。
spot	名 場所，地点	This is a great **spot** for setting up a tent. ここはテントを張るのに絶好の場所だ。
a bit of A	熟 一片の A，少しの A	**A bit of** bread was left on the plate. 皿にパンのかけらが残されていた。
bit	名 細片，わずか	There were **bits** of paper around the garbage can. ごみ箱の周りに紙の切れ端が落ちていた。
mold	名 カビ	I found **mold** on the oranges. 私はオレンジにカビが生えているのを見つけた。
penicillin	名 ペニシリン	Do you know who discovered **penicillin**? 誰がペニシリンを発見したか知っていますか。

Scene ❹

chemist	名 化学者	Ms. Hardy is a famous **chemist**. ハーディーさんは有名な化学者だ。
favor	動 ~の味方をする	My parents always **favor** my younger sister. 両親はいつも妹の味方をする。
knowledge	名 知識	He has much **knowledge** of American history. 彼はアメリカの歴史に関する知識が豊富だ。
in depth	熟 深く，掘り下げて	Let's look at the report **in depth**. その報告書を深く見てみましょう。
in breadth	熟 幅広く	We will study this topic **in** depth and **breadth**. 私たちはこの主題を深く，幅広く研究するつもりだ。
breadth	名 幅	The **breadth** of this road is 3.5 meters. この道の幅は 3.5 メートルです。
first of all	熟 まず，第一に	**First of all**, I was not there last night. 第一に，私は昨夜そこにいなかった。

expected	形 予期された, 予想される	Take a look at the **expected** weather for tomorrow. 明日の予想天気を見てください。
fix	動 ～を固定する	I want to **fix** these chairs to the floor. 私はこれらのいすを床に固定したい。
give up *A* as *C* / give *A* up as *C*	熟 C として A を切り捨てる	They **gave up** the plan **as** a bad idea. 彼らはその計画を良くないアイデアだとして切り捨てた。
no less ～ (than *A*)	熟 (A と)同じくらい～である	That mountain is **no less** beautiful **than** Mt. Fuji. あの山は富士山と同じくらいきれいだ。
be about to *do*	熟 まさに～しようとする	We **were about to** have breakfast at that time. 私たちはそのとき，まさに朝食を食べようとしていた。
those who ～	熟 ～する人々	**Those who** enjoy life look younger. 人生を楽しんでいる人たちはより若く見える。

Scene ❶

ポイント　「セレンディピティ」ということばはどのようにして生まれたか。

1 ① Many / of the common things / in our modern world / have something in
多くには／　　よくあることの　　／　　　現代世界で　　／　　　共通点がある

common.// ② These diverse things were discovered / by accident; they have come /
　//　　これらのさまざまなことは発見された　／　偶然によって／それらはもたらされた／

to us / as a result of "serendipity."//
私たち／「セレンディピティ」の結果として　//
に

2 ③ The word *serendipity* was first used / by Horace Walpole / in a letter / to his
「セレンディピティ」ということばは初めて使われた／ホレス・ウォルポール／手紙の中で／彼の
　　　　　　　　　　　　　　　　　　　　　　　によって

friend / in 1754.// ④ He explained an unexpected discovery / he had made.// ⑤ He
友人へ／1754年　　彼はある予期せぬ発見のことを説明した　／　彼がした　//　彼は
の　　／に　//

then talked / about an old Persian tale / called *The Three Princes of Serendip*.//
それから話した／ペルシアの古いおとぎ話について／『セレンディップの3人の王子』という　//

⑥ Serendip is an old name / for Ceylon, / which is now known / as Sri Lanka.//
セレンディップは古称である／セイロンの／今では知られている／スリランカとして　//

⑦ He said / in the letter / that these princes "were always making discoveries / of
彼は言った／その手紙の中で／これらの王子は「いつも発見している　　　／

things / which they were not in quest of / by accident."// ⑧ Walpole used the word
ものを／彼らが探していない　　／偶然に」と　//　　ウォルポールは
　　　　　　　　　　　　　　　　　　　　　　　　　　　　　　「セレンディピティ」

serendipity / to describe people's ability / to make unexpected discoveries / by
ということばを／人々の能力を表すために／予期せぬ発見をするための　／
使った

accident.// ⑨ The following are two examples / of the greatest innovations / coming
偶然に　//　　以下は2つの例である　／　最も偉大な革新の　　／セレンディ
　　　　　　　　　　　　　　　　　　　　　　　　　　　　　　　　ピティ

from serendipity.//
から生まれた　//

✓ 単語チェック

□ unexpected	形 予期しない，意外な	□ quest	名 探求
□ discovery	名 発見	□ describe	動 ～を述べる，表す
□ Persian	形 ペルシアの	□ ability	名 能力
□ prince	名 王子	□ innovation	名 革新，発明

✓ 本文内容チェック　「『セレンディピティ』ということばの由来」

1 現代世界には，偶然による発見，つまり「セレンディピティ」の結果によりもたらされたという共通点を持つものが多く存在する。

2 「セレンディピティ」ということばは，ホレス・ウォルポールによって1754年に初めて使われたもので，『セレンディップの3人の王子』というおとぎ話に登場するいつも偶然の発見をする王子にちなみ，予期せぬ発見をする能力を表す。

🔑 **読解のカギ**

② **These diverse things were discovered** by accident; **they have come to us as a result of "serendipity."**　前の文への補足説明

→ by accident は「偶然に」という意味を表す。

→ セミコロン (;)は，前の文への補足説明をするときに用いられる。

④ **He** **explained** **an unexpected discovery** (he **had made**).
S　　V　　　　　　　　　　O　　 (which[that])

→ discovery の後ろには目的格の関係代名詞 which[that] が省略されている。(which [that]) he had made が an unexpected discovery を修飾している。

→ had made は <had+過去分詞> の過去完了形で，文の動詞の explained の表す過去の時点よりも前の事柄を表している。

⑤ **He then talked about** **an old Persian tale** (called *The Three Princes of Serendip*).

→ called が導く過去分詞句は，an old Persian tale を後ろから修飾している。

⑥ **Serendip is an old name for** **Ceylon,** (which **is now known as Sri Lanka**).

→ which は主格の関係代名詞で，前にコンマ (,)があるので非限定用法である。which is now known as Sri Lanka が先行詞の Ceylon に説明を加えている。

⑦ **He said** (in the letter) (that these princes "were always making discoveries of** **things** {which **they were not in quest of by accident}).**"

→ 引用符 (" ")は，ウォルポールの手紙からの引用部分であることを示している。

→ which は目的格の関係代名詞で，which they were not in quest of by accident が先行詞の things を修飾している。

→ be in quest of *A* は「*A* を探し求めている」という意味を表す。

⑧ **Walpole used the word** *serendipity* (to describe people's **ability** {to make
　　　　　　　　　　　　　　　　　to不定詞の副詞的用法

unexpected discoveries by accident}).
to不定詞の形容詞的用法

→ to describe ... by accident は「～するために」という意味の to 不定詞の副詞的用法。

→ to make ... by accident は to 不定詞の形容詞的用法で，ability を修飾している。

⑨ **The following are two examples** (of **the greatest innovations** {coming from serendipity}).

→ coming が導く現在分詞句は，the greatest innovations を後ろから修飾している。

Scene ②-1

ポイント　1つ目のセレンディピティによる技術革新の話は，何に関するものか。

3 ① The first story is / about inspiration and a product failure / which gave birth /
最初の話は / 着想と製品の失敗についてである / 生み出した

to a product / that is now very common.// ② Many people / who use "self-sticky
製品を / 今ではとてもありふれた // 多くの人たちは / 「自己粘着性のあるメモ用紙」

notes" / maybe cannot imagine life / without them.// ③ These slips of paper / are
を使う / 生活をおそらく想像できないだろう / それらのない // これらの紙片は /

found everywhere / in offices and homes / on letters, / file folders, / telephones, /
いたるところで見られる / オフィスや家で / 手紙で / ファイル・フォルダー / 電話 /

computer screens, / and refrigerators.// ④ These notes were first made / by one
コンピュータの画面 / そして冷蔵庫 // これらのメモ用紙は最初に作られた / ある会社

company, / and similar products have been sold / by many others.//
によって / そして同様の製品が売られてきた / ほかの多くの会社によって //

4 ⑤ The story goes back / to 1974 / when Art Fry was working / for an American
話はさかのぼる / 1974年に / アート・フライが勤めていた / アメリカの

company / in product development.// ⑥ On Sundays / he sang / in the choir / of his
会社で / 製品開発部に // 毎週日曜日に / 彼は歌った / 聖歌隊で / 教会

church.// ⑦ He marked his choir book / with scraps / of paper / to find the music
の // 彼は自分の聖歌集に印をつけた / 切れ端で / 紙の / すぐに曲を見つける

quickly / during the service.// ⑧ Sometimes, however, the scraps / of paper / fell
ために / 礼拝中に // 時々 / しかし / その切れ端が / 紙の / 落ちた

out / from the book, / causing Fry to look for the song again / in a hurry.//
/ 本から / おかげでフライはもう一度その歌を探すことになった / あわてて //

単語チェック

□ inspiration	名 思いつき，着想	□ folder	名 フォルダー
□ failure	名 失敗	□ refrigerator	名 冷蔵庫
□ self-sticky	形 自己粘着性のある	□ choir	名 聖歌隊
□ slip	名 紙片		

本文内容チェック　「セレンディピティによる技術革新の1つ目の例」

3 1つ目の話は，今ではありふれたある製品を生み出した着想と失敗についてである。「自己粘着性のあるメモ用紙(付箋)」は，ある会社によって最初に作られた。

4 製品開発部に勤めるアート・フライは，教会の聖歌隊で歌う際，曲をすぐに見つけるために紙片で印を付けていたが，それが時々はがれ落ちることがあった。

読解のカギ

① The first story is about inspiration and a product failure (which gave birth to
　S　　　　V　　　　　　　C

a product {that is now very common}).

➡ which は主格の関係代名詞で，which gave birth to a product that is now very common が先行詞の inspiration and a product failure を修飾している。

➡ give birth to *A* は「A を生み出す」という意味を表す。

➡ that は主格の関係代名詞で，that is now very common が先行詞の a product を修飾している。

② **Many people (who use "self-sticky notes") ... life {without them}.**

➡ who は主格の関係代名詞で，who use "self-sticky notes" が先行詞の Many people を修飾している。

➡ them は self-sticky notes を指している。without them は「それらなしの」という意味で，life を修飾している。

④ **(These notes were first made by one company), and (similar products have been sold by many others).**

➡ 時間的前後関係を表す接続詞の and で 2 つの文がつなげられている。1 つ目の文は，過去の受動態 <were+過去分詞> で，副詞の first が間に挿入されている。

➡ 2 つ目の文は現在完了形の受動態 <have been+過去分詞> で，「(ずっと)～されてきた」という意味になる。

⑤ **The story goes back to 1974 (when Art Fry was working for an American company {in product development}).**

➡ go back to *A* は「(話などが)A までさかのぼる」という意味を表す。

➡ when は関係副詞で，関係副詞節の when Art Fry was working for an American company in product development が 1974 を修飾している。when は時を表す語句を修飾し，「～が…する(年・日など)」という意味を表す。

⑦ **He marked his choir book with scraps of paper (to find the music quickly {during the service}).**
　　　　　　　　　　　　　　　　　　　　to 不定詞の副詞的用法

➡ mark *A* with *B* は「B で A に印をつける」という意味を表す。

➡ to find は to 不定詞の副詞的用法で，「～を見つけるために」という意味になる。

⑧ **(Sometimes), (however), the scraps of paper fell out from the book, (causing Fry to look for the song again in a hurry).**

➡ fall out from *A* は「A から落ちる」という意味を表す。

➡ causing が導く句は「結果」を表す分詞構文で，「(主節)の結果～する」という意味になる。cause *A* to *do* は「A に～させる原因になる」という意味を表す。通例，分詞構文の意味上の主語は主節の主語と一致するが，ここでは causing の意味上の主語は，主節全体(=the scraps of paper fell out from the book)である。

Scene 2-2

ポイント フライは，別の科学者によって発見された接着剤から何を思いついたか。

5 ① Fry once said, / "My mind began to go round, / and suddenly / I thought of an
フライはかつて言った / 「考えがめぐり始めた / そして突然 / 私は接着剤のことを

adhesive / that had been discovered / several years earlier / by another scientist / in
思い出した / 発見されていた / 数年前に / 別の科学者によって /

my company." // ② The man had given up / on the adhesive / because it was not
私の会社の」と // その男性はあきらめてしまっていた / その接着剤を / それが十分に強くない

strong enough / to bond permanently. // ③ Fry's inspiration was / that because this
という理由で / 永久に接着するほどには // フライの思いつきは(…だった) / この

adhesive would not make his marker permanently attached, / it would serve well /
接着剤は目印を永久にくっつけることはないので / それは十分役立つだろうというもの

to keep the marker temporarily / in the choir book. //
一時的に目印を保持しておくのに / 聖歌集に //

6 ④ When Fry began making his bookmarks, / it didn't take long / before he began
フライがしおりを作り始めたとき / 長くはかからなかった / 思いつき始める

to think / of other uses / for them. // ⑤ He realized / it was a new way / to make notes /
のに / そのほかの用途を / それらの / 彼は気づいた / それは新しい手法であると / メモを取るための /

because the notes had means / of both attachment and removal. //
そのメモ用紙には手段が備わっているので / くっつけるのと取り除くのと両方の //

7 ⑥ Although he had many setbacks and failures / through his experiments, / it
彼は多くの挫折と失敗を経験したが / 実験を通じて /

became possible to make the adhesive both temporary enough and permanent
その接着剤を十分に一時的かつ十分に永続的にすることが可能になった

enough. // ⑦ At first, / other people / in his company / were not impressed / by the
// 当初 / ほかの人々は / 彼の会社の / 心動かされなかった / その

products, / but once the sticky notes were on sale, / they soon became very popular. //
製品に / しかしいったん付箋が売り出されると / それらはすぐに大変な人気が出た //

⑧ In 1980 / the sticky notes were commonly used / in the United States / and by early
1980年に / 付箋は一般に使われた / アメリカで / そして1981年前半

1981 / sales / in Europe / were as high as those / in the United States. //
までには / 売り上げは / ヨーロッパでの / それらと同じくらい多かった / アメリカでの //

✅ 単語チェック

□ adhesive	名 接着剤	□ bookmark	名 しおり
□ bond	動 接着する	□ attachment	名 取り付け，付着
□ permanently	副 永久に，永続的に	□ removal	名 除去，取り除き
□ marker	名 印，目印になるもの	□ setback	名 挫折
□ attach	動 ～をくっつける	□ experiment	名 実験
□ temporarily	副 一時的に	□ temporary	形 一時的な

□ **permanent**	形 永続的な	□ **commonly**	副 一般に
□ **sticky**	形 粘着性の		

✓ **本文内容チェック**　「以前に発見されていた接着剤からフライが思いついたこと」

5 フライは別の科学者が発見した接着剤を思い出した。その接着剤は強くは接着しなかったが，一時的に目印を付けるのには十分ではないかとフライは考えた。

6 彼はしおりを作り，くっつけるのとはがすのと両方の用途があることに気づいた。

7 彼が一時的かつ永続的な接着剤を作っても，会社の人たちの心には響かなかったが，いったん付箋が発売されるとそれは大人気となった。

🔑 **読解のカギ**

① Fry once said, "My mind ... of <u>an adhesive</u> (<u>that</u> had been ... my company)."

　→ that は主格の関係代名詞で，that had been ... my company が先行詞の an adhesive を修飾している。

③ Fry's inspiration was (that {because this adhesive would not make his
　　　　S　　　　　　　V　　C(=that節)　　　　　　　　　　　　　　　　{V'}

marker permanently attached}, it would serve well {to keep the marker
　{O'}　　　　　　　　　{C'}　　　　　　　　　　　　to 不定詞の副詞的用法

temporarily in the choir book}).

　→ <S+be動詞+that節>は「Sは～ということである」という意味を表す。<S+V+C>の形で，that節がC(補語)になっている。　　文法詳細 **p.176**

　→ make his marker permanently attached は <make+O+C>「OをCの状態にする」の形で，ここでのCは過去分詞の attached である。

　→ serve well は「十分役に立つ」という意味を表す。

　→ to keep ... は to 不定詞の副詞的用法で，「…を保持するのに」という意味を表す。

⑥ ..., it became possible (to make the adhesive both temporary enough and
　　形式主語 ◄────────── 真の主語 (V')　　　(O')　　　　　(C₁')

permanent enough).
　(C₂')

　→ it は形式主語で，真の主語は to make が導く to 不定詞句である。　　文法詳細 **p.174**

　→ 真の主語の to 不定詞句内は，<make+O+C>「OをCの状態にする」の形で，ここでのCは both *A* and *B* の形で並べられた，形容詞の temporary と permanent である。enough は形容詞を修飾する副詞である。

⑧ In 1980 ... sales in Europe were as high as those in the United States.

　→ as ～ as ... は「…と同じくらい～」という意味を表す。

　→ those は前出の複数名詞を受ける代名詞である。ここでは sales を受けている。

Scene ❸

ポイント　フレミングは，カビが落ちた培養皿を観察して何に気づいたか。

8 ① The second story / of serendipity / took place / during World War I.// ② At that
　　　　2つ目の話は　／セレンディピティの／　起こった　／ 第一次世界大戦中に //　　　当時

time, / Alexander Fleming was sent / to France / to take care / of wounded soldiers.//
　　　／アレクサンダー・フレミングは送られた／フランスへ／世話をする ／　　負傷兵の
　　　　　　　　　　　　　　　　　　　　　　　　　　　　ために

③ Doctors then were depending / on antiseptics / to cure the soldiers.// ④ Fleming, /
　　当時の医者は頼っていた　　／　消毒薬に　／ 兵士を治療するために //　　フレミングは／

however, / observed / that the most common antiseptic did more harm than good, /
　しかし　／ 気づいた ／　　最もよく使われていた消毒薬は益よりも害のほうが大きいと　　／

in that it killed the white blood cells faster / than it killed the bacteria.//　⑤ He
　それが白血球をもっと速く殺してしまうという点で　／　それが細菌を殺すより　　//　　彼は

knew / this was bad / because the white blood cells are the body's natural defenders /
わかっ／これはよくないと／　　白血球は体を生まれつき守ってくれるものであるため　　／
ていた

against bacteria.//
　　細菌から　　//

9 ⑥ In 1922, / while Fleming was suffering / from a cold, / he made a culture / from
　　　　1922年／ フレミングがかかっていたとき　／　風邪に　／ 彼は培養した ／　一部
　　　　に

some / of the liquid / from his own nose.// ⑦ As he examined the culture dish / filled
を　　／　液体の　／　自分の鼻から出た　//　　　彼が培養皿を観察していると　　　／

with yellow bacteria, / a tear fell / from his eye / into the dish.// ⑧ The next day / when
黄色い細菌で満たされた／1滴の涙が／ 彼の目から ／ 皿の中に //　　　その翌日　　／
　　　　　　　　　　　落ちた

he examined the culture, / it came as a surprise / that there was a clear space / where
彼が培養物を観察すると　／　　驚きだった　　／ きれいな空間ができていたことは /

the tear had fallen.// ⑨ His close observation led him / to the conclusion: / the tear
その涙が落ちたところに //　　綿密な観察は彼を導いた　　／　　結論に　　／ その涙は

included a substance / that killed the bacteria, / but was harmless / to human bodies.//
物質を含んでいた　　／　　細菌を殺す　　／ しかし無害である ／　人体には　　//
という

10 ⑩ In the summer / of 1928, / Fleming was doing research / on influenza.//
　　　　　夏に　／1928年／ フレミングは研究をしていた ／ インフルエンザの //
　　　　　　　　　　の

⑪ While he was carrying out an experiment / on bacteria / grown / in covered glass
　　　　彼が実験を行っていると　　　　　／　細菌で　／ 育てられた ／ ふたのされたガラス

dishes, / Fleming noticed a clear area / in one / of them.// ⑫ It was soon observed /
皿で　／フレミングはきれいな部分に気づいた／1枚の／それらの//　　すぐに観察された　／
　　　　　　　　　　　　　　　　　　　　中の　うちの

that the clear area surrounded a spot / where a bit of mold had fallen / in the dish, /
そのきれいな部分は1か所の周りにあることが／　　1片のカビが落ちた　　／ その皿の中の /

probably while the dish was not covered.// ⑬ Remembering his experience / with his
おそらくその皿にふたがされていないときに　//　　　経験を思い出し　　　／　　涙に

tear, / Fleming concluded / that the mold was producing something / that would kill
関する／ フレミングは結論付けた ／　　そのカビが何かを作っていると　　／　　細菌を

the bacteria / in the culture dish.// ⑭ Fleming named this substance / in the mold /
殺す　　　　　/　　培養皿の中の　　//　　　　フレミングはこの物質を名づけた　/そのカビの中の /

"penicillin."//
「ペニシリン」と //

✓ 単語チェック

□ wounded	形 負傷した	□ observation	名 観察
□ antiseptic	名 消毒薬, 防腐剤	□ conclusion	名 結論
□ cure	動 ～を治療する	□ substance	名 物質
□ observe	動 ～を観察する	□ harmless	形 無害な
□ harm	名 害, 障害	□ influenza	名 インフルエンザ
□ bacteria	名 細菌, バクテリア	□ spot	名 場所, 地点
□ defender	名 防御するもの	□ bit	名 細片, わずか
□ liquid	名 液体	□ mold	名 カビ
□ examine	動 ～を調査する	□ penicillin	名 ペニシリン

✓ 本文内容チェック　「フレミングがカビの落ちた培養皿を観察して発見したもの」

8 フレミングが第一次世界大戦中に負傷兵を治療していたとき, 消毒薬が使われていたが, それは白血球を殺すため, 体によくないと彼は思っていた。

9 彼は涙が落ちた細菌の培養皿を観察し, 涙に殺菌作用があると結論付けた。

10 彼はカビが落ちた細菌の培養皿を観察し, カビが細菌を殺す物質を作っていると結論付け, それを「ペニシリン」と名づけた。

🔑 読解のカギ

⑧ **The next day** (when he examined the culture), **it came as a surprise** (that
形式主語 ← 真の主語

there was a clear space {where the tear had fallen}).

→ when は関係副詞で, 関係副詞節の when he examined the culture が The next day を修飾している。
→ it は形式主語で, 真の主語は後ろの that 節である。　　文法詳細 p.174
→ come as a surprise は「驚きである」という意味を表す。
→ where は関係副詞で, 関係副詞節の where the tear had fallen が a clear space を修飾している。

⑫ **It was soon observed** (that the clear area surrounded a spot {where a bit of
形式主語 ← 真の主語

mold had fallen in the dish, probably while the dish was not covered}).

→ It は形式主語で, 真の主語は後ろの that 節である。　　文法詳細 p.174
→ where は関係副詞で, 関係副詞節の where ... covered が a spot を修飾している。

Scene ④

ポイント　セレンディピティを経験するにはどのようなことが必要か。

11 ① Most people / who have experienced serendipity / are glad to describe it.//
ほとんどの人は / セレンディピティを経験した / 喜んでそれについて説明してくれる

② Louis Pasteur, / a great chemist, / once said, / "In the fields / of observation, /
ルイ・パスツールは / 偉大な化学者である / かつて言った / 「場では / 観察の

chance favors only the prepared mind."// ③ An American chemist / and Nobel
好機は待ち受ける心のみに味方する」と // アメリカ人化学者 / そしてノーベル賞

winner Paul Flory said, / "Significant new products are not just accidents.//
受賞者である
ポール・フローリーは言った / 「重要な新製品は単なる偶然ではない //

④ What you must have is knowledge / in depth / and in breadth."//
持たなければいけないものは知識である / 深く / そして幅広い」と //

12 ⑤ So, / can serendipity be caught?// ⑥ Following Pasteur's and Flory's opinions, /
では / セレンディピティは掴まれうるのだろうか // パスツールとフローリーの意見に続いて

there may be two pieces of advice / that can help.// ⑦ First of all, / people can be
2つの助言がありうるかもしれない / 助けとなれる // 第一に / 人は備えること

prepared / for accidents / by being trained / to make and record observations, /
ができる / 偶然に / 訓練をされることによって / 観察を行い記録するための

including expected and unexpected results.// ⑧ People should be encouraged / not
予期する結果と予期しない結果を含めて // 人は推奨されるべきである /

to be fixed / in their thinking and understanding.// ⑨ They should not give up
こだわらないことを / 自分の考えや知識に // 彼らは予期せぬ結果を切り捨てる

unexpected results / as "wrong."//
べきではない / 「誤り」として //

13 ⑩ Another way / to prepare / to use serendipity / may be simpler / but no less
もう１つの方法は / 準備をするための / セレンディピティを利用する / もっと単純かもしれない / だが同じくらい

important: / keep thinking / about your problem.// ⑪ The ideas / of great discovery / are
重要である / 考え続けるということだ / 問題について // アイデアは / 偉大な発見の

always floating / around you, / so make space / for new ideas.// ⑫ That does not mean / to
いつも漂っている / あなたのまわり / なので余裕を作りなさい / 新しいアイデアのための / それは意味するのではない

just keep thinking / at your desk, / but to keep thinking / while you have a walk, /
ただ考え続けることを / 机で / 考え続けること（を意味する） / 散歩をしている間

take a bath, / or when you are just about to sleep.// ⑬ Great discovery may only
入浴する(間) / またはまさに眠ろうとしているとき // 偉大な発見はあと一歩先にある

be a step away, / and it may only be found / by those / who always keep thinking.//
だけかもしれない / そしてそれは唯一見つけられるのかもしれない / 人々によって / 常に考え続けている //

単語チェック

□ chemist	名 化学者	□ knowledge	名 知識
□ favor	動 ～の味方をする	□ breadth	名 幅

| □ expected | 形 予期された | □ fix | 動 〜を固定する |

✓ **本文内容チェック**　「セレンディピティを経験するために必要なこと」

11 パスツールは，好機は待ち受ける心にのみ味方すると述べ，フローリーは，重要な新製品は偶然ではなく，深く幅広い知識から生まれると述べた。

12 セレンディピティを掴むには，自分の考えや知識にこだわらず，予期せぬ結果を「誤り」と切り捨てないほうがよい。

13 セレンディピティは，常に問題について考え続けている人にのみ見つけられるのかもしれない。

読解のカギ

① Most people (who have experienced serendipity) are glad to describe it.

→ who は主格の関係代名詞で，who have experienced serendipity が先行詞の people を修飾している。
→ be glad to *do* は「喜んで〜する」という意味を表す。
→ it は serendipity を指している。

⑥ (Following Pasteur's and Flory's opinions), there may be two pieces of advice (that can help).

→ following は「〜に続いて」という意味の前置詞である。
→ advice は数えられない名詞で，数えるときは a piece of 〜 / ... pieces of 〜とする。
→ that は主格の関係代名詞で，that can help が先行詞の advice を修飾している。

⑩ Another way (to prepare to use serendipity) may be simpler but no less

important: keep thinking about your problem.
→ to prepare の導く to 不定詞句は形容詞的用法で，way を修飾している。
→ prepare to *do* は「〜する準備をする」という意味を表す。
→ no less は「同じくらい〜」という意味を表す。
→ コロン(:)以降は，前述の Another way to prepare to use serendipity が何なのかを述べている。

⑫ That does not mean (to just keep thinking at your desk), but (to keep thinking {while you have a walk, take a bath}, or {when you are just about to sleep})).
→ not *A* but *B* は「A ではなく B」という意味を表す。
→ to just keep ... desk と to keep thinking ... sleepはともに to 不定詞の名詞的用法で，どちらも mean の目的語になっている。
→ take a bath は have a walk と並列されていて，while you につながっている。

🔖 TRY1 Overview ❗ヒント

You are writing a passage review. Complete the outline.
(あなたは文章の一節のレビューを書いています。概要を完成させなさい。)

Beginning →第1~2パラグラフ, Middle →第3~10パラグラフ
Ending →第11~13パラグラフ

ⓐ 付箋はよく売れ，人気商品になった。
ⓑ フレミングは涙の中のある物質が細菌を殺すことを発見した。
ⓒ 偉大な発見は，十分に備えをしている人によってなされるものだ。
ⓓ フライはしおりとしての紙の切れ端に満足していなかった。
ⓔ フレミングは皿に少量のカビが落ちた後，ペニシリンを発見した。
ⓕ ウォルポールは「セレンディピティ」という語を，『セレンディップの3人の王子』というペルシアの古いおとぎ話について話すときに使った。

🔖 TRY2 Main Idea ❗ヒント

Mark the main idea M, the sentence that is too broad B, and the sentence that is too narrow N. (話の本旨になるものにはMを，広範すぎる文にはBを，限定的すぎる文にはNの印を書きなさい。)

1 発見は時に偶然によって起きる。
2 セレンディピティを掴むには，十分に備えをし，目下の問題について考え続けなければならない。
3 「セレンディピティ」という語は，ペルシアの古いおとぎ話に由来する。

🔖 TRY3 Details ❗ヒント

Answer T (true) or F (false). (正誤を答えなさい。)

1 第2パラグラフに「セレンディピティ」という語を初めて使った人についての記述がある。→ 教p.98, ℓℓ.4~5
2 第2パラグラフに物語の中の王子についての記述がある。→ 教p.98, ℓℓ.8~9
3 第4パラグラフにフライと聖歌隊についての記述がある。→ 教p.98, ℓℓ.19~21
4 第7パラグラフに付箋の最初の売れ行きについての記述がある。→ 教p.99, ℓℓ.3~5
5 第8パラグラフに当時の医師たちの治療法についての記述がある。→ 教p.99, ℓℓ.7~9
6 第10パラグラフにフレミングの発見についての記述がある。→ 教p.99, ℓℓ.25~27
7 第12パラグラフにセレンディピティを掴むことについての記述がある。→ 教p.100, ℓℓ.1~5
8 第13パラグラフに偉大な発見のアイデアについての記述がある。→ 教p.100, ℓℓ.7~8

🔖 TRY4 Facts and Opinions ❗ヒント

Write FACT for a factual statement and OPINION for an opinion.
(事実に基づく記述にはFACT，個人的見解にはOPINIONと書きなさい。)

1 ウォルポールは「セレンディピティ」という語を，偶然から予期せぬ発見をする能力を表すために用いた。

2 付箋を使う多くの人は，それなしの生活を想像できない。

3 第一次世界大戦中，医師たちは負傷した兵士の治療をするのに消毒薬に頼った。

4 多くの重要な新製品は，ただの偶然によって作られたのではない。

🔴 TRY5 Deeper Understanding ！ヒント

Discuss the following with your partner. （次のことについてパートナーと話し合いなさい。）

1 例 A: I heard that natto was invented by accident.

B: I heard about that, too. It was invented when someone carried boiled soybeans wrapped in rice straw, right?

A: Yes. I think it was during the Heian era.

B: I'm not sure if it's true or not, but it's a very interesting story.

2 例 A: This passage taught me that we can find ideas for great discoveries in our daily lives.

B: After I read this, I thought I could discover an idea for a new product, too.

A: Really? I don't think it's so easy.

B: You might be right. I should be always prepared for accidental discoveries.

🔵 TRY6 Retelling ！ヒント

例 Scene 1 There are a lot of things which were discovered by accident in this world. The word *serendipity* was first used by Horace Walpole. It was from an old tale about three princes. He used it to describe humans' ability to make unexpected discoveries by accident.

Scene 2 A product failure created self-sicky notes, which are very common today. In 1974, Art Fry marked his choir book with scraps of paper to find the music quickly, but the scraps sometimes fell out from the book. He came up with an adhesive which would attach the marker both permanently and temporarily.

Scene 3 Alexander Fleming was sent to France to take care of soldiers during WWI. At that time, antiseptics were used to treat soldiers, but he realized that the most common antiseptic killed white blood cells. In 1922, when he had a cold, a tear fell from his eye into a culture dish filled with bacteria. The next day, there was a clear area in the dish where the tear had fallen. In 1928, he found a similar clear area where a bit of mold had fallen into a culture dish. He named the substance in the mold which killed bacteria penicillin.

Scene 4 Louis Pasteur said that chance favors only the prepared mind in the field of research. Paul Flory said that significant new products are not just accidents and what we must have is knowledge in depth and breadth. The ideas for great discoveries are always floating around us. Great discoveries may only be found by those who always keep thinking about the problems they want to solve.

📖 **Language Function**

1 it ... to *do* / it ... that S + V　形式主語の it

it が主語で，<it ...+to 不定詞> あるいは <it ...+that 節> の形のとき，it が to 不定詞や that 節の内容を指すことがある。この it を**形式主語**という。それに対し，この to 不定詞や that 節は**真の主語**という。

to 不定詞や that 節を主部にすると述部に対して主部が長くなり過ぎる場合，これを避けるために形式主語の it が使われることが多い。

<it ...+to 不定詞>

1. **It is exciting (to think about the birth of the Earth).**
   (地球の誕生について考えることは，わくわくする。)

   ➡ to think about the birth of the Earth という to 不定詞句が真の主語で，この to 不定詞句の代わりに形式主語の it が使われている。

   ➡ 上の文を，to 不定詞句を主語にして書きかえると以下のようになる。

   例 To think about the birth of the Earth is exciting.
   　　　　　　　　　S　　　　　　　　　　　　V　　C

   述部 (V+C) に対して，主部 (S) が長くなり過ぎ，バランスが悪い。そのため，形式主語の it を文頭に置き，exciting の後ろに主部をもってきたのが上の文の形である。

2. **It became possible (to make the adhesive both temporary enough and permanent enough).**
   (その接着剤を十分に一時的かつ十分に永続的にすることが可能になった。)

   ➡ to make the adhesive both temporary enough and permanent enough という to 不定詞句が真の主語で，この to 不定詞句の代わりに形式主語の it が使われている。

<it ...+that 節>

3. **It was noticed (that some cats like swimming).**
   (泳ぐのが好きな猫もいるということがわかった。)

   ➡ that some cats like swimming という that 節が真の主語で，この that 節の代わりに形式主語の it が使われている。

   ➡ 上の文を，that 節を主語にして書きかえると以下のようになる。

   例 That some cats like swimming was noticed.
   　　　　　　　　　S　　　　　　　　　　　　　V

4. **It came as a surprise (that there was a clear space where the tear had fallen).**
   (その涙が落ちたところにきれいな空間ができていたことは驚きだった。)

   ➡ that there was a clear space where the tear had fallen という that 節が真の主語で，この that 節の代わりに形式主語の it が使われている。

5. **It** was soon observed **(that** the clear area surrounded a spot where a bit of mold had fallen in the dish).
(そのきれいな部分は，1片のカビが落ちた皿の中の1か所の周りにあることがすぐに観察された。)

➡ that the clear area surrounded a spot where a bit of mold had fallen in the dish という that 節が真の主語で，この that 節の代わりに形式主語の it が使われている。

+ α

to 不定詞の意味上の主語を示す場合

It's dangerous **for you** (to go there alone).
(あなたがそこへひとりで行くのは危険だ。)

➡ to 不定詞の意味上の主語を示す場合は，<it ...+for 〜 +to 不定詞>の形で，for を用いる。

to 不定詞や that 節の代わりに動名詞が使われる場合

It is no use (**crying** over spilt milk).
(こぼれたミルクについて嘆いてもどうにもならない。＝覆水盆に返らず。)

➡ 動名詞句を真の主語とする <it ...+*do*ing> も使われるが，あまり多くはない。

to 不定詞や that 節の代わりに疑問詞節が使われる場合

It's not clear (**who** used that key first).
(誰が最初にそのかぎを使ったのかは明らかではない。)

➡ 疑問詞を伴う節が真の主語になることもある。

to 不定詞や that 節の代わりに名詞節が使われる場合

It isn't important (**whether** he has already finished his work).
(彼がすでに作業を終えているかどうかは重要ではない。)

➡ whether 節「〜かどうか」などの名詞節が真の主語になることもある。

Q ヒント　Describe each picture with given words and *it ... that S+V.*
(それぞれの絵を，与えられた語句と it ... that S+V を使って説明しなさい。)

A「数学オリンピックで，Mizuki が優勝し，Kenji が2位になったことは大きなニュースだ」などの意味の文にする。「〜したこと」の部分を that 節で表す。

B「Mark が UFO を見たことはびっくりだ」などの意味の文にする。「〜したこと」の部分を that 節で表す。

2 S + be + *that*-clause　be 動詞の補語になる that 節

<S+V(be 動詞)+C(that 節)>(第 2 文型) の形で，「S は〜ということである」という意味を表す。that 節は名詞節で，文の補語になっている。
この that のように，主節・従属節の関係で文をつなぐ接続詞を従位接続詞と呼ぶ。

現在分詞を使った分詞構文

1. **The interesting point** is (that you like old novels rather than new ones).
   (興味深い点は，あなたが新しい小説よりむしろ古い小説のほうが好きだということだ。)
   ➡ The interesting point が文の主語で，that 節が補語になっている。

2. **The problem** is (that I left my smartphone at home).
   (問題は，私がスマートフォンを家に置いてきたということだ。)
   ➡ The problem が文の主語で，that 節が補語になっている。

3. **Her only hope** is (that her son will come back safely in this weather).
   (彼女の唯一の望みは，息子がこの天候の中で無事に帰ってくることだ。)
   ➡ Her only hope が文の主語で，that 節が補語になっている。

4. **Our rule** is (that you cannot smoke while walking).
   (私たちの規則は，歩いている最中にたばこを吸ってはいけないということだ。)
   ➡ Our rule が文の主語で，that 節が補語になっている。

5. **Fry's inspiration** was (that because this adhesive would not make his marker permanently attached, it would serve well to keep the marker temporarily in the choir book).
   (フライの思いつきは，この接着剤はしおりを永久にくっつけることはないので，一時的に聖歌集に目印を保持しておくのに十分役立つだろうというものだった。)
   ➡ Fry's inspiration が文の主語で，that 節が補語になっている。
   ➡ 上の文では，that 節の中にさらに because 節 (従属節) と主節が含まれている。

Qヒント　Fill in the balloon in each picture with the given words and S+be+that.
(それぞれの画像のふきだしを，与えられた語句と S+be+that 節を使って埋めなさい。)
A 女の子は「上手な英語が書けない」と言っている。ふきだしには「大事なことは〜することだ」という，励ましや助言になるようなせりふを入れる。
B 女性は結婚式の写真を見て喜んでいるので，「いい知らせは私の友人が結婚したことだ」などの意味のせりふを入れる。

Speaking ①ヒント

Warm-up dialogue: Filler

1つ目の空所の後のことばは，直前のＡさんの質問への答えなので，返答をする前に考える時間をもらうような表現が入ると考えられる。2つ目の空所の後のことばでは，直前のＡさんの「なぜですか」に対して理由を答えている。言うことを考えているときに間を埋めるような表現が入ると考えられる。

A: 私は付箋がどのように発明されたのかを知って驚きました！

B: 私もです。付箋はとても便利で，私はいつも使っています。

A: 歴史上最も優れた発明を何か思いつきますか。

B: 歴史上でですか。_____。私はそれはテレビゲームだと思います。

A: なぜですか。

B: _____…，テレビゲームはたくさんの人を喜ばせています。

Conversation on the spot

❷

指示文の訳

今日，イギリス出身の生徒たちがあなたのクラスに来る予定です。あなたは彼らと議論をすることになっています。議論のお題は「歴史上もっとも偉大な発明」です。議論するときは，以下の情報を組み込むようにしなさい。

1. あなたが歴史上もっとも偉大だと思う発明。

2. 理由。

Writing ①ヒント

❷

レポートの訳

なぜ私は電子書籍よりも紙の本が好きなのか。

　今日では，本は紙で読むより，タブレットやパソコンで読むほうが好きな人もいる。彼らは，重い紙の本を持ち運ばなくてもよいため，その方が手軽だと言う。もうひとつの利点は，電子書籍は紙を使わないため，環境に優しいということである。

　しかし，私は紙の本を読むほうが好きである。一度にたくさんの電子書籍を持ち歩くのは手軽ではあるが，_____

_____

_____

_____

_____

　それゆえに，私は普段，紙の本を読むことを選ぶ。

定期テスト予想問題　　　　解答 ➡ p.180

1 日本語の意味に合うように，＿＿＿に適切な語を入れなさい。

(1) 私はまさに学校を出ようとしていた。

I ＿＿＿＿＿ just about ＿＿＿＿＿ leave school.

(2) 彼らにはたくさんの共通点がある。

They ＿＿＿＿＿ a lot in ＿＿＿＿＿.

(3) その科学者が現代科学を生み出した。

The scientist ＿＿＿＿＿ ＿＿＿＿＿ to modern science.

2 日本語に合うように，（　）内の語句を並べかえなさい。

(1) 夜になって，外が見えづらくなった。

At night, (became / it / see / outside / to / hard).

At night, ＿＿＿＿＿＿＿＿＿＿＿＿＿＿＿＿＿＿.

(2) 私の最大の心配事は,誰も私の誕生パーティーに来ないだろうということである。

(come to / that / will / my biggest worry / nobody / is / my birthday party).

＿＿＿＿＿＿＿＿＿＿＿＿＿＿＿＿＿＿.

(3) 父が母のために花を買ったことは驚きだ。

(my mother / my father / that / bought / it's / for / surprising / flowers).

＿＿＿＿＿＿＿＿＿＿＿＿＿＿＿＿＿＿.

3 次の英語を日本語に訳しなさい。

(1) The truth is that the teacher told us the wrong day for the test.

(　　　　　　　　　　　　　　　　　　　　　　)

(2) It was lucky that it stopped raining at that time.

(　　　　　　　　　　　　　　　　　　　　　　)

4 次の英文を，形式主語の it を使って書きかえなさい。

(1) That some of my friends will leave this town is sad.

(2) To carry out the research became impossible.

5 次の日本語を英語に訳しなさい。

(1) 私のアイデアは，会議を月曜日に移動するということだった。

＿＿＿＿＿＿＿＿＿＿＿＿ we move the meeting to Monday.

(2) 私たちの計画は，開館前にその博物館に着くというものである。

＿＿＿＿＿＿＿＿＿＿＿ we will get to the museum before it opens.

6 次の英文を読んで，後の問いに答えなさい。

①The second story of serendipity took place during World War I. At that time, Alexander Fleming was sent to France to ②(　)(　) of wounded soldiers. Doctors then were depending on antiseptics to cure the soldiers. Fleming, however, observed that ③(common / did / good / the / more / most / harm / antiseptic / than), in ④(　) it killed the white blood cells faster than it killed the bacteria. He knew this was bad because the white blood cells are the body's natural defenders against bacteria.

(1) 下線部①の英語を日本語に訳しなさい。
(　　　　　　　　　　　　　　　　　　　　　)
(2) 下線部②が「負傷した兵士の世話をする」という意味になるように，(　)に適切な語を入れなさい。
＿＿＿＿＿ ＿＿＿＿＿ of wounded soldiers
(3) 下線部③が「最もよく使われていた消毒薬は益よりも害のほうが大きかった」という意味になるように，(　)内の語を並べかえなさい。
＿＿＿＿＿＿＿＿＿＿＿＿＿＿＿＿＿＿
(4) 下線部④に入れるのに適切な語を下から選び，記号で答えなさい。
ア those　イ which　ウ this　エ that　　　＿＿＿＿

7 次の英文を読んで，後の問いに答えなさい。

In 1922, while Fleming was suffering from a cold, he made a culture from some of the liquid from his own nose. As he examined the culture dish ①(fill) with yellow bacteria, a tear fell from his eye into the dish. The next day ②(　) he examined the culture, ③it came as a surprise that there was a clear space where the tear had fallen. His close observation led him to ④the conclusion: the tear included a substance that killed the bacteria, but was harmless to human bodies.

(1) 下線部①の (　)内の語を適切な形に書きかえなさい。
＿＿＿＿＿
(2) 下線部②に入れるのに適切な語を下から選び，記号で答えなさい。
ア when　イ which　ウ where　エ what　　　＿＿＿＿
(3) 下線部③の英語を日本語に訳しなさい。
(　　　　　　　　　　　　　　　　　　　　　)
(4) 下線部④の具体的な内容を，日本語で書きなさい。
＿＿＿＿＿＿＿＿＿＿＿＿＿＿＿＿＿＿

Serendipity: Accidental Discoveries in Science by Royston M. Roberts. Copyright © 1989 by John Wiley & Sons, Inc. Reprinted by permission of John Wiley & Sons, Inc.

定期テスト予想問題　解答　pp.178~179

1 (1) was, to　　(2) have, common　　(3) gave birth

2 (1) (At night,) it became hard to see outside(.)

(2) My biggest worry is that nobody will come to my birthday party(.)

(3) It's surprising that my father bought flowers for my mother(.)

3 (1) 真実はその先生が私たちに間違ったテストの日付を伝えたということだ。

(2) その時，雨がやんだのは幸運だった。

4 (1) It is sad that some of my friends will leave this town.

(2) It became impossible to carry out the research.

5 (1) My idea was that

(2) Our plan is that

6 (1) セレンディピティの2つ目の話は第一次世界大戦中に起こった。

(2) take care

(3) the most common antiseptic did more harm than good

(4) エ

7 (1) filled　　(2) ア

(3) その涙が落ちたところにきれいな空間ができていたことは驚きだった

(4) その涙は細菌を殺すが人体には無害である物質を含んでいた(ということ)

💡 解説

2 (2)「〜ということ」を that 節で表し，文の補語にする。

(3)「〜したこと」を that 節で表し，形式主語の it を文の主語にする。

3 (1) that 節が補語になっている，<S+V+C> の第 2 文型の文。

(2) It は形式主語で，that 節が真の主語になっている。

4 (1) it を主語にし，元の主語の that 節を後ろに置く。

(2) it を主語にし，元の主語の to 不定詞句を後ろに置く。

5 (1)(2) <S+V(be 動詞)+C(that 節)> の形で「S は〜ということである」を表す。

6 (1) take place は「起こる」という意味。　(2)「A の世話をする」は take care of A で表す。　(3)「益よりも害のほうが大きい」は do more harm than good で表す。　(4) 名詞節を導く接続詞の that を入れ，in that 〜 とすると，「〜という点において」という意味になる。

7 (1) 過去分詞の filled が後ろから the culture dish を修飾する形にする。

(2) 関係副詞の when を入れて，The next day を後ろから修飾する。

(3) it は形式主語で，that 節が真の主語。come as a surprise は「驚きである」という意味。　(4) 下線部の直後のコロン (:) 以降が，下線部の具体的な内容である。コロン以降は，主格の関係代名詞 that の導く節が a substance を修飾する形になっている。

Lesson 8 Playing the Enemy

Playing the Enemy: Nelson Mandera and the Game That Made a Nation by John Carlin. Copyright © 2008 by Enobarbus S. L. Used by permission of Penguin Press, an imprint of Penguin Publishing Group, a division of Penguin Random House LLC.

単語・熟語チェック

enemy	名 敵	He has a lot of **enemies.** 彼にはたくさんの敵がいる。

Scene ❶

rugby	名 ラグビー	I have never seen a **rugby** game at a stadium. 私はスタジアムでラグビーの試合を見たことがない。
cheer for *A*	熟 A を応援する	He was **cheering for** the New York Yankees at that time. 彼はそのとき，ニューヨーク・ヤンキースを応援していた。
A is discriminated against	熟 A は差別される	They **were discriminated against** because of their race. 彼らは人種のせいで差別された。
discriminate	動 差別する	Some **discriminate** against foreign people. 外国人を差別する人もいる。
apartheid	名 アパルトヘイト	We learned about the history of **apartheid**. 私たちはアパルトヘイトの歴史を学んだ。
residence	名 住宅	Here are some **residences** for young couples. こちらがお若いご夫婦向けの住宅です。
A is separated from *B*	熟 A は B と分けられる	The bath area **is separated from** the toilet. お風呂場はトイレと分けられている。
strictly	副 厳しく	The use of fire is **strictly** banned here. ここでの火の使用は厳しく禁止されている。
grow in number	熟 数が増える	Wild animals **grew in number** in that environment. その環境下で，野生動物の数が増えた。
domestically	副 国内で	Their business has succeeded **domestically**. 彼らの事業は国内で成功した。
overseas	副 海外で	She is working **overseas** now. 彼女は今海外で働いている。
be put in prison	熟 投獄される	He **was put in prison** for five years. 彼は5年間投獄された。
arrest	動 ～を逮捕する	Why was the man **arrested** by the police? なぜその男性は警察に逮捕されたのですか。
prison	名 刑務所	The island was used as a **prison**. その島は刑務所として使われた。

be in captivity	熟 捕らえられている	A bear **was in captivity** in the cage. その檻には 1 頭の熊が捕らえられていた。
captivity	名 捕らわれていること	Animals are kept in **captivity** in zoos. 動物たちは動物園に捕らわれている[飼育されている]。
election	名 選挙	Who do you think will win the **election**? 誰がその選挙に勝つと思いますか。
citizen	名 市民	She lived in the US before, and now she is an Australian **citizen**. 彼女は以前アメリカに住んでいたが，今はオーストラリア市民だ。
vote	動 投票する	How many people **voted** in the election? その選挙では何人が投票しましたか。
for the first time	熟 初めて	I'm going to Okinawa **for the first time** next month. 私は来月，初めて沖縄に行く予定だ。
elect	動 ～を選挙で選ぶ	A new president will be **elected** soon. 新しい大統領がもうすぐ選挙で選ばれる。
abolish	動 ～を廃止する	The government **abolished** that tax. 政府はその税を廃止した。
flag	名 旗	The street was filled with people waving **flags**. 通りは旗を振る人であふれていた。
hardship	名 苦難	He suffered a lot of **hardships** in his younger days. 彼は若い頃にたくさんの苦難に悩まされた。
strike back at A	熟 A に仕返しをする	He tried to **strike back at** the man. 彼はその男に仕返しをしようとした。
far from (doing) A	熟 A からはど遠い	The result was **far from** perfect. 結果は完璧からはほど遠いものであった。
in fact	熟 実際には	**In fact**, he was proved not guilty. 実際には，彼は無罪だと証明された。
a step away from (doing) A	熟 A まであと一歩	They were **a step away from** fighting. 彼らはけんかの一歩手前だった。
solve	動 ～を解決する	We **solved** the problem among our club members. 私たちは部員間のその問題を解決した。
conflict	名 争い，論争	There have been **conflicts** between the two countries. その 2 国間には争いが起こってきた。
unify	動 ～をひとつにする	They hoped to **unify** the country. 彼らは国をひとつにしたいと願っていた。
one another	熟 お互い	The singers looked at **one another** while singing. その歌手たちはお互いを見ながら歌を歌った。
intimate	形 親密な	They have developed an **intimate** relationship. 彼らは親密な関係を築いてきている。

Scene ❷

grasp	働 ～を掴む	I don't fully **grasp** the meaning of this word. 私はこのことばの意味をよく掴んでいない。
mean A by B	働 B によって A の意図を表す	What do you **mean by** what you're saying? あなたが言っていることはどういう意味ですか。
might	助 (may の過去形) ～かもしれない	Jack thought he **might** see Jenny at the party. ジャックはそのパーティでジェニーに会うかもしれないと思った。
pay a visit to A	熟 A を訪問する	The new president **paid a visit to** Japan. その新しい大統領は日本を訪問した。
take a trip to A	熟 A へ旅行する	My parents **took a trip to** India last year. 私の両親は昨年，インドへ旅行した。
imprison	働 ～を収監する	He was **imprisoned** soon after he was caught. 彼は捕まってすぐ収監された。
one [two, ten, etc.] at a time	熟 一度に 1[2, 10など]ずつ	Carry those books five **at a time**. それらの本を一度に 5 冊ずつ運びなさい。
capacity	名 容量，収容能力	This hall has a **capacity** of 2,500 seats. この会館は 2,500 席の収容能力がある。
truly	副 本当に	Tom was **truly** surprised at the incident. トムはその出来事に本当に驚いた。
prisoner	名 囚人	All the **prisoners** were sleeping at that time. すべての囚人はそのとき，眠っていた。
guard	名 守衛	She is working as a prison **guard**. 彼女は監獄の守衛として働いている。
yell	働 叫ぶ，怒鳴る	Someone **yelled** for help. 誰かが助けを求めて叫んだ。
cheering	名 応援	The **cheering** for the team didn't stop. そのチームへの応援はやまなかった。
delighted	形 大いに喜んでいる	She was **delighted** to hear the news. その知らせを聞いて彼女は大いに喜んだ。
honor	働 ～に名誉を与える	I am very **honored** to be included in this team. 私はこのチームに加えてもらえてとても名誉に思う。
represent	働 ～を代表する	The speaker is **representing** our school. その話し手は私たちの学校を代表している。
put A behind B	熟 B は A を忘れようとする	Let's **put** it **behind** us. 私たちはそのことを忘れましょう。

Scene ❸

atmosphere	名 雰囲気	I like the **atmosphere** at the soccer stadium. 私はそのサッカースタジアムの雰囲気が好きだ。

gradually	副 だんだんと	She **gradually** fell asleep. 彼女はだんだんと眠りに落ちていった。
achieve	動 ～を達成する	Trying again and again, she **achieved** her goal. 何度も挑戦し，彼女は目標を達成した。
one A after another	熟 1つまた1つのA	The theater will run **one** movie **after another** all night. その映画館は一晩中映画を次々に上映する予定だ。
victory	名 勝利	Their **victory** cheered me up. 彼らの勝利に私は元気づけられた。
step out onto A	熟 Aに歩み出る	The pianist **stepped out onto** the stage. そのピアニストはステージに歩み出た。
onto	前 ～の上に	The cat jumped **onto** my chest. その猫は私の胸の上に飛び乗った。
go still	熟 静まる	Everyone in the room **went still** at that moment. 部屋の中の全員がたちまち静まった。
chant	名 シュプレヒコール, 唱和	The Bears fans sang their **chant** in a loud voice. ベアーズのファンは彼らの唱和を高らかに歌った。
volume	名 音量	Please turn down the **volume** of the TV. テレビの音量を下げてください。
intensity	名 強さ, 激しさ	They explained the **intensity** of the earthquake. 彼らはその地震の強さについて説明した。
over and over again	熟 何度も	He tried it **over and over again**. 彼は何度もそれを試してみた。

Scene ❹

score	名 得点, スコア	Tell me the final **score** of that game. その試合の最終的なスコアを教えてください。
at the end of A	熟 Aの終わりに	I saw cherry blossoms **at the end of** April. 私は4月の終わりに桜の花を見た。
in favor of A	熟 Aに優勢で	The atmosphere was **in favor of** the home team. 雰囲気はホームのチームに有利だった。
end with A	熟 Aで終了する	The festival **ended with** beautiful fireworks. その祭りは美しい花火で幕を閉じた。
be tied at A [A-A]	熟 Aの点で同点となる	The score **was tied at** 10-10. 得点は10対10で同点となった。
go into overtime	熟 延長戦に突入する	That judo match **went into overtime**. その柔道の試合は延長戦に入った。
overtime	名 延長戦	We can watch the **overtime** play on the internet. 私たちは延長戦をインターネットで見ることができる。
drop a goal	熟 ドロップゴールを決める	He tried to **drop a goal** in the rugby game. 彼はそのラグビーの試合でドロップゴールを決めようとした。

come over (to *A*)	熟 (A に)やってくる	Why don't you **come over to** my place? うちに来ませんか。
it feels like *A* to *do*	熟 ~するのは A のような気分だ	What does **it feel like to** be a father? 父親になるのはどんな気分ですか。
reply	動 ~と答える	She **replied**, "I will come." 彼女は「行きます」と答えた。
in tears	熟 涙を浮かべて	We were all **in tears** when we won the game. 試合に勝ったとき，私たちはみんな涙を浮かべていた。

Scene ❶-1

▶ポイント 南アフリカのアパルトヘイトとは，どのような体制だったか。

1 ① The final game / of the 1995 Rugby World Cup / in South Africa / was one of
決勝戦は 　／1995 年ラグビー・ワールドカップの／ 南アフリカでの 　／ 最も興奮する

the most exciting international games / for most people / in the world.// ② However, /
国際試合の 1 つだった 　　　　　／ ほとんどの人々には ／ 世界の 　// 　しかしながら ／

it meant more than that / to South Africans.// ③ All the people / of the country, /
それにはそれ以上の
意味があった 　　　　／ 南アフリカ人には 　//　 すべての人々が 　／ その国の 　／

of many different races, / were watching the game / with much hope / for the
多様な人種の 　　　　　／ その試合を見ていた 　／ 大きな希望を持って ／ 将来

future.// ④ People / who were once enemies / were cheering together / for their
への 　//　 人々が 　／ かつては敵だった 　／ 一緒に応援していた 　／ 彼らの

national team.//
代表チームを 　//

2 ⑤ In South Africa, / black people had long been discriminated against / under a
南アフリカでは 　／ 黒人は長い間差別されていた 　　　　　　　／ 体制の

system / called apartheid.// ⑥ Their education, / employment, / and residences / were
もとで ／ アパルトヘイトと
呼ばれる 　//　 彼らの教育 　／ 雇用 　／ そして住宅は ／

strictly separated / from white people.// ⑦ They could not receive good education, /
厳しく分けられていた／ 白人たちから 　//　 彼らは良い教育を受けることができなかった ／

find work, / or live / in certain areas / that were only for white people.//
仕事を
見つける ／ あるい
は住む ／ 特定の地域に 　／ 白人専用だった 　　　//

⑧ Eventually, / people / who did not like this policy / grew in number / both
その結果 　／ 人々は 　／ この政策を好まなかった 　／ 数が増えた ／ 国内外

domestically and overseas.// ⑨ Nelson Mandela was leading a group / of such
両方で 　　　　　//　 ネルソン・マンデラは集団を率いていた 　/そのような

people / when he was arrested / by the police / and put in prison.// ⑩ He was in
人々の ／ 彼が逮捕されたとき 　／ 警察によって ／ そして刑務所に
入れられた 　//　 彼は

captivity / in a small cell / for 27 years / until he was finally freed / in 1990.//
拘束された／ 小さな独房に 　／ 27 年間 　／ 彼がようやく解放されるまで ／ 1990 年
に 　//

☑ 単語チェック

□ **rugby**	名 ラグビー	□ **domestically**	副 国内で
□ **discriminate**	動 差別する	□ **overseas**	副 海外で
□ **apartheid**	名 アパルトヘイト	□ **arrest**	動 〜を逮捕する
□ **residence**	名 住宅	□ **prison**	名 刑務所
□ **strictly**	副 厳しく	□ **captivity**	名 捕らわれていること

✓ 本文内容チェック 「ラグビー・ワールドカップとアパルトヘイト」

1 1995 年ラグビー・ワールドカップの決勝戦は南アフリカにとって特別な意味があっ

た。国内のさまざまな人種が将来への希望を持ち，かつて敵対していた人々が一緒になって代表チームを応援した。

2 アパルトヘイトという体制のもと，南アフリカでは長い間，黒人が差別されていた。ネルソン・マンデラはこの差別に対する反対運動を率いていたが，逮捕され，27 年もの間，刑務所に拘束されていた。

🔑 読解のカギ

② **However, it meant more than that to South Africans.**
➡ it は前文①の The final game of the 1995 Rugby World Cup in South Africa を指す。
➡ that は前文①の one of the most exciting international games のことを指している。

④ **People (who were once enemies) were cheering together for their national**

team.
➡ People who were once enemies の部分が，この文の主語である。
➡ who は主格の関係代名詞。先行詞は People で，who が導く節がこの People を修飾している。

⑤ **In South Africa, black people had long been discriminated against under a system called apartheid.**

➡ <had been+過去分詞> は過去完了形の継続用法と受動態を組み合わせた形で，過去のある時点までの状態の継続を表し，「ずっと～されていた」という意味になる。
➡ 受動態の部分は discriminate against「～を差別する」の目的語である black people を主語にしている。
➡ called は過去分詞で，called apartheid が後ろから a system を修飾している。

⑦ **They could not receive good education, find work, or live in certain areas (that were only for white people).**

➡ 文頭の They は前文⑤の black people を指している。
➡ that は主格の関係代名詞で，これに導かれている節 that were only for white people が先行詞 certain areas を修飾している。

⑨ **Nelson Mandela was leading a group of such people when he was arrested**

by the police and put in prison.
➡ was arrested は <be動詞+過去分詞> の受動態。be動詞が過去形なので「～された」という意味を表す。
➡ put は過去分詞で，直前に was が省略されている。この部分も受動態である。

Scene ①-②

ポイント　マンデラは何を通じて黒人と白人が親しくなるようにしようとしたか。

3　① In 1994, / general elections were held, / in which all citizens of all races
　　　1994年に / 　　総選挙が行われた / 　　すべての人種から成るすべての市民が

were allowed / to vote / for the first time / in the history / of South Africa, /
許された / 投票することを / 初めて / 歴史上 / 南アフリカの

and Mandela was elected president / of South Africa.// 　② In that same year, /
　　マンデラは大統領に選出された / 　南アフリカの // 　　その同じ年に

apartheid was abolished, / and a new national flag was designed / as a symbol / of
アパルトヘイトは廃止された / そして新しい国旗がデザインされた / 象徴として

the new South Africa.// 　③ However, / black people could not forget / about the
新しい南アフリカの // しかしながら / 黒人は忘れることができなかった / 苦難に

hardship / they had been suffering / for many years.// 　④ At that time, / white
ついて / 彼らが経験してきた / 長年 // そのとき / 白人は

people were afraid / that black people would strike back / at them.// ⑤ They were
恐れていた / 黒人が報復してくるのではないかと / 彼らに // 彼らは

far from becoming friends.// ⑥ In fact, / they were only a step away from war.//
仲良くなるどころではなかった // 実際 / 彼らは内戦のほんの一歩手前だった //

4 ⑦ To solve this conflict, / Mandela thought / he could use sports /
この争いを解決するために / マンデラは考えた / 彼はスポーツを利用できると /

to unify the nation / and make them feel closer / to one another.// ⑧ He
国をひとつにするために / そして彼らをより身近に感じさせる(ために) / お互いに // 彼は

chose rugby.// ⑨ In South Africa, / rugby was a "white people's sport."//
ラグビーを選んだ // 南アフリカでは / ラグビーは「白人のスポーツ」だった //

⑩ Black people hated the Springboks, / South Africa's national team, / so much /
黒人はスプリングボクスが嫌いだった / 南アフリカの代表チームである / とても /

that they did not cheer / for their team / but cheered / for foreign teams instead.//
なので彼らは応援しなかった / 自分たちのチームを / だが応援した / 代わりに外国のチームを //

⑪ Mandela thought, / "If people / of different colors / played a sport together, / or
マンデラは考えた / 「もしも人々が / 異なる肌の色の / 一緒にスポーツをしたら /

cheered / for the same team together, / they could become more intimate."//
あるいは応援したら / 一緒に同じチームを / 彼らはより親密になれるだろう」と //

✓ 単語チェック

□ election	名 選挙	□ hardship	名 苦難
□ citizen	名 市民	□ solve	動 ～を解決する
□ vote	動 投票する	□ conflict	名 争い, 論争
□ elect	動 ～を選挙で選ぶ	□ unify	動 ～をひとつにする
□ abolish	動 ～を廃止する	□ intimate	形 親密な
□ flag	名 旗		

✓ 本文内容チェック　「マンデラの考えた，黒人と白人が親しくなる方法」

3 マンデラが大統領になった年に，アパルトヘイトが廃止されたが，黒人は長年のつらい経験を忘れられず，一方で白人は黒人の報復を恐れているという状況だった。

4 この争いを解決するために，マンデラはラグビーを利用することにした。南アフリカでは「白人のスポーツ」であるラグビーを，肌の色の違う人々が一緒に行ったり，同じチームを応援したりすれば，彼らは親密になれるだろうと彼は考えた。

🎵 読解のカギ

③ However, black people could not forget about the hardship (they had been suffering for many years).　(which[that])

→ hardship の後ろには目的格の関係代名詞 which[that] が省略されている。

→ they ... の節が the hardship を修飾している。

→ <had been+動詞の -ing 形> は過去完了進行形で，「ずっと〜していた」という意味になり，過去のある時点まで動作が継続していたことを表す。　文法詳細 p.202

④ At that time, white people were afraid (that black people would strike back at them).

→ <be動詞+afraid+that 節> は「〜ではないかと恐れる」という意味を表す。

→ 名詞節を導く that は感情を表す形容詞の後ろで使い，その理由や原因を表す。この that は省略されることが多い。また，この that 節は形容詞を修飾する副詞節であるという考え方もある。

⑤ They were far from becoming friends.

→ far from *doing* A は「A することからほど遠い」つまり「A するどころではない」という意味を表す。from に続く -ing 形は動名詞である。

⑩ Black people hated the Springboks, South Africa's national team, so much that they did not cheer for their team but cheered for foreign teams instead.

→ so 〜 that ... は「とても〜なので…」という意味で因果関係を表したり，「…なほど〜」という意味で程度を表したりする。

→ not A but B は「A ではなくて B」という意味を表す。ここでは，cheer for their team が A に，cheered for foreign teams instead が B にあたる。

→ their は South Africa's を指している。

⑪ Mandela thought, "If people of different colors played a sport together, or cheered for the same team together, they could become more intimate."

→ <if+S+動詞の過去形, S+could+動詞の原形> は仮定法過去で「もし〜なら，…できるのに」という意味を表し，現在の事実とは異なる出来事を仮定する。　文法詳細 p.200

Scene 2-1

ポイント　ラグビーの代表選手たちが刑務所を訪れたとき，何を感じたか。

5 ① François Pienaar, / who was the captain / of the Springboks, / and the other
　　　　フランソワ・ビナールは / 　　キャプテンだった　 / 　スプリングボクスの / そしてほか

players supported Mandela's idea / and were trying to grasp / what he meant /
の選手たちはマンデラの考えを支持した 　/ 　そして掴もうとしていた 　/ 　彼の意図したことを /

by "One Team, One Country." // ② This might have taken longer / if they hadn't
「1つのチーム，1つの国」で 　// 　これにはもっと長い時間が / 　彼らが訪れて
　　　　　　　　　　　　　　　　　　かかっていたかもしれない

paid a visit / to a prison on an island / called Robben Island. //
いなかったら 　/ 　島にある刑務所を 　/ 　ロベン島と呼ばれる 　//

6 ③ The team members came to understand Mandela's feelings better / when
　　　チームのメンバーたちはマンデラの気持ちがさらにわかるようになった 　/ 　彼らが

they took a trip / to the island / where he had been in captivity. // ④ Robben Island
旅行したときに 　/ 　島に 　/ 　彼が捕らえられていた 　// 　　　ロベン島は

was still being used / as a prison. // ⑤ The players saw the cell / where Mandela
まだ使われていた 　/ 刑務所として // 　選手たちは独房を見学した 　/ 　マンデラが

had been imprisoned / for such a long time. // ⑥ They entered the cell, / one
収監されていた 　/ 　そのように長い期間 　// 　彼らは独房に入った 　/ 1人か

or two / at a time, / because it did not have the capacity / to hold any more than
2人で / 　一度に / 　なぜならそれには収容能力がなかったからだ /それより多くを入れるための

that. // ⑦ Seeing that tiny room, / they truly realized / what white people had done /
// 　そのちっぽけな部屋を見て / 　彼らは真に理解した / 　　白人がしたことを 　/

to black people / in the past. //
黒人に対して / 　過去に //

☑ 単語チェック

□ grasp	動 ～を掴む	□ capacity	名 容量，収容能力
□ might	助 (mayの過去形)～かもしれない	□ truly	副 本当に
□ imprison	動 ～を収監する		

✔ 本文内容チェック　「マンデラの収監されていた刑務所を訪れた代表選手たち」

5 代表選手たちはマンデラの考えを支持し，理解しようとした。

6 彼らはマンデラの収容されていた刑務所を訪問し，さらに彼の気持ちが理解できた。

♪ 読解のカギ

① **François Pienaar**, (who was the captain of the Springboks), and **the other**
　　　　　　S₁　　　　　　　　　　　　　　　　　　　　　　　　　　　　　S₂

players supported Mandela's idea and were trying to grasp (what he
　　　V₁　　　　　O　　　and　　V₂

meant by "One Team, One Country)."

➡ who の前にコンマ (,) があるので，この who は非限定用法の関係代名詞である。先行詞の François Pienaar について補足的に説明している。

➡ what は関係代名詞で，「〜すること」という意味の名詞節を導く。what he meant by "One Team, One Country" が grasp の目的語になっている。

② **This** might have taken **longer** (if they hadn't paid a visit to **a prison on an island** called **Robben Island**).

➡ if 節は <if+S+had not+ 動詞の過去分詞 > の形で，仮定法過去完了の否定形になっている。主節の <might have+ 動詞の過去分詞 > は，「〜だったかもしれない」という過去の推量の意味を表す。全体で，「もし〜でなかったら，…だったかもしれない」という意味で，過去の事実に反する推量を表す。 文法詳細 p.200

➡ pay a visit to *A* は「A を訪問する」という意味を表す。

➡ 過去分詞の called が導く句は，「〜と呼ばれる」という意味で an island を後ろから修飾している。

③ **The team members** came to understand Mandela's feelings better (when they took a trip to the island {where he had been in captivity}).

➡ come to *do* は「〜するようになる」という意味を表す。

➡ where は関係副詞で，これに導かれる節が，先行詞の the island を修飾している。

④ **Robben Island was still being used** as a prison.

➡ <be 動詞 +being+ 動詞の過去分詞 > は進行形の受動態で，「〜されているところである」という意味を表す。

⑤ **The players saw** the cell (where Mandela had been imprisoned for such a long time).

➡ where は関係副詞で，これに導かれる節が，先行詞の the cell を修飾している。

⑥ **They entered the cell, one or two at a time, because it did not have** the capacity (to hold any more than that).

➡ one [two, ten, etc.] at a time は「一度に 1 [2, 10 など]ずつ」という意味を表す。

➡ to hold が導く to 不定詞句は形容詞的用法で，「〜を入れるための」という意味で the capacity を修飾している。

⑦ (Seeing that tiny room), they truly realized (what white ... past).

➡ Seeing が導く副詞句は「時」を表す分詞構文で，「〜したとき」という意味を表し，主節の内容を補足している。分詞の意味上の主語は，主節と同じ they。

Scene 2-2

ポイント マンデラのいた刑務所の囚人たちは, 代表選手たちにどのような態度をとったか。

7 ① After seeing Mandela's cell, / the Springbok players were welcomed / by
マンデラの独房を見学した後 / スプリングボクスの選手たちは迎えられた /

the prisoners there, / who were all black people.// ② Fifteen years before, / the
そこにいた囚人たちに / 全員黒人だった // 15年前 /

prisoners there had been listening / on the radio / to the Springboks' game /
そこの囚人たちは聞いていた / ラジオで / スプリングボクスの試合を /

against a British team, / cheering / for the British team.// ③ Although the guards
イギリスチームと対戦した /応援しながら/ イギリスチームを // 看守が怒鳴っても

yelled / at them / to stop their cheering, / they cheered on / for the foreign team.//
/ 彼らに / 彼らの応援を止めるために / 彼らは応援し続けた / 外国のチームを

④ But now, / these prisoners looked delighted / and even honored / to meet the
しかし今では / この囚人たちは喜んでいるように見えた / また光栄にすら思って いる(ように) /チームメンバー

team members.// ⑤ Pienaar stepped forward / and told them / that the team was
に会えることを // ピナールは前に出た /そして彼らに言った/ チームは今,

now representing the whole country / including them.// ⑥ Hearing this, / the
国全体を代表しているのだと / 彼らを含む // これを聞いて /

prisoners began singing a song together / for the players.// ⑦ The prisoners were
囚人たちは一斉に歌を歌い始めた / 選手たちのために // 囚人たちは

trying to put the past behind them / and look / to the future / where they could
過去を忘れようとしていた / そして 見ようと / 未来を / 彼らが

become friends / with their old enemies.// ⑧ However, / there was still a long way /
友人になれる / かつての敵と // しかしながら / まだ長い道のりがあった /

to go / until all black South Africans could forget / what had happened / in the
通るべき / すべての南アフリカ黒人が忘れられるまでには / 起こったことを / 過去に

past / and start supporting the team.//
/そしてチームを応援し始める(までには)//

✓ 単語チェック

☐ prisoner	名 囚人	☐ delighted	形 大いに喜んでいる
☐ guard	名 守衛	☐ honor	動 ～に名誉を与える
☐ yell	動 叫ぶ, 怒鳴る	☐ represent	動 ～を代表する
☐ cheering	名 応援		

✓ 本文内容チェック 「代表選手たちがマンデラのいた刑務所で出会った囚人たち」

7 スプリングボクスの選手たちに会った囚人たちは, 会えたことを喜んでいるようだっ
た。ピナールが, チームは囚人たちを含むこの国全体を代表しているのだと伝えると,
囚人たちは選手たちのために歌を歌い始めた。

🔑 **読解のカギ**

① **(After seeing Mandela's cell), the Springbok players were welcomed by the prisoners there, (who were all black people).**

➡ After seeing Mandela's cell は分詞構文の副詞句である。「マンデラの独房を見学した後に」という意味を表す。分詞構文の意味をはっきりさせるために, 前置詞のafter が分詞の前に置かれている。

➡ 主格の関係代名詞 who は, 前にコンマ (,) があるので, 非限定用法である。who were all black people が先行詞 the prisoners there の補足説明をしている。

② **Fifteen years before, the prisoners there had been listening (on the radio) to the Springboks' game against a British team, (cheering for the British team).**

➡ <had been+ 動詞の -ing 形> は過去完了進行形で「ずっと〜していた」という意味になり, 過去のある時点まで動作が継続していたことを表す。 　文法詳細 p.202

➡ cheering for the British team は分詞構文の副詞句である。「イギリスチームを応援しながら」という「付帯状況」の意味を表す。

③ **(Although the guards yelled at them {to stop their cheering}), they cheered on for the foreign team.**

➡ to stop が導く to 不定詞句は副詞的用法で, 「〜を止めるために」という意味を表す。

⑥ **(Hearing this), the prisoners began singing a song together for the players.**

➡ Hearing this は分詞構文の副詞句である。「このことを聞いて」という意味を表す。

⑦ **The prisoners were trying to put the past behind them and look to the future (where they could become friends with their old enemies).**

➡ put A behind B は「B は A を忘れる, 考えないようにする」という意味を表す。

➡ where は関係副詞で, 関係副詞節の where ... enemies が the future を修飾している。先行詞の the future は「未来」という意味だが, 抽象的な「場」ととらえ, where を用いている。

⑧ **However, there was still a long way (to go) (until all black South Africans could forget {what had happened in the past} and start supporting the team).**

➡ to go は to 不定詞の形容詞的用法で, a long way を修飾している。

➡ what が導く名詞節は「〜すること」という意味を表し, ここでは forget の目的語の役割をしている。what 節内は <had+ 動詞の過去分詞> の過去完了形になっていて, 主節の表す過去の時制よりも前の事柄であることを示している。

➡ start doing は「〜し始める」という意味を表す

Scene ❸

ポイント　スプリングボクスの勝利によって，国民はどのように変わっていったか。

8 ① The atmosphere gradually changed / as the team achieved / one victory
その雰囲気は次第に変わっていった / そのチームが達成するにつれて / 勝利を

after another.// ② Black people / who did not even know the rules / of rugby /
1つまた1つと // 黒人は / ルールさえ知らなかった / ラグビーの /

before the World Cup / became interested in playing it / with white people.//
ワールドカップ以前は / それをすることに興味を持つようになった / 白人と一緒に //

③ The better the Springboks played, / the more black people began playing
スプリングボクスがいいプレーをすればするほど / 多くの黒人がラグビーをし始めた

rugby.// ④ At last, / the whole nation was following the games / and supporting
// ついに / 国全体が試合の行方を追っていた / そして

the Springboks.// ⑤ More and more people began to wave their new national flag, /
スプリングボクスを応援していた // ますます多くの人々が彼らの新しい国旗を振り始めた

which meant the real end / of apartheid.//
それは本当の終わりを意味していた / アパルトヘイトの //

9 ⑥ The team finally met the All Blacks / from New Zealand / in the final.//
そのチームはついにオールブラックスと対戦した / ニュージーランドの / 決勝戦で

⑦ Five minutes before the game, / Nelson Mandela stepped out onto the field / to
試合の5分前に / ネルソン・マンデラが競技場に出てきた /

shake hands with the players.// ⑧ He was wearing the green Springbok cap and
選手と握手するために // 彼はスプリングボクスの緑色の帽子とユニフォームを身につけて

uniform.// ⑨ When the people saw him, / they went completely still.// ⑩ Then a chant
いた // 人々が彼を見たとき / 彼らは静まり返った // それから唱和が

began, / low at first, / but rising quickly in volume and intensity.// ⑪ The crowd /
始まった / 最初は低い声だった / しかしすぐに声量は大きく激しくなった // 群衆が /

of white people, / as one nation, / began chanting, / "Nel-son! / Nel-son!" / over
白人の / 1つの国として / 唱和し始めた / 「ネルソン / ネルソン」と /

and over again.// ⑫ It was a magic moment.//
何度も何度も繰り返し / それは魔法のような瞬間だった //

✓ 単語チェック

□ atmosphere	名 雰囲気	□ onto	前 ～の上に
□ gradually	副 だんだんと	□ chant	名 唱和
□ achieve	動 ～を達成する	□ volume	名 音量
□ victory	名 勝利	□ intensity	名 強さ，激しさ

✓ 本文内容チェック　「スプリングボクスの勝利と共に変わっていく国民」

8 ラグビーのワールドカップでスプリングボクスが勝つたびに，国の雰囲気が変わっていった。ルールさえ知らなかった黒人が，白人とラグビーをすることに興味を持ち，

プレーするようになった。そして多くの人々が新しい国旗を持って代表チームを応援するようになった。

9 ニュージーランド代表との決勝戦の5分前に，スプリングボクスの帽子とユニフォーム姿のネルソン・マンデラが選手たちと握手をするため競技場に現れた。最初は静かだった観衆はやがて唱和を始め，それは大きく激しくなった。白人の観衆が1つの国として，マンデラの名前を何度も繰り返し唱和し始めた。

読解のカギ

① **... changed as the team achieved one victory after another.**
➡ as は接続詞で，「…するにつれて」という意味を表す。
➡ one *A* after another は「1つまた1つのA，Aが相次いで」という意味を表す。

② **Black people (who did not even know the rules of rugby before the World**

Cup) became interested in playing it with white people.
➡ who は主格の関係代名詞。これの導く節が，先行詞の Black people を修飾している。

③ **The better the Springboks played, the more black people began playing rugby.**
➡ <the+比較級 ～, the+比較級 ...> は「～すればするほど，ますます…する」という意味を表す。

⑤ **More and more people began to wave their new national flag, (which**

meant the real end of apartheid).
➡ which は関係代名詞の非限定用法で，コンマ(,)の前までの節全体の内容を補足説明している。節が先行詞になるのは，非限定用法のときのみである。

⑧ **He was wearing the green Springbok cap and uniform.**
➡ wear は like, know などと同じく状態を表す動詞(状態動詞)で，通常は進行形にしないが，一時的な状態を表すときには進行形にすることができる。

⑨ **When the people saw him, they went completely still.**
➡ <go+補語> は「～(の状態)になる」という意味を表す。ここでの補語は still。
➡ completely は副詞で，「完全に」という意味で，「静かな」という意味を表す形容詞 still を修飾している。

⑩ **Then a chant began, (low at first), but (rising quickly in volume and intensity).**
➡ low at first と rising quickly in volume and intensity という副詞句が but で対比されている。

Scene ④

ポイント 決勝戦の結果とピナールへのインタビューへの観客の反応はどのようなものだったか。

10 ① To make people remember that game, / the Springboks had to win it.//
人々にその試合を記憶してもらうために / スプリングボクスはそれに勝たなければならなかった

② The score / at the end of the first 40 minutes / was 9-6 / in favor of South
得点は / 前半40分終了時の / 9対6だった / 南アフリカの方が

Africa.// ③ In the second half, / however, / the All Blacks scored, / and regular
優勢で // 後半で / しかしながら / オールブラックスが得点した / そして通常の

play ended with the score tied / at 9-9.// ④ For the first time / in Rugby World Cup
プレーは同点で終わった / 9対9の // 初めて / ラグビー・ワールドカップの

history, / the game had to go into overtime, / with two halves of ten minutes
歴史で / 試合は延長戦に突入しなければならなかった / 前後半10分ずつの

each.// ⑤ Physically and mentally / the players were very tired, / but Pienaar said /
// 肉体的にも精神的にも / 選手たちはとても疲れていた / しかしピナールは言った

to his teammates, / "Look around you.// ⑥ See those flags?// ⑦ Play / for those
チームメートたちに / 「君たちの周りを見ろ / あれらの旗が見えるだろう // 戦うんだ / あの人たち

people.// ⑧ We have to do this / for South Africa."// ⑨ Six minutes before the
のために // 私たちはこれをしなければならない / 南アフリカのために」と // 試合終了の6分前

end of the game, / South Africa finally dropped a goal, / which led to victory.//
/ 南アフリカはついにドロップゴールを決めた / それが勝利に結びついた //

11 ⑩ A TV reporter came over / to Pienaar / on the field / and asked, / "What
テレビレポーターがやって来た / ピナールのもとへ / 競技場の / そしてたずねた / 「どの

did it feel like / to have 62,000 fans / supporting you / here in the stadium?"//
ように感じたか / 6万2,000人のファンがいて / あなたたちを応援してくれる / ここのスタジアムで」と //

12 ⑪ He replied, / "We didn't have 62,000 fans / behind us.// ⑫ We had 43 million
彼は答えた / 「6万2,000人のファン(だけ)がいるのではなかった / 私たちの後ろに // 4,300万人の

South Africans."// ⑬ There were no old flags / in the stadium.// ⑭ Everybody /
南アフリカ人がいるのだった」と // 古い国旗は1つもなかった / スタジアムには // 全員が

—in tears— / was waving the new national flag.//
涙を流しながら / 新しい国旗を振っていた //

✓ 単語チェック

□ **score**	名 得点, スコア	□ **reply**	動 ～と答える
□ **overtime**	名 延長戦		

✓ 本文内容チェック 「スプリングボクスの優勝と1つになった国と国民」

10 試合は前半に南アフリカがリードし，後半に同点にされて終了，そしてワールドカップ史上初の延長戦に突入し，終了6分前に南アフリカがゴールを決めて優勝した。

11 レポーターはピナールにスタジアムのファンの応援をどのように感じたか質問した。

12 応援してくれたのはスタジアムのファン(だけ)でなく，4,300万人の南アフリカ国民

だとピナールは答えた。スタジアムに古い国旗は１つもなく，全員が泣きながら新しい国旗を振っていた。

🎵 **読解のカギ**

① To make people remember that game, the Springboks had to win it.

➡ to make は to不定詞の副詞的用法で「〜するために」という意味を表し，文の後半の動詞を修飾している。

➡ <make+O+C(原形不定詞)> で「O に C させる」という意味になる。

③ In the second half, however, ... play ended with the score tied at 9-9.

➡ tied は tie「〜を同点にする」の過去分詞。分詞句の tied at 9-9 は，「9 対 9 で同点にされた(＝9 対 9 で同点の)」という意味で the score を後ろから修飾している。

④ ..., the game had to go into overtime, with two halves of ten minutes each.
➡ go into overtime で「延長戦に突入する」という意味を表す。
➡ halves は half の複数形。ここでは試合の前半と後半を表している。
➡ 文末の each は副詞で，「それぞれ」という意味を表す。

⑤ Physically and mentally the players were very tired, ...
➡ physically and mentally は「肉体的にも精神的にも」の意味で，were very tired を修飾し，これを強調するために文頭に置かれている。

⑨ Six minutes before the end of the game, South Africa finally dropped a goal, (which led to victory).

➡ which は関係代名詞の非限定用法で，which led to victory が South Africa finally dropped a goal という節全体の内容を補足説明している。

⑩ A TV reporter came over to Pienaar on the field and asked, "What did it feel like to have 62,000 fans supporting you here in the stadium?"

➡ come over は「やって来る」という意味で，この over は副詞である。
➡ What does it feel like to *do*? で「〜する気分はどうですか(＝〜するのをどのように感じますか)」の意味。この it は形式主語で，真の主語は to不定詞に続く句である。
➡ supporting は目的語を伴った現在分詞で，62,000 fans を後ろから修飾している。

⑭ Everybody—in tears—was waving the new national flag.
➡「—(ダッシュ)」に挟まれた in tears は，Everybody を補足説明している。

🖐 TRY1 Overview ！ヒント

You are writing a story review.　Complete the outline.

(あなたは物語のレビューを書いています。概要を完成させなさい。)

Beginning 　　　→ 第 1 ～ 3 パラグラフ
Middle 　　　　→ 第 4 ～ 9 パラグラフ
Ending 　　　　→ 第 10～12 パラグラフ

ⓐ スプリングボクスは決勝戦へと進んだ。
ⓑ スプリングボクスはオールブラックスを負かした。
ⓒ そこの囚人たちは選手たちのために歌を歌った。
ⓓ マンデラは同じチームを応援することが，黒人と白人をより近づけると考えた。
ⓔ 決勝戦の直前，人々は唱和し始めた。
ⓕ スプリングボクスはマンデラが捕らえられていた刑務所を訪問した。

🖐 TRY2 Main Idea ！ヒント

Mark the main idea M, the sentence that is too broad B, and the sentence that is too narrow N.

(話の本旨になるものには Mを，広範すぎる文には Bを，限定的すぎる文には Nの印を書きなさい。)

1 1995 年のラグビー・ワールドカップで優勝した。
2 スポーツをすることは大切だ。
3 かつて敵だった人たちは，共に取り組み，お互いを理解することで，友人になるこが
　　 できるだろう。

🖐 TRY3 Details ！ヒント

Choose the three correct statements.　(正しい記述を 3 つ選びなさい。)

ⓐ 1995 年のラグビー・ワールドカップは，どのような大会だったか。→ 教p.110, ℓℓ.1～3
ⓑ アパルトヘイトはどのような制度だったか。→ 教p.110, ℓℓ.6～7, 9～11
ⓒ マンデラはスポーツを利用して何をしようと思ったか。→ 教p.110, ℓℓ.22～23
ⓓ 国の代表選手たちはマンデラの考えについてどう思っていたか。→ 教p.110, ℓℓ.29～31
ⓔ 選手たちは，マンデラのいた独房を見て何に気づいたか。→ 教p.111, ℓℓ.5～7
ⓕ 黒人たちが過去を忘れることの難しさについて，どう書かれているか。
　　 → 教p.111, ℓℓ.18～20
ⓖ スプリングボクスが勝利を重ねると，黒人たちはどのように変わっていったか。
　　 → 教 p.111, ℓℓ.21～25
ⓗ スプリングボクスとオール・ブラックスの試合の得点結果はどうだったか。
　　 → 教 p.112, ℓℓ.2～4, 8～9

🖐 TRY4 Recognizing Tone ！ヒント

Choose the most suitable answer.　(最も適切な答えを選びなさい。)

1 アパルトヘイトが廃止された後に白人たちが思っていたことについて考える。
　　 → 教p.110, ℓℓ.19～20

2 　刑務所を訪れた選手たちの様子について考える。→ 教p.111, *ℓℓ*.5〜7

3 　決勝戦前の人々の様子について考える。→ 教p.111, *ℓℓ*.28〜31

4 　ピナールが選手に声をかけたときの状況について考える。→ 教p.112, *ℓℓ*.5〜8

🔴 TRY5 Deeper Understanding ①ヒント

Discuss the following with your partner.

(次のことについてパートナーと話し合いなさい。)

1 例 A: I think it means a country should be together as one, like a team.

　　　B: I had the same thought. Isn't it wonderful that the words became true because of a team sport?

　　　A: Yes. I like sports, so I'm happy to know about the possibilities of sports.

　　　B: Team sports can make people closer.

2 例 A: Having a good leader is important for unifying people.

　　　B: You may be right. In this story, Mandela and Pienaar were able to unify their country, because they were good leaders.

　　　A: Exactly. Do you think you could be a good leader?

　　　B: No, I'm not that type of person. I would rather support the leader.

🖥 TRY6 Retelling ①ヒント

例 Scene 1 Black people had been discriminated against for a long time in South Africa, because of apartheid. Nelson Mandela, a leader of people who were against apartheid, was put in prison, but after he was freed, he became the president of South Africa. Although apartheid was abolished, blacks and whites were far from becoming friends. Actually, they were only a step away from war. Mandela decided to use rugby to solve the conflict, because if people played and cheered together, they could become closer.

Scene 2 The players in the Springboks were trying to understand the meaning of "One Team, One Country." They visited Robben Island to see the cell where Mandela had been imprisoned. The prisoners there sang a song for the players and they became friends with each other.

Scene 3 More black people began playing rugby. Finally, the whole nation came to support the Springboks. People began to wave their new national flag. That meant the real end of apartheid. When Mandela went out onto the field in the green Springbok cap and uniform, a chant began.

Scene 4 The Springboks had to win, but the game went into overtime. They were physically and mentally tired. After they managed to win the game, a TV reporter asked Pienaar about having 62,000 fans. He answered that they had 43 million South Africans behind them.

📖 Language Function

❶ if S _did_ / if S had _done_ 仮定法過去／仮定法過去完了

仮定法過去は，「もし～なら…なのに，もし～なら…だろう」という，現在の状況とは異なる出来事を仮定する表現で，**現実に起こる可能性が低い**ことを示す場合に用いる。<If+S+ 動詞の過去形 , S+would [could, might, etc.]+ 動詞の原形 > の形で表し，主節にある助動詞 (would, could, might, etc.) は，必ず過去形が使われる。仮定法過去は，形は過去だが，述べている内容は現在のことである。

仮定法過去完了は，「もし～だったら，…だった (のに)」という，過去に起こった事実とは異なることを仮定する際に用いる表現である。<If+S+had+ 動詞の過去分詞 , S+would [could, might, etc.] have+ 動詞の過去分詞 > の形で表す。

仮定法過去

1. If I **had** a car, I **would take** you to the park right away.
   (もし私が車を持っているなら，今すぐあなたを公園へ連れていってあげるのに。)

   ➡ if 節「もし～なら」の動詞は過去形になる。それに続く主節「…なのに」の部分では現実には起こっていないことを述べている。この文は「車がないので，公園に連れていけない」という現実を表す。意志を表す will の過去形 would を使っている。

2. If I **were** you, I **would tell** her the whole truth.
   (もし私があなたなら，彼女にすべての真実を伝えるのに。)

   ➡ 仮定法過去では，if 節の中の be 動詞は人称に関係なく，ふつう were にする。口語では was が使われることもある。

   ➡ この文は「私はあなたではないので，彼女にすべての真実は伝えない」という現実を表す。

3. If people of different colors **played** a sport together, they **could become** more intimate.
   (もし異なる肌の色の人々が一緒にスポーツをするなら，彼らはより親密になれるだろう。)

   ➡ 主節では可能を表す can の過去形 could を使っている。「もし～なら，…できるだろう」という意味になる。

仮定法過去完了

4. If she **had passed** the test, she **might have become** a doctor by now.
   (もし彼女がその試験に合格していたら，彼女は今頃医者になっていたかもしれないのに。)

   ➡ if 節は <had+ 動詞の過去分詞 >，主節は < 助動詞の過去形 +have+ 動詞の過去分詞 > の形で，「もし～だったら，…だったのに」の意味を表している。主節では推量を表す might を使っていて，「…だったかもしれないのに」という意味になる。

   ➡ 「実際は試験に合格しなかったので，医者にはならなかった」という現実を表す。

5. If he **had been** more careful, he **wouldn't have had** this accident.
(もし彼がもっと気を付けていたら，この事故にはあわなかっただろうに。)

　➡「実際は気を付けていなかったので，事故にあった」という現実を表す。

6. This **might have taken** longer if they **hadn't paid** a visit to the prison on an island.
(もし彼らが島にある刑務所を訪れていなかったら，これにはもっと長い時間がかかったかもしれない。)

　➡ if 節が主節の後に置かれた，仮定法過去完了の文である。

　➡「実際は島の刑務所を訪れたので，長い時間はかからなかった」という現実を表す。

⸢ ＋ α ⸥

仮定法過去と仮定法過去完了の組み合わせ

If you **had been** more careful, you **wouldn't be** lying in this hospital now.
　　　　仮定法過去完了　　　　　　　　　　　仮定法過去

(もしもっとあなたが注意していたら，今この病院のベッドで寝ていないだろうに。)

　➡ この文は if 節に仮定法過去完了を使い，「(過去に)もし～していたら」と過去のことを述べ，主節では仮定法過去を使い，「(現在)…なのに」と現在のことを述べている。このような仮定法過去と仮定法過去完了の組み合わせも可能である。

If I **were** you, I **wouldn't have said** such a thing.
　　仮定法過去　　　　　　　　仮定法過去完了

(もし私があなたなら，そんなことは言わなかったのに。)

　➡ この文は if 節に仮定法過去を使って過去から現在まで変わらないことを述べ，主節に仮定法過去完了を使って過去のことを述べている。「(過去から現在まで変わらず)もし～なら，(過去に)…だったのに」という意味を表している。

Ｑヒント　Describe each picture with the given words.
　　　　　　(それぞれの絵を与えられた語句を使って説明しなさい。)

A 仮定法過去を使い，「もしもっとお金があったら，新しいスマートフォンを手に入れられるのに」などの意味の文にする。

B 仮定法過去完了を使い，「もしもっと早く起きていたら，あの飛行機に乗ることができたのに」などの意味の文にする。

2 had been doing　過去完了進行形

過去完了進行形は <had been+動詞の -ing 形> の形で表し，「**ずっと〜していた**」という意味で，より遠い過去から過去のある時点まで動作が継続していたことを示す。

1. When her father stopped her, she **had been playing** a computer game for three hours.
   (彼女のお父さんが彼女を止めたとき，彼女は3時間ずっとコンピューターゲームをしていた。)
   ➡ stopped が「過去のある時点」を表し，had been playing がそれ以前の過去から続いていたことを示している。

2. Until he turned it off, he **had been watching** TV since five in the evening.
   (テレビを消すまで，彼は夕方の5時からずっとテレビを見ていた。)
   ➡ turned が「過去のある時点」を表し，had been watching がそれ以前の過去から続いていたことを示している。

3. Black people could not forget about the hardship they **had been suffering** for many years.
   (黒人たちは，長年経験してきた苦難について忘れることができなかった。)
   ➡ could not forget が「過去のある時点」を表し，had been suffering がそれ以前の過去から続いていたことを示している。

4. Fifteen years before, the prisoners there **had been listening** to the radio, cheering for the British team.
   (15年前，そこの囚人たちはイギリスチームを応援しながらラジオをずっと聞いていた。)
   ➡ Fifteen years before が「過去のある時点」を表し，had been listening がそれ以前の過去から続いていたことを示している。

Qヒント　Describe each picture with the given words and *had been* (do)*ing*.
(それぞれの画像を与えられた語句と，had been (do)ing を使って説明しなさい。)
A　過去完了進行形を使い，「私がカラオケで彼らに加わったとき，彼らは5時間歌っていた」などの意味の文にする。
B　過去完了進行形を使い，「遅れていたバスがやっと着いたとき，トムは2時間待っていた」などの意味の文にする。

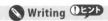
😀 Speaking ❗ヒント

Warm-up dialogue: Chronological order

１つ目の空所の後には西暦を表す数字が続いているので，「(～年)に」の意味を表す前置詞が入ると考えられる。２つ目の空所の前には，27 years「27 年」という年数を表す語句があることに着目する。直前の文に「逮捕された」とあり，また，２つ目の空所を含む文では「刑務所から解放された」とあるので，「逮捕されて，27 年後に刑務所から解放された」という内容になると考えられる。よって２つ目の空所には，27 years の後に置いて「～後に」という意味を表す語句を入れる。

A: ネルソン・マンデラの生涯について知っていますか。

B: はい，まあ。彼はアパルトヘイトを終わらせた人ですよね。

A: はい。彼は 1918 年に生まれました。彼はアパルトヘイトに反対する活動をして，1962 年＿＿＿＿＿＿逮捕されました。彼は 27 年＿＿＿＿＿＿刑務所から解放されました。最終的に，彼のおかげで，1994 年にアパルトヘイトは終わりました。

Presentation

❷

人物の来歴紹介に使える表現：

　in ～ (～年に)，then(それから)，after that(その後)，at the age of ～ (～歳の時に)

❸

人物紹介に使える表現：

　He [She] is ～ , who ....(彼 [彼女] は～さんで，…した人です。)

✏️ Writing ❗ヒント

❶

選択肢の訳

① 10 年後，彼は慶應義塾という名前の学校を創設し，その学校はのちに慶応大学へと発展した。

② 1854 年に，彼はオランダ語を勉強するために長崎へ行った。

③ 彼はオランダ語で西洋の医学や科学を勉強するため，１年後に大阪へと向かった。

④ 1858 年に，彼はオランダ語学校を始めるために，江戸に引っ越した。

❷

指示文の訳

　　"Playing the Enemy" をもう一度読んで，南アフリカでの人権に関する状況が，時間とともにどのように変わったかについてレポートしなさい。下のボックスの中の表現は，時間順で出来事について書くときに有用です。

定期テスト予想問題　　解答 ➡ p.206

1 日本語の意味に合うように，＿＿に適切な語を入れなさい。

(1) 彼は1つまた1つとクッキーを食べた。
　　He ate one cookie ＿＿＿＿＿＿ ＿＿＿＿＿＿.

(2) 彼は何度も彼女からのメッセージを読んだ。
　　He read the message from her ＿＿＿＿＿＿ and ＿＿＿＿＿＿ again.

(3) 私たちは来月カナダへ旅行する予定だ。
　　We will ＿＿＿＿＿＿ a ＿＿＿＿＿＿ ＿＿＿＿＿＿ Canada next month.

2 日本語に合うように，(　)内の語を適切な形に変えて＿＿に入れなさい。ただし，必要があれば別の単語を補うこと。

(1) それまで，私は1時間ずっと掃除をしていた。
　　I had ＿＿＿＿＿＿ for an hour until then. (clean)

(2) もし自転車があれば，学校に10分で着くことができるのに。
　　If I ＿＿＿＿＿＿ a bike, I could get to school in ten minutes. (have)

(3) ナオキは私が呼ぶまでテレビをずっと見続けていた。
　　Naoki had ＿＿＿＿＿＿ TV until I called him. (watch)

3 日本語に合うように，(　)内の語句を並べかえなさい。

(1) もし雨が降っていないなら，私はあそこで姉を待っているのに。
　　(raining / if / I / there / waiting / be / for / it / would / were / my sister / not /,).
　　＿＿＿＿＿＿＿＿＿＿＿＿＿＿＿＿＿＿＿＿＿.

(2) もし数学が得意なら，私はすぐに宿題を終えることができるのに。
　　(math / I / I / my homework / if / good / could / at / were / finish /,) quickly.
　　＿＿＿＿＿＿＿＿＿＿＿＿＿＿＿＿ quickly.

(3) もしあなたがメールをくれていたら，私はそこに行っていたのに。
　　(I / you / me / there / if / had / have / an e-mail / gone / would / sent /,).
　　＿＿＿＿＿＿＿＿＿＿＿＿＿＿＿＿＿＿＿＿＿.

(4) もし天気が良かったら，その美しい湖を見ることができたのに。
　　(if / could / seen / had / have / good / the weather / the beautiful lake / been / I /,).
　　＿＿＿＿＿＿＿＿＿＿＿＿＿＿＿＿＿＿＿＿＿.

4 次の日本語を英語に訳しなさい。

(1) 夕食前に，父は自分の部屋で4時間ずっと仕事をしていた。
　　＿＿＿＿＿＿＿＿＿＿＿＿＿＿＿＿ before dinner.

(2) もし私が彼の誕生日について知っていたら，プレゼントをあげていたのに。
　　＿＿＿＿＿＿＿＿＿＿＿＿＿＿＿＿＿＿＿＿＿.

5 次の英文を読んで，後の問いに答えなさい。

　In South Africa, ①black people had long been discriminated against under a system ②(call) apartheid. Their education, employment, and residences were strictly separated from white people. They could not receive good education, find work, or live in certain areas that were only for white people. Eventually, people ③(　) did not like this policy grew in number both domestically and overseas. Nelson Mandela was leading a group of such people when he was arrested by the police and put in prison. He was in captivity in a small cell for 27 years until he was finally freed in 1990.

(1) 下線部①の英語を日本語に訳しなさい。
　（　　　　　　　　　　　　　　　　　　　　　　　　　　　）
(2) 下線部②の（　）内の語を適切な形に書きかえなさい。
　_____
(3) 下線部③の（　）内に適切な語を入れなさい。
　_____
(4) 次の中から，本文の内容に合うものを１つ選びなさい。　　　（　　　）
　ア．Mandela led a group that was against apartheid.
　イ．Mandela took white people away.
　ウ．Mandela became free when he was 27 years old.

6 次の英文を読んで，後の問いに答えなさい。

　In 1994, general elections were held, in which all citizens of all races were allowed to vote for the first time in the history of South Africa, and Mandela was elected president of South Africa. In that same year, apartheid was abolished, and a new national flag was designed as a symbol of the new South Africa. However, ①(forget / had / suffering / about / black people / not / the hardship / they / could / been) for many years. At the same time, white people were afraid that black people would strike back at them. ②They were far from becoming friends. In fact, they were only a step away from war.

(1) 下線部①が「黒人は自分たちが長年経験してきた苦難について忘れることができなかった」という意味になるように，（　）内の語句を並べかえなさい。
　_____
(2) 下線部②は誰を指しているか，英語で答えなさい。
　_____
(3) 次の質問に，英語２語で答えなさい。
　When was a new national flag designed as a symbol of the new South Africa?
　_____

Playing the Enemy: Nelson Mandera and the Game That Made a Nation by John Carlin. Copyright © 2008 by Enobarbus S. L. Used by permission of Penguin Press, an imprint of Penguin Publishing Group, a division of Penguin Random House LLC.

定期テスト予想問題　解答　pp.204~205

1 (1) after another　(2) over, over　(3) take, trip to

2 (1) been cleaning　(2) had　(3) been watching

3 (1) If it were not raining, I would be waiting for my sister there(.)
(2) If I were good at math, I could finish my homework (quickly.)
(3) If you had sent me an e-mail, I would have gone there(.)
(4) If the weather had been good, I could have seen the beautiful lake(.)

4 (1) My father had been working for four hours in his room (before dinner.)
(2) If I had known about his birthday, I would have given him a present(.)

5 (1) 黒人たちは，長い間差別されていた
(2) called　(3) who[that]　(4) ア

6 (1) black people could not forget about the hardship they had been suffering　(2) white (people) and black people　(3) In 1994.

解説

2 (1) until then は「それまで」という意味で，then はここでは過去のある時点を表している。掃除をしていたのは until then よりも前のことなので，ここでは「ずっと～していた」という意味を表す過去完了進行形の文にする。
(2)「もし自転車があれば」は現在の仮定なので，仮定法過去 <If+S+ 動詞の過去形 > を用いる。　(3) 過去完了進行形の文にする。

3 (1)(2)「もし～なら…なのに」は仮定法過去 <If+S+ 動詞の過去形, S+would [could, might]+ 動詞の原形 > で表す。仮定法過去の if 節の中の be 動詞は were になる。　(3)(4)「もし～だったら…だったのに」と過去の仮定を表す場合は，仮定法過去完了 <If+S+had+ 動詞の過去分詞, S+would [could, might] have+ 動詞の過去分詞 > を使う。

4 (1)「…の前に，ずっと～していた」は過去完了進行形を使い，<S+had been *do*ing before ...> の形にする。
(2)「もし～だったら，…していたのに」は仮定法過去完了で表す。

5 (1) 受動態の過去完了形の文。discriminate against A は「A を差別する」という意味を表す。　(2) under が導く前置詞句。a system を修飾する過去分詞にする。　(3) 文の主語は people で動詞は grew。(　) の後ろに did があるので，people を修飾する主格の関係代名詞を入れる。　(4) 最後から 2 文目の Nelson Mandela was ... in prison を読む。

6 (1)「忘れることができなかった」の部分は過去時制で，「長年経験してきた」の部分は過去完了進行形で表す。
(2) 直前の文の white people と black people について言っている。
(3) 2 文目の that same year とは 1 文目の 1994 のことである。

📖 Speed Reading **Lesson 1 A Symbol of Friendship**

1 ① In 1912, / Japan gave a gift / of 3,000 cherry trees / to the people / of the
　　1912 年に　/日本は贈り物をあげた/　3,000 本の桜の木の　/　　人々へ　/

United States.// ② They were planted / in Washington, D.C.// ③ They usually live /
アメリカの　//　　それらは植えられた　/　ワシントン DC に　//　それらはたいてい生きる/

only for 60 years, / but some / of the original trees / are still living / today.// ④ Did
60 年間だけ　/しかし／何本かは/　　原木の　/ まだ生きている /　現在 // あなたは

you know / that three years after the gift was made, / the US sent 60 dogwood trees /
知っていた／だろうか　/　その贈り物がされた 3 年後に　/ アメリカが 60 本の／ドッグウッドの木を送ったことを/

or *hanamizuki* / to Japan / as a return gift?// ⑤ They were the first dogwood trees /
つまり／ハナミズキを　/ 日本へ / 返礼品として // それらは最初のハナミズキだった　/

in Japan.// ⑥ Only one / of them / remains / at a high school / in Tokyo.//
日本で　//　1 本だけが/それらの／うちの/残っている/ ある高校に / 東京の //

2 ⑦ In 2012, / the US Department of State created the Friendship Blossoms—
　　2012 年に　/　アメリカ国務省は「日米友好の木——ハナミズキ・イニシアチブ」を

Dogwood Tree Initiative.// ⑧ Three thousand American dogwood trees were sent /
生み出した　　//　3,000 本のアメリカのハナミズキが送られた　/

from American people / to Japanese people / to remember the occasion.//
アメリカ人から　/　日本人へと　/　その催しを忘れないために　//

3 ⑨ Now / there are dogwood trees / at 84 sites / in 30 prefectures / all over
　　今では /　ハナミズキがある　/　84 か所に /　30 県の /　日本

Japan, / from Okinawa / in the south / to Iwate / in the north, / including the
全国 /　沖縄から /　南は /　岩手まで /　北は / 広島と

Hiroshima and Nagasaki Peace Parks.// ⑩ Five hundred sixty-one / of the trees /
長崎の平和公園を含む　　//　　561 本が /　その木の /

were planted / at 16 sites / in the Tohoku region / to show the US's continued
植えられた / 16 か所に / 東北地方の / アメリカのたゆまぬ支援を示

support / of the region / after the Great East Japan Earthquake.//
すために / その地域への / 東日本大震災の後に //

4 ⑪ Many people hope / that these dogwood trees in Japan will, / like the cherry
　　多くの人が期待している / 日本にあるこれらのハナミズキが / 桜の木のように

trees / in the US, / serve / as a symbol / of the strong relationship and friendship /
木が／アメリカに／おける／役立つ／ことを／ 象徴として / 強いきずなと友好の /

between the two countries.//
2 国間の //

✓ **本文内容チェック**

1 1912 年に日本がアメリカに 3,000 本の桜の木を送ったお返しに，アメリカから 60
本のハナミズキの木が送られた。そのうちの 1 本は今も日本に残っている。

2 2012 年に，アメリカ国務省によって「日米友好の木——ハナミズキ・イニシアチブ」が開始され，3,000 本のハナミズキがアメリカから日本へ送られた。

3 現在，日本の 30 県 84 か所にハナミズキがある。東日本大震災の後には，アメリカのたゆまぬ支援の証として東北地方の 16 か所に 561 本が植えられた。

4 ハナミズキが 2 国間の強いきずなと友好の象徴として役立つことが期待されている。

🔑 読解のカギ

① **(In 1912), Japan gave a gift of 3,000 cherry trees to the people of the United States.**

➡ give *A* to *B* は「B に A を与える，あげる」という意味を表す。

➡ ここでの of は同格の関係を表していて，*A* of *B* で A = B の関係になる。3,000 cherry trees が a gift の具体的な内容である。

④ **Did you know ({that three years after the gift was made}, the US sent 60 dogwood trees or *hanamizuki* to Japan {as a return gift})?**

➡ that 節が know の目的語になっている。

➡「～の後」の意味を表す前置詞の after は，前にどれだけ後かを示す語句(ここでは three years)を置くことで，「～の○○後」という意味を表すことができる。

➡ or は「つまり，言いかえれば」という意味で，dogwood trees の日本名が「ハナミズキ」であることを説明している。

➡ as は「～として」という意味で用いられている。

⑥ **Only one of them remains at a high school in Tokyo.**
　　　　　S　　　　　　V

➡ them は前文④の 60 dogwood trees のことを指している

⑧ **Three thousand American dogwood trees were sent from American people to Japanese people (to remember the occasion).**
　　　　　　　　　　　　　　　to 不定詞の副詞的用法

➡ were sent は <be 動詞の過去形+動詞の過去分詞> の形で，受動態の過去形である。

➡ to remember the occasion は to 不定詞の副詞的用法で，「その催しを忘れないために」という意味を表す。

⑨ **Now there are dogwood trees (at 84 sites) (in 30 prefectures) (all over Japan), from Okinawa in the south to Iwate in the north, (including the Hiroshima and Nagasaki Peace Parks).**

➡ from *A* to *B* は「A から B まで」という意味を表す。

➡ including は「～を含めて」という意味を表す。

➡ Peace Parks は，Hiroshima and Nagasaki「広島と長崎」という語句で修飾されていて，2か所を表すので複数形になっている。the Hiroshima Peace Park and the Nagasaki Peace Park をまとめて表現した形になっている。

⑩ **Five hundred sixty-one of the trees were planted (at 16 sites) (in the**

Tohoku region) (to show the US's continued support of the region) (after
　　　　　　　　　　 to 不定詞の副詞的用法

the Great East Japan Earthquake).

➡ the trees は前文⑨の dogwood trees を指している。

➡ were planted は <be 動詞の過去形+動詞の過去分詞> の形で，受動態の過去形である。

➡ to show the US's continued support of the region は to 不定詞の副詞的用法で，「アメリカのたゆまぬ支援を示すために」という意味を表す。

➡ continued は「休みなく続く，たゆまぬ」という意味で，continue「～を続ける」という動詞の過去分詞が形容詞化したものである。

➡ support of the region は「その地域への支援」という意味で，この of は「～への」という目的格を表す用法である。

⑪ **Many people hope (that these dogwood trees in Japan will, {like the cherry**

trees in the US}, serve {as a symbol of the strong relationship and

friendship between the two countries}).

➡ that 節が hope の目的語になっている。

➡ like は「～のように」という意味の前置詞で，導く前置詞句が助動詞 will と動詞の serve の間に挿入されている。

➡ the cherry trees は，前文①で日本からアメリカへ贈られたと述べられている 3,000 cherry trees のことを指している。

➡ serve は「役に立つ」という意味で，自動詞として用いられている。

➡ as は「～として」という意味で用いられている。

➡ a symbol of *A* は「*A* の象徴」という意味を表す。

─────────────────────────────────

Qヒント　Answer T(true) or F(false).　(正誤を答えなさい。)

1. (→本文①) 第1パラグラフに，アメリカへ贈られた桜の木についての記述がある。
2. (→本文②③) 第1パラグラフに，贈られた桜の原木の現在についての記述がある。
3. (→本文④) 第1パラグラフに，日本にハナミズキが送られた年についての記述がある。
4. (→本文⑨) 第3パラグラフに，ハナミズキの日本での所在地についての記述がある。
5. (→本文⑪) 第4パラグラフに，ハナミズキに関する人々の思いについての記述がある。

Speed Reading　Lesson 2　Catching Wild Animals

1 ① In the late 1960's, / it wasn't unusual / to buy a wild animal.// ② People could
1960年代の後半には / 珍しいことではなかった / 野生の動物を買うことは // 人々は赤ちゃん

buy a baby lion or a baby bear.// ③ There were rules / to stop them / from buying
ライオンや赤ちゃんグマを買えた // ルールがあった / 彼らを止めるための / そのような動物を

and selling such animals, / but thousands of animals / in the world / were caught /
買ったり売ったりすることから / しかし数千もの動物は / 世界の / 捕らえられた

and sold / to circuses, / zoos, / and safari parks.// ④ What is life like / for animals
そして売られた / サーカスに / 動物園 / そしてサファリパーク(に) // 生活はどのようなものなのか / そこにいる動物にとって

there?//
//

2 ⑤ Wild animals are used in circuses / all around the world.// ⑥ A lot of people
野生動物はサーカスに使われる / 世界中で // たくさんの人々が

are against these shows.// ⑦ However, / one circus director says / that all their
これらのショーに反対する // しかしながら / あるサーカスの団長は言う / 彼らの

animals live in very good cages / and eat a lot, / so they are very happy.//
動物はすべてとても良い檻に住む / そしてたくさん食べる / なので それらはとても幸せだ //

3 ⑧ Safari parks were first built / in Africa.// ⑨ In the parks, / animals and
サファリパークは最初に建てられた / アフリカに // パーク内で / 動物と

people change places: / the animals walk around freely, / and people stay / in their
人々は立場を変える / 動物は自由に歩きまわる / そして人々はとどまる / 車に

cars / and watch the animals / from there.//
/ そして動物を見る / そこから //

4 ⑩ These days, / living areas and food / for zoo animals / have come to be much
最近 / 生活区域や食べ物は / 動物園の動物のための / だいぶ良くなった

better: / they are given good food, / and they often live longer / than animals / in
/ それらは良い食べ物を与えられる / そしてそれらはしばしば長生きする / 動物よりも /

the wild.// ⑪ Scientists can study them, / too.// ⑫ Lions and tigers, / however, /
野生の // 科学者はそれらを研究することができる / また // ライオンやトラは / しかしながら /

can't walk freely / or catch other animals / as they would / in the wild.// ⑬ They
自由に歩けない / あるいは他の動物を捕らえられない / それらがするように / 野生で //

often become unhappy.// ⑭ Unfortunately, / they are the animals / that people want
それらはしばしば不幸になる // 不幸にも / それらは動物だ / 人々が最も

to see the most.//
見たいと思う //

A Lion Called Christian by Anthony Bourke and John Rendall. Copyright © 1971, 2010 by Anthony Bourke and John Rendall / Scholastic UK Ltd. t/a Mary Glasgow Magazines. Reprinted by permission of Scholastic UK Ltd. t/a Mary Glasgow Magazines.

✓ 本文内容チェック

1 1960年代後半，動物の売買は珍しいことではなく，多くの動物が捕らえられた。

2 動物を使うサーカスには多くの反対があるが，あるサーカスの団長は，動物は立派

な檻に住み，たくさん食べ物もあるので幸せだと反論する。

3 サファリパークでは人間と動物の立場が逆転する。

4 近年は食べ物も良くなり，野生動物より寿命が長い動物園の動物もいるが，ライオン
やトラなどの人気の動物は，自由に動いて狩りができないため，しばしば不幸である。

🔑 読解のカギ

① **In the late 1960's, it wasn't unusual to buy a wild animal.**
　➡ <it is+C+to不定詞> の構文。「〜することは C だ」という意味を表す。

③ **There were rules (to stop them from buying and selling such animals), but ...**
　➡ to stop は to不定詞の形容詞的用法で，「〜を止めるための」という意味を表し，to stop ... animals の部分が rules を後ろから修飾している。
　➡ <stop+O+from *doing*> は「O が〜するのを止める」という意味を表す。
　➡ such animals は buying と selling 両方の目的語である。

⑨ **In the parks, animals and people change places: the animals ...**
　➡ animals and people change places「動物と人々は立場を変える」というのがどういうことなのかを「: (コロン)」の後ろに示している。
　➡ 「:」はその直前の内容を，後ろで詳しく説明するのに使われる。

⑩ **..., living areas and food for zoo animals have come to be much better: they are given good food, ...**
　➡ 主語は living areas and food for zoo animals である。living は動名詞。
　➡ have come は現在完了形 <have+過去分詞> の完了用法である。
　➡ much は比較級を強調する表現で，他に far や a lot などが使われる。
　➡ <be動詞+過去分詞> は受動態で，they are given good food は「それら(=動物園の動物)は良い食べ物を与えられている」という意味を表す。

⑫ **Lions and tigers, however, can't (walk freely or catch other animals) as they would in the wild.**
　➡ would は「〜だろう」という推量の意味を持つ助動詞。would (walk freely or catch other animals)と，(　　)の部分が省略されている。

Q ヒント　Answer T(true) or F(false). (正誤を答えなさい。)
1. (→ 本文①②③) 第 1 パラグラフの前半に，1960 年代後半についての記述がある。
2. (→ 本文⑤⑥⑦) サーカスの団長はショーに動物を出すことをどのように思っているか。
3. (→ 本文⑨) サファリパークでの，人々と動物の立場はどのようになっているか。
4. (→ 本文⑪) 第 4 パラグラフに科学者についての記述がある。
5. (→ 本文⑫⑬⑭) 第 4 パラグラフ後半に飼育下のライオンについての記述がある。

📖 Speed Reading　Lesson 3　Mountain Mamas

1 ① "Mountain Mamas" is an organization / which gives more power / to local women /
　　　　「マウンテン・ママ」は組織である　/　もっと力を与える　/　地元の女性たちに /

in the mountains / of Bali.// ② It was started / by Bye Bye Plastic Bags / in 2017.//
山岳地帯に住む　/ バリ島の //　それは始められた / 「バイバイ・ビニール袋」に　/ 2017年
　　　　　　　　　　　　　　　　　　　　　　　　　　　　　よって　　　　　に

③ Each Mountain Mama / in this project / is trained / with skills / to produce handmade
それぞれの　　　　この　　　　　　訓練　　　技術を / 手作りのバッグを製作する
マウンテン・ママは / プロジェクトの / されている /

bags / made from donated or recycled paper materials.// ④ By buying a Mountain
ための/　寄付されたか再利用された紙の原料から作られる　　//　マウンテン・ママのバッグを

Mama's bag, / you will support a better life / for the village / of that Mountain Mama.//
買うことで　/ あなたはより良い生活を支援する / 村にとっての /　そのマウンテン・ママの //

2 ⑤ When a bag is bought, / 50% / of the profit / goes back / to the work / of Bye
　　1つのバッグが買われると / 50%が / その収益の / 戻される /　活動に　/ バイバイ・

Bye Plastic Bags, / and 50% / of the profit / goes / to the village / it was made in / to be
ビニール袋の　　/ そして / その収益の / 行く / 村へと　/ それが作られた / 使われる
　　　　　　　　　　50%が

used / for three key things: //
ために/　3つの重要なことに　//

　　⑥ (1) Waste: / Setting up a waste management system / with Eco Bali, / an operation /
　　　(1) ごみ： / ごみ管理システムを一緒に設立すること / エコ・バリと / 組織である /

　　　in Bali / working / for a zero-waste life.//
　　　バリの / 取り組んで / ごみゼロの生活を目指して//
　　　　　　　　いる

　　⑦ (2) Education: / Supporting local schools / with English classes, computers, etc.//
　　　(2) 教育： / 地元の学校を支援すること / 英語の授業やコンピュータなどで //

　　⑧ (3) Health: / Giving each family materials / to take care / of their health.//
　　　(3) 健康： / 道具を各家庭に与えること / 管理するための / 健康状態を //

3 ⑨ Each Mountain Mamas Bag is made / from donated materials, / so no bag is
　　それぞれのマウンテン・ママのバッグは　　　　/ 寄付された原料から / なのでまったく
　　作られている

exactly the same.// ⑩ The one / you receive / may look a little different / from the
同じバッグは　　　　//　ものは / あなたが受け / 少し違って見えるかもしれない / ものとは
1つもない　　　　　　　　　　取る

one / you see / on their website.// ⑪ They say, / however, / that each and every bag is
あなたが / 彼らの　　　　　//　彼らは言う / しかし / どのバッグも作られていると
/ 見る / ウェブサイトで

made / with love / and with the purpose / of giving more power / to women, / and women
/ 愛情を / そして目的をもって / もっと力を与えるという / 女性たちに / そして
/ もって　　　　　　　　　　　　　　　　　　　　　　　　　　　女性たちは

will, / in return, / give more power / to the world.//
/見返りとして/ さらなる力を / 世界に //
　　　　　　　　与えるだろう

"Mountain Mamas Paper Bag" from *BBPB ONLINE SHOP.* Copyright © 2019 by Bye Bye Plastic Bags.

✔ 本文内容チェック

1 「マウンテン・ママ」の活動では，寄付や再利用された紙でマウンテン・ママたちが
バッグを作り，それを我々が買うことで彼女たちの村の生活を支援できる。

2 バッグの収益の50％が村のごみ管理システム,学校教育,健康管理のために使われる。

3 バッグは女性の権力向上を目的に作られ,女性は世界のより大きな力になるだろう。

🎵 読解のカギ

① "Mountain Mamas" is an organization (which gives more power to ... of Bali).

➡ which は主格の関係代名詞で, which gives more power to local women in the mountains of Bali が先行詞の an organization を修飾している。

⑤ (When a bag is bought), 50% of the profit goes back to the work of Bye

Bye Plastic Bags, and 50% of the profit goes to the village (it was made in) (to be (which)   to 不定詞の副詞的用法

used for three key things):

➡ go back to *A* は「A に戻る,返る」という意味を表す。

➡ it の前には,目的格の関係代名詞 which が省略されている。関係詞節内の前置詞の in を which の前に置いて, in which it was made とすることもできる。

➡ to be used for three key things は to 不定詞の副詞的用法で,「3つの重要なことに使われるために」という意味を表す。

⑥ (1) Waste: Setting up a waste management system with Eco Bali, an ┗━━━━━━━━━━━━━━━━━━━━━┛ = ┗━━━━━━━━━┛

operation in Bali working for a zero-waste life.

➡ Setting は動名詞で, コロン(:)以降の Setting up ... life が1つの動名詞句である。

➡ コンマ(,)の後ろは, Eco Bali の具体的な説明である。

⑩ The one (you receive) may look a little different from the one (you see on (which[that])   <look+(a little)+ 形容詞>   (which[that])

their website).

➡ 2か所の one はともに代名詞で, 前出の名詞の bag を受けている。

➡ 2か所の one の後ろには目的格の関係代名詞 which[that] が省略されている。

➡ <look+形容詞> で「～のように見える」という意味になる。

➡ different from *A* は「A とは違う」という意味を表す。

Qヒント Answer T(true) or F(false).（正誤を答えなさい。）

1.（→本文③）第1パラグラフに,マウンテン・ママが作っている物についての記述がある。

2.（→本文③⑨)donate「寄付する」について書かれている部分をよく読む。

3.（→本文⑤) 第2パラグラフに, 村への利益の配分についての記述がある。

4.（→本文⑤〜⑧) 第2パラグラフに, 村での利益の使用目的についての記述がある。

5.（→本文⑨) 第3パラグラフに, バッグの見た目についての記述がある。

Speed Reading　Lesson 4　The First Experience with the Bombing in Hiroshima

1 ① Yamaguchi saw a bomber / flying high / in the sky / of Hiroshima.//
山口さんは爆撃機を見た　/　高く飛んで　/　空に　/　広島の　//
いるのを

② Something small dropped / from the plane, / and two white things appeared.//
何か小さなものが落ちてきた　/　その飛行機から　/　そして2つの白い物が現れた　//

③ "Parachutes," / he thought.//
「パラシュートだ」と　/　彼は思った　//

2 ④ Suddenly / there was a flash / like lightning.// ⑤ Yamaguchi was so used
突然　/　閃光が走った　/　稲妻のような　//　山口さんは空襲にとても

to air attacks / that he reacted in no time.// ⑥ He put his hands / to his head / and
慣れていたので　/　彼は瞬時に反応した　//　彼は両手を置いた　/　彼の頭に　/そして

covered his eyes / with his fingers / and his ears / with his two thumbs.// ⑦ At
彼の眼を覆った　/　彼の指で　/　そして彼の耳を　/　彼の2本の親指で　//
(覆った)

the same time, / he dropped / to the ground.//
同時に　/　彼は倒れた　/　地面に　//

3 ⑧ A terrible explosion came.// ⑨ It lifted him / about two feet / from the
ものすごい爆発が起こった　//　それが彼を持ち　/　およそ2フィート /　地面から
上げた

ground / and was followed by a shaking / of the earth.// ⑩ He felt a strong wind
/　そして揺れが続いた　/　地面の　//　彼は強風が通り抜けるのを

pass / between his body and the road.// ⑪ Yamaguchi did not know / if he was
感じた /　彼の体と道路の間に　//　山口さんはわからなかった　/　彼が呆然
としていた

dazed / because of the first shock / that had lifted him / or because of the blow /
のかが　/　最初の衝撃が原因で　/　彼を持ち上げた　/　あるいは一撃が原因で /

when he fell / to the hard ground.//
彼が倒れた　/　硬い地面に　//
とき

4 ⑫ He was not sure / how long he lay dazed / in the road.// ⑬ When he opened
彼はわからなかった /　どれほど長く呆然と　/　道路に　//　彼が目を開けたとき
横たわっていたのか

his eyes, / however, / it was so dark / all around him / that he couldn't see a
/　しかしながら /　とても暗かったので　/　辺り一面が　/　彼は物を見ることができな
かった

thing.// ⑭ It was like the middle of the night / in the heat of the day.// ⑮ When
//　夜中のようだった　/　日中の暑い時間で　//

his eyes became used to the darkness, / he found / that it was all black / because
彼の目が暗闇に慣れてくると　/　彼はわかった　/　真っ暗であることが　/　なぜなら

he was / in a cloud / of thick dust.//
彼はいた /　雲の中に　/　厚い砂ぼこりの　//
からだ

Nine Who Survived Hiroshima and Nagasaki: Personal Experiences of Nine Men Who Lived through both Atomic Bombings by Robert Trumbull. Copyright © 1957, renewed 1985 by Robert Trumbull. Used by permission of Dutton, an imprint of Penguin Publishing Group, a division of Penguin Random House LLC.

✓ 本文内容チェック

1 山口さんは爆撃機からパラシュートが落ちてくるのを見た。

2 突然，閃光が走り，山口さんはそれに反応して目や耳を覆ったが，地面に倒れた。

3 爆発が起き，彼は爆風で持ち上げられ，その後，呆然としていた。
4 彼が目を開けると暗くて何も見えなかった。それは厚い砂ぼこりの雲のせいだった。

① <u>Yamaguchi</u> <u>saw</u> <u>a bomber</u> <u>flying</u> high in the sky of Hiroshima.
　　　S　　　　V　　　O　　　　C

➡ <S+V+O+C>(第 5 文型)の文。V が知覚動詞 see の過去形で，C が現在分詞。「O が C しているのを見た」という意味になる。

⑤ **Yamaguchi was so used to air attacks that he reacted in no time.**
➡ be used to A は「A に慣れている」という意味を表す。
➡ so 〜 that ... は「とても〜なので…」という意味で，that 節が結果を表している。
➡ in no time は「瞬時に」という意味を表す。

⑥ **He put his hands to his head and covered his eyes with his fingers <u>and his</u>**
　　　　　　　　　　　　　　　　　　　　　　　　　　　　　　　(covered)

ears with his two thumbs.
➡ and と his の間には covered が省略されている。

⑩ **He** <u>felt</u> **a strong wind** <u>pass</u> **between his body and the road.**
　　S　V　　　O　　　　C

➡ <S+V+O+C>(第 5 文型)の文。V が知覚動詞 feel の過去形で，C が原形不定詞。「O が C するのを感じた」という意味になる。

⑪ **Yamaguchi did not know (if he was dazed because of <u>the first shock</u> {that**

had lifted him} or because of the blow when he fell to the hard ground).
➡ if が導く名詞節が know の目的語になっている。節内は疑問文ではなく，平叙文の語順になる。
➡ because of A は「A が原因で」という意味を表す。
➡ that は主格の関係代名詞で，先行詞は the first shock である。
➡ <had+過去分詞> は過去完了形。was dazed よりも前の時制を表している。

Qヒント　Answer T(true) or F(false).　(正誤を答えなさい。)
1.（→ 本文①②）第 1 パラグラフに山口さんが見たものについての記述がある。
2.（→ 本文⑤）第 2 パラグラフに山口さんの空襲への順応についての記述がある。
3.（→ 本文⑧〜⑪）第 3 パラグラフに爆風を受けた山口さんの状態についての記述がある。
4.（→ 本文⑫）come to は「意識が回復する」の意味。第 4 パラグラフの最初をよく読む。
5.（→ 本文⑬⑮）第 4 パラグラフに山口さんが何も見えなかった理由が書かれている。

Speed Reading Lesson 5 Hand of God

1 ① Maradona, / a famous soccer player, / marked one / of the most dishonest goals /
マラドーナは / 有名なサッカー選手 / 1つを記録した / 最も不誠実なゴールの

in World Cup history / in 1986.// ② It's known / as the "Hand of God."// ③ Argentina
ワールドカップ史上 / 1986年に // それは知られている / 「神の手」として // アルゼンチンは

wasn't a one-man team / at the tournament, / but Maradona made it look like it was.//
ワンマンなチームではなかった / そのトーナメントで / しかしマラドーナがそう見えるようにしてしまった //

④ That was especially true / in the game / against England / when he scored one / of
それは特に顕著であった / 試合において / 対イングランドの / 彼が1つを得点した /

the game's greatest goals / as well as one / of the most questionable.//
その試合で最も偉大なゴールの / 同時に1つでもある / 最も疑わしい //

2 ⑤ He was one / of the best players / in the history / of the game, / but to be the best /
彼は1人だった / 最も優れた選手の / 歴史上 / その競技の / しかし一番になるためには

of all, / he clearly needed to win the World Cup.// ⑥ Maradona could handle the pressure.//
全員の中で / 彼は明らかにワールドカップで優勝する必要があった // マラドーナはプレッシャーをうまく処理できていた

⑦ Perhaps, / no player has ever controlled a World Cup / as much as Maradona did /
おそらく / ワールドカップを支配した者はこれまでに誰もいないだろう / マラドーナが行ったのと同じくらい

in 1986.// ⑧ That was clear / at the stadium.// ⑨ Argentina fought / against
1986年に // それは明らかだった / スタジアムにおいて // アルゼンチンは対戦した /

England, / and this was the match / that made Maradona famous / in another way.//
イングランドと / そしてこれは試合であった / マラドーナを有名にした / 別の意味で //

3 ⑩ Early / in the second half, / Maradona marked his first goal.// ⑪ The England
早くに / 後半戦の / マラドーナは最初の得点をあげた // イングランドの

defender blocked a pass / and kicked the ball back / toward the goalkeeper.// ⑫ But
ディフェンダーはパスをブロックした / そしてボールを蹴って戻した / ゴールキーパーのほうへ //

Maradona had made his way / into the penalty area / after the first attack, / rose up /
しかしマラドーナは進んでいた / ペナルティ・エリアへと / 最初の攻撃の後 / 上がった /

and got to the ball / before the goalkeeper.// ⑬ The ball went into the net.//
そしてボールにたどり着いた / ゴールキーパーの前で // ボールはネットに入った //

⑭ Replays showed Maradona used his left hand, / not his head, / to score.// ⑮ After
リプレイではマラドーナは左手を使っていた / 頭ではなく / 得点するために

the match, / he explained / the goal was made / "a little with the head / of Maradona /
その試合の後 / 彼は説明した / そのゴールはなされたと / 「頭を少し使って / マラドーナの /

and a little with the hand / of God."//
そして手を少し使って / 神の」と //

"WORLD CUP: Maradona's 'Hand of God' goal in 1986" from *USA Today: June 8, 2018*. Copyright © 2018 by The Associated Press.

✔ **本文内容チェック**

1 マラドーナは，「神の手」として知られる，ワールドカップ史上最も不誠実なゴールを1986年のイングランド戦で決めた。

2 マラドーナは歴史上最も優れたサッカー選手の1人だが，1986年のワールドカップでのアルゼンチン対イングランド戦は，彼を別の意味で有名にした。

3 試合の後半戦で，マラドーナはイングランドの選手がゴールキーパーへ蹴って戻したボールに追いつき，ゴールに入れたが，リプレイでの彼は左手を使って得点していた。試合後に彼は，自分の頭を少しと神の手を少し使って得点したのだと説明した。

🔑 読解のカギ

③ **Argentina wasn't a one-man team ..., but Maradona made it look like it was.**
　　　　　　　　　　　　　　　　　　　　　　　　　　S　　　V　　O 動詞の原形

→ <make+O+動詞の原形> は「O に～させる」という意味を表す。look like は「～のように見える」という意味なので，「O が～に見えるようにする」という意味になる。it は Argentina を指し，it was の後ろには a one-man team が省略されている。

⑨ **Argentina fought against England, and this was the match (that made**

Maradona famous in another way).
　　　　　　　(O')　　　(C')

→ that は主格の関係代名詞で，that made Maradona famous in another way が先行詞の the match を修飾している。

→ <make+O+C> は「O を C(の状態)にする」という意味を表す。

⑫ **But Maradona had made his way into the penalty area after the first attack, rose up and got to the ball before the goalkeeper.**

→ had made は <had+動詞の過去分詞> の形で過去完了形になっている。前文⑪にあるイングランドの選手の行動の時点(過去時制)で完了していたことを表している。

→ make one's way は「進む，行く」という意味を表す。

→ rose は rise の過去形で，rise up は「上がる」という意味を表す。ここではフィールドで相手ゴールの方へ進むことを表している。

→ get to A は「A に着く」という意味を表す。

⑭ **Replays showed (Maradona used his left hand, not his head, {to score}).**

→ Maradona の前には接続詞の that が省略されている。

→ to score は to 不定詞の副詞的用法で，「得点するために」という意味になる。

Qヒント　Answer T(true) or F(false).　(正誤を答えなさい。)

1. (→本文③) 第1パラグラフに，アルゼンチンがどんなチームかについての記述がある。
2. (→本文⑤) 第2パラグラフに，マラドーナの評価についての記述がある。
3. (→本文⑨) 第2パラグラフに，アルゼンチンの対戦相手についての記述がある。
4. (→本文⑩) 第3パラグラフに，マラドーナの1点目のゴールについての記述がある。
5. (→本文⑮) 左手の使用に関するマラドーナの説明から，自覚があったかどうか考える。

📖 Speed Reading　Lesson 6　Words Have Sounds and Landscapes

1 ① I enjoy drawing.// ② First, / I'll just draw lines / round and round.// ③ It takes
私は絵を描くことを楽しんでいる // 最初は / 私は線を描くだけだ / ぐるぐると // それが私を

me back / to my free childhood years.// ④ Back in those days, / I would often draw
戻してくれる / 自由な子ども時代に // あの頃 / 私はよく絵を描いた

pictures / on sidewalks.// ⑤ I'd sit there / with a piece / of chalk / in hand / and start /
ものだ / 歩道に // 私はそこに座ったものだ / 1本を持って / チョークの / 手に / そして始めた

by drawing a street, / a telephone pole, / a bus stop, / and so on.// ⑥ When I drew / on
道路を描くことから / 電柱 / バス停 / など // 私が絵を描くときは/

sidewalks, / I would always be saying something to myself.// ⑦ Drawing / and
歩道に / 私はいつも何か独り言を言っていたものだった // 絵を描くことは / そして

talking to myself / is just something I always did.//
独り言を言うこと (は) / まさに私がいつもしていたことだ //

2 ⑧ When I write, / I always begin / by drawing something.// ⑨ A shape, a landscape, /
私が執筆するとき / 私はいつも始める / 何かを描くところから // 形 / 風景

a girl / like this, / and a town / like that.// ⑩ As I simply draw along, / stories / form
女の子/ こういう / そして街 / ああいう // 私が単にどんどん描いているうちに / 物語が / 自ら

themselves / in conversation boxes.// ⑪ Words are introduced / for the very first time.//
を形作る / 吹き出しの中に // ことばが導入される / まさしく初めて //

⑫ Then, / when the leading character begins to move, / I start writing away.// ⑬ I am
それから / 主人公が動き始めると / 私はせっせと書き始める // 私は

following him or her / anywhere / they may lead me / in "present progressive form."//
彼または彼女を追っている / どこへでも / 彼らが私を連れて行くであろう / 「現在進行形」で //

3 ⑭ In my view, / the meanings / of words / are often focused on / and valued too
私の意見では / 意味は / ことばの / しばしば注目され / そして価値が置かれすぎている

much.// ⑮ Words also have sounds, / and words have landscapes.// ⑯ I want to show
// ことばには音もある / そしてことばには風景がある // 私は敬意を表し

respect / to their sounds / and landscapes, / and I want to stay away / from taking
たい / それらの音に / そして風景 (に) / そして私は避けたい / 肩を持つこと

sides / when it comes to their meanings.// ⑰ I want to write / with words / which give
を / それらの意味のこととなると // 私は書きたい / ことばで / 自由を

freedom— / not set limits— / and inspire a simple main subject / into my work.//
与える / 制限を設けるのではなく / そしてわかりやすい主題を込め (たい) / 私の作品に

⑱ I have no opinions / on what I want someone to take / from my writings.// ⑲ If it's
私に意見はない / 誰かに何を受け取ってほしいかについて / 私の著作物から // もしそれが

interesting / to the reader, / the story becomes their story— / it'll walk a street / of its
面白ければ / 読者にとって / その話は彼らの話になる / それが道を歩むのだ / それ

own.//
自身の //

"Hans Christian Andersen Awardee Eiko Kadono: 'I Live in the Present Progressive Form' "
by Eiko Kadono and translated by Japan Forward, from *Japan Forward*: May 31, 2018.
Copyright © 2018 by Eiko Kadono. English text copyright © 2018 by Japan Forward.

✓ 本文内容チェック

1 私は子どもの頃，いつも歩道にチョークで絵を描きながら，独り言を言っていた。

2 私は執筆を始めるとき，絵を描くことから始め，描くうちに物語が自然と出来上がっていく。その後，主人公が動き出し，私はせっせと書くのを始める。

3 ことばの意味はしばしば重要視されすぎる。私はことばの持つ音や風景に敬意を表したい。私は自由を与えることばで書きたいし，わかりやすい主題を込めて書きたい。

🔑 読解のカギ

⑥ **When I drew on sidewalks, I would always be saying something to myself.**

➡ would は「(よく)〜したものだ」という意味の助動詞で，過去の習慣を表す。

➡ say A to oneself は「〜を独り言で言う」という意味を表す。

⑬ **I am following** him or her (anywhere **they may lead** me) in "**present progressive form.**"
　　　　　　　　　　　　　　　　　(S')　　(V')

➡ him or her は前文⑫の the leading character を受けた目的格の代名詞で，性別が特定されない語句を受けるときの形である。

➡ <anywhere+S+V> は「S が〜する所ならどこでも」という意味を表す。

➡ 引用符(" ")は，I am following ... が文字通り現在進行形で行っていることであると強調している。

⑯ **I want to show respect to their sounds and landscapes, and I want to stay away from taking sides when it comes to their meanings.**

➡ 2か所の their は，どちらも前文⑮の Words を受けた所有格の代名詞である。

➡ stay away from doing は「〜することを避ける」という意味を表す。

➡ take sides は「肩を持つ，味方をする」という意味を表す。

➡ when it comes to A は「A のこととなると，A に関して言うと」という意味を表す。

⑰ **I want to write with words (which give freedom—not set limits—and inspire a**
　　　　　　　　　　　　　　(V₁')　(O₁')　　　　(V₂')　(O₂')　　　　(V₃')

simple main subject into my work).
　　　(O₃')

➡ which は主格の関係代名詞で，which ... my work が先行詞の words を修飾している。

➡ 関係詞節内は，ダッシュ(—)で区切って which に続く動詞が列挙されている。

Q ヒント　Answer T(true) or F(false).　(正誤を答えなさい。)

1. (→ 本文③④) 第1パラグラフに，どこに絵を描いていたかについての記述がある。
2. (→ 本文⑧) 第2パラグラフに，執筆するときにすることについての記述がある。
3. (→ 本文⑩⑪⑫) 第2パラグラフに，話を書き始めるまでの手順についての記述がある。
4. (→ 本文⑭⑮⑯) 第3パラグラフに，ことばの意味や音への思いについての記述がある。
5. (→ 本文⑱) 第3パラグラフに，読者に受け取ってほしいことについての記述がある。

| Speed Reading | **Lesson 7　The Other Open Door** |

1 ① "When one door closes, / another opens; / but we often look so long / and so
「1つの扉が閉じるとき　／　別の扉が開く　／　しかし私たちはしばしばあまりにも長く見るせいで　／　そして

regretfully / upon the closed door / that we do not see the one / which has opened / for us." //
あまりに未練がましく　／　閉じた扉を　／　私たちは扉を見ない　／　開いた　／　私たちのために」

② These are the words / of Alexander Graham Bell, / who invented the telephone / in 1876. //
これはことばだ　／　アレクサンダー・グラハム・ベルの　／　電話を発明した　／　1876年に

2 ③ With the help / of an assistant / named Thomas Watson, / Bell carried out many
助けを借りて　／　助手の　／　トマス・ワトソンという名前の　／　ベルは多くの実験

experiments / over years. //　④ However, / his study was not going anywhere. //
を行った　／　長年の間に　//　しかし　／　彼の研究は何の進展もなかった　//

⑤ Then, / one day / he heard a strange sound / when he touched a metal plate / inside
それから　／　ある日　／　彼は奇妙な音を聞いた　／　彼が金属の板に触ったときに　／　ある

a machine / he made. //　⑥ At that moment, / he realized sound could be passed on / by
機械の中の　／彼が作った//　そのとき　／　彼は音が伝わるのかもしれないと気づいた　／

shaking the metal plate. //
金属板を振動させることで　//

3 ⑦ A year later, / a new machine was made. //　⑧ However, / a voice / projected / by
1年後　／　新しい機械が作られた　//　しかし　／　声は　／　放たれる　／

that machine / was still not clear. //　⑨ Bell was standing / by the machine / wondering
その機械によって　／　まだはっきりとしなかった　//　ベルは立っていた　／　その機械のそばに　／　次は何をする

what to do next. //　⑩ Then, / by accident, / his arm hit / against a bottle, / and some
べきだろうかと考えながら　//　そのとき　／　偶然に　／　彼の腕が当たった　／　びんに　／　そしていくらか

liquid splashed / on his shirt / and the machine. //　⑪ Without thinking, / he spoke /
の液体が飛び散った　／　彼のシャツに　／　そしてその機械(に)　//　何気なく　／　彼は話した　/

into his machine, / "Mr. Watson, / come here. //　⑫ I want to see you." //
機械に向かって　／「ワトソンくん　／　ここに来てくれ　//　私は君に会いたい」と　//

4 ⑬ To Bell's surprise, / Watson came right away / from the first floor / to Bell's
ベルの驚いたことに　／　ワトソンはすぐにやって来た　／　1階から　／　ベルの

laboratory, / which was on the third floor. //　⑭ The liquid, / which got inside the
研究室まで　／　3階にあった　//　その液体は　／　機械の中に入った

machine, / seemed to have more clearly carried Bell's voice. //
／　よりはっきりとベルの声を伝えたようであった　//

5 ⑮ Actually, / many people today do not believe / that this actually happened / in
実際には　／　今日では多くの人が思っていない　／　これが実際に起きたと　／

Bell's laboratory / because there is no record / of this event / in Bell's diaries. //　⑯ Even
ベルの研究室で　／　記録がないので　／　この出来事の　／　ベルの日記に　//そうであっ

so, / it is a good story / about the idea / that mistakes are really the mother / of success. //
ても/それは良い話である／考えにまつわる／失敗は真に母であるという　／　成功の　//

✓ 本文内容チェック

1 「1つの扉が閉じるとき，別の扉が開く。しかし私たちは閉じた扉をあまりにも長く，あまりにも未練がましく見ているせいで，私たちのために開いた扉を見ることがない。」これは電話を発明したアレクサンダー・グラハム・ベルのことばだ。

2 ベルはある日，金属板を振動させることで音が伝わるのではないかと気づいた。

3 彼は偶然，機械に液体をこぼしたときに，助手のワトソンに機械から話しかけた。

4 液体が機械に入ることで，音がよりはっきり伝わったようだった。

5 これは実話ではないかもしれないが，「失敗は成功の母である」を示す良い話である。

読解のカギ

① "When one door ...; but we often look so long and so regretfully upon the closed door (that we do not see the one {which has opened for us})."

→ so ～ that ... は「あまりにも～なので…である」という意味を表す。

→ which は主格の関係代名詞で，which has opened for us が先行詞の the one を修飾している。one は単数の名詞を受ける代名詞で，ここでは door を受けている。

⑨ Bell was standing by the machine (wondering {what to do next}).

→ 副詞句の wondering ... next は分詞構文で，「～しながら」という意味を表す。

→ <wonder+疑問詞句 [節]> は「～だろうかと思う」という意味を表す。

→ <what+to 不定詞> は「何を～するべきか」という意味を表す。

⑭ The liquid, (which got inside the machine), seemed to have more clearly carried Bell's voice.

→ which は主格の関係代名詞で，前にコンマ(,)があるので非限定用法である。which got inside the machine が先行詞の The liquid に説明を付け足している。

→ seem to have *done* は「～したように見える[思える]」という意味を表す。to have *done* は to 不定詞の完了形で，述語動詞(ここでは seemed)より過去のことを表す。

⑯ Even so, it is a good story about the idea (that mistakes are really the mother of success).

→ 接続詞の that が導く名詞節は the idea と同格の関係で，the idea の内容を表す。

Qヒント Answer T(true) or F(false). (正誤を答えなさい。)

1. (→ 本文①②)door という語が何を表現しているのか考え，第1パラグラフをよく読む。
2. (→ 本文③) 第2パラグラフに，ベルとワトソンの関係についての記述がある。
3. (→ 本文⑤⑥) 第2パラグラフに，ベルが気づいたことについての記述がある。
4. (→ 本文③④) 第2パラグラフに，ベルとワトソンの研究の様子についての記述がある。
5. (→ 本文③～⑭) 第2～4パラグラフに，電話の発明の経緯についての記述がある。

Speed Reading　Lesson 8　How Apartheid Started in South Africa

1　① People / in South Africa / had their first encounter / with Europeans / more than
人々は　　南アフリカの　　　　最初に遭遇した　　　／ ヨーロッパ人と　　　500年

500 years ago.// ② The first Europeans / who settled / in South Africa / were Dutch. //
以上前に　　／／　　最初のヨーロッパ人は ／ 移り住んだ ／ 南アフリカに ／ オランダ人
　　　　　　　　　　　　　　　　　　　　　　　　　　　　　　　　　　だった

2　③ The Dutch took the land / from the native people / of South Africa / and
オランダ人は土地を取り上げた ／ 　　先住民から ／ 　　南アフリカの 　／そして

made them work / as slaves / after they started farming.// ④ Later, / the children /
彼らを働かせた ／ 奴隷として ／ 　彼らが農場を始めた後 ／／ 　その後 ／ 子どもたちは ／

of the Dutch settlers / came to call themselves "Afrikaners."//
オランダ人移住者の ／ 彼ら自身のことを「アフリカーナー」と
　　　　　　　　　　　呼ぶようになった ／／

3　⑤ English settlers followed the Dutch, / and eventually a war broke out /
イングランド人移住者がオランダ人に続いて来た ／ 　そして最終的に戦争が起こった ／

between England and the Afrikaners.// ⑥ England, / which won the war, / started
イングランドとアフリカーナーとの間で ／／ イングランドは ／ その戦争に勝った ／ 差別を

to discriminate / against black people, / who were a majority / in South Africa, / to
し始めた ／ 黒人に対して ／ 多数派であった ／ 南アフリカで ／

gain control / of the country.//
支配権を ／ その国の ／／
得るために

4　⑦ In 1911 / the government made / the first unfair laws / against blacks.// ⑧ In
1911年 ／ 政府は作った ／ 最初の不平等な法律を ／ 黒人たちに対して//
に

1948, / the National Party, / which was supported / by many Afrikaners, / won the
1948 ／ 国民党が ／ それは支持された ／ 多くのアフリカーナー ／ 選挙に
年に　　　　　　　　　　　　　　　　　　　　たちによって

election.// ⑨ The party made / more unfair laws, / which later became the system /
勝った ／／ その党は作った ／ より不平等な法律を ／ 後に制度となった ／

called apartheid.// ⑩ Under this system, / whites ruled blacks, / and blacks were
アパルトヘイトと ／／ この制度の下で ／ 白人たちは黒人たちを ／ そして黒人たちは
呼ばれる　　　　　　　　　　　　　　　　支配した　　　　　　　　強いられた

forced / to live / in different areas.// ⑪ Seats in restaurants, / hotels, / buses, /
／ 住む ／ 異なる区域に ／／ レストランの席は ／ ホテルの ／ バスの ／
ように

and trains / were also separated.// ⑫ Black people were not allowed / to sit / in the
そして電車の／ 同様に別々にされた ／／ 黒人たちは許されていなかった ／ 座る ／
　　　　　　　　　　　　　　　　　　　　　　　　　　　　　　　　　　のを

white-only seats.// ⑬ They had no right / to vote.// ⑭ They were paid / much less /
白人専用の席に ／ 彼らは一切の権利を ／ 選挙投票 ／ 彼らは賃金を ／ ずっと少なく ／
　　　　　　　　持たなかった ／ するための ／ 支払われた

than whites.// ⑮ Black people / in South Africa / suffered / under apartheid.//
白人よりも ／／ 黒人たちは ／ 南アフリカの ／ 苦しんだ ／ アパルトヘイトの下で ／／

✔ **本文内容チェック**

1 南アフリカへの最初のヨーロッパ人移住者はオランダ人だった。

2 移住者たちは先住民を奴隷にし，移住者の子孫は「アフリカーナー」と名乗った。

3 イングランドからも人が移住してきてアフリカーナーとの戦争が起こり，それに勝ったイングランドが，国を支配するために，多数派である黒人への差別を始めた。

4 1911 年に最初の黒人への不平等な法律ができた後，アフリカーナーに支持されて選挙に勝った国民党は，後にアパルトヘイトへとつながる黒人差別制度を作った。

読解のカギ

③ ... and <u>made</u> them <u>work</u> as slaves after they started farming.
　　　　　　V　　O　　C

➡ <make+O+C(原形不定詞)> は「O に C させる」という意味を表す。

➡ as は「〜として」という意味の前置詞である。

④ Later, <u>the children of the Dutch settlers</u> came to call <u>themselves</u> "Afrikaners."

➡ come to *do* は「〜するようになる」という意味を表す。

➡ <call+O+C(名詞)> は「O を C と呼ぶ」という意味を表す。ここでの O は themselves で，C は "Afrikaners" である。

➡ themselves は the children of the Dutch settlers を受けた再帰代名詞である。

⑧ In 1948, <u>the National Party</u>, (<u>which</u> was supported by many Afrikaners),
　　　　　　　　S

<u>won</u> <u>the election</u>.
　V　　　O

➡ which は主格の関係代名詞で，前にコンマ(,)があるので非限定用法である。which ... by many Afrikaners が先行詞の the National Party に説明を付け足している。

➡ which 節内の was supported は <be動詞+過去分詞> の形で，受動態になっている。

➡ won は win の過去形で，目的語になるのは「選挙」，「試合」，「競争」などで「人」はならない。「人」を目的語にして「〜に勝つ」を表すのは beat，defeat など。

⑭ They were paid much less than whites.

➡ were paidは <be動詞+過去分詞> の形で，受動態になっている。

➡ much は比較級を修飾して「ずっと」という意味を表す。

➡ less は副詞 little の比較級で「より少なく」という意味を表す。

Qヒント　Answer T(true) or F(false).　(正誤を答えなさい。)

1. (→ 本文②) 第 1 パラグラフに，最初のヨーロッパ人移住者についての記述がある。
2. (→ 本文③④) 第2パラグラフにアフリカーナーを自称した人々についての記述がある。
3. (→ 本文⑤⑥) イングランドとアフリカーナーの戦争の結果，何が起こったか。
4. (→ 本文⑧) 第4パラグラフの国民党の説明を，関係代名詞の修飾関係に注意して読む。
5. (→ 本文⑩) 第4パラグラフの live in different areas とはどういうことかを考える。

啓林館版・エレメント E.C. I